网络营销与直播电商专业系列教材

直播销售

主　编：王宸圆　胡海丽

副主编：周少艾　刘　曜　亓文娟　王　蕾
　　　　张秋仙　王　珏　董　宇

电子工业出版社
Publishing House of Electronics Industry
北京·BEIJING

内 容 简 介

本书通过校企合作、产教融合模式,追踪中国实体商户电商直播进程,围绕直播实战案例,对电商直播营销进行全面解析和阐述。

全书共九大章节,包括电商直播市场发展概况、直播平台运营逻辑、专业主播职业素养、直播间场景打造方法、直播活动策划技巧、直播活动执行原则、直播电商店铺运营规则、主播人设运营和打造过程、直播法律法规等。本书贴近实战,对想通过电商直播创业致富的群体也极具参考意义。

本书可作为高等职业院校、高等专科学校、成人高校电子商务类专业教学使用,也适用于致力新媒体和直播电商行业的人士学习。

未经许可,不得以任何方式复制或抄袭本书之部分或全部内容。
版权所有,侵权必究。

图书在版编目(CIP)数据

直播销售 / 王宸圆,胡海丽主编 . -- 北京:电子工业出版社,2023.6
ISBN 978-7-121-45589-6

Ⅰ.①直⋯　Ⅱ.①王⋯②胡⋯　Ⅲ.①网络营销—高等学校—教材　Ⅳ.① F713.365.2

中国国家版本馆 CIP 数据核字(2023)第 084713 号

责任编辑:康　静
印　　刷:三河市君旺印务有限公司
装　　订:三河市君旺印务有限公司
出版发行:电子工业出版社
　　　　　北京市海淀区万寿路 173 信箱　邮编 100036
开　　本:787×1092　1/16　印张:14　字数:358.4 千字
版　　次:2023 年 6 月第 1 版
印　　次:2025 年 9 月第 6 次印刷
定　　价:42.00 元

凡所购买电子工业出版社图书有缺损问题,请向购买书店调换。若书店售缺,请与本社发行部联系,联系及邮购电话:(010)88254888,88258888。
质量投诉请发邮件至 zlts@phei.com.cn,盗版侵权举报请发邮件至 dbqq@phei.com.cn。
本书咨询联系方式:(010)88254609 或 hzh@phei.com.cn。

前　言

电商直播正深刻改变着中国人的生活！

这是移动互联网技术向纵深发展的必然结果。

改革开放以来的 40 多年，从实体产业兴起、大卖场兴盛、电商崛起，到今天直播电商涌入，中国人的商品销售和消费习惯，与时俱进。而突如其来的新冠病毒感染疫情，更加快了"线下"到"线上"、"脚端"到"指端"、"网店"到"直播间"的市场变革！

电商直播，早已"飞"入万千百姓家。但面对手机中一个个"热火朝天"的直播间，许多正准备进入"线上"或已经从事电商的商家，却犹豫了，彷徨了，有的人认为自己年龄大、没颜值、没学历、没口才；有的人运营直播间后，却发现并没有想象中让人应接不暇的流量，更没有发不完的订单。

想做又不敢做，开始后却不知道如何做，做了也不能坚持做……这些困扰，都在阻碍着迈入直播行业的脚步。为真正让产教融合、校地合作落地，培养更多电商直播人才，我们组成编写团队，以金华市妇联 4 年来电商直播社会培训课程为基础，万名小白实战过程中总结经验，整理成可供大家学习和参考的教材。

本书的案例很大一部分来源于胡海丽的直播经历和她陪练的主播学员们。她从一名 33 家内衣连锁店的实体老板，转型到电商直播的世界里摸爬滚打 7 年，成为一名资深直播创业导师，浙江省巾帼共富工坊负责人，浙江省第十五次妇女大会代表，已累计直播 2000 多场，培训主播超 10 万+，发起成立了"奔跑吧"主播千人集训营并发展到今天的万人集训营，带领全国各地 10 万余名主播直播打卡至今。这些主播学员中，有大学生、普通农民、村干部、企业老板，也有自立自强的残障人士、留守老人和妇女。比起直播大V，他们的业绩说不上耀眼，但无一例外，都是从新手主播开始的，脚踏实地，一路成长。他们的故事，更具借鉴意义，本书也希望借此帮助大家认识、了解更加真实的电商直播世界，并在直播营销中找准自己的定位。

本书共分九章，每一章以案例导入，阐述电商直播营销各个环节的基本知识和技能，展示校企合作和社会培训过程中积累的实战案例，强化本书的实战属性。

第一章整体介绍流媒体时代下直播电商的发展现状和趋势、直播电商的概念和内容体系；第二章介绍现有直播平台及其特点和操作流程；第三章阐述主播成长的四个阶段，需要具备的基本素养和技能；第四章介绍直播间场景营造；第五章介绍直播活动策划的基本原则和步骤；第六章介绍直播活动策划的具体执行；第七章介绍直播店铺的运营；第八章阐述直播间主播人设打造、输出和运维的方法和技巧；第九章介绍电子商务和直播电商领域的相关法律法规。每章的最后均配套相应的课后习题和实训练习，巩固知识，培养学员主动思考、举一反三的能力。

本书由义乌工商职业技术学院网络营销与直播电商专业主任王宸圆、义乌市酷摇科技有限公司总经理胡海丽主编。王宸圆负责全书的整理和统稿，编写大纲与编写体例拟定以及全书定稿；胡海丽负责本书框架设计、项目内容把关和实战案例整理。参加编写人员有：温州城市大学周少艾（第一章）、广西经贸职业技术学院张秋仙（第二章）、义乌工商职业技术学院王珏（第三章）、义乌宸翔传媒有限公司创始人亓文娟（第四章）、温州日报报业集团融媒体新闻中心刘曜（第五章）、义乌工商职业技术学院董宇（第六章）、河北工业职业技术大学王蕾（第七章、第九章）、义乌工商职业技术学院王宸圆（第八章）。编写人员涵盖高校教师、行业专家、新闻工作者，来自浙江、河北、广西等多个省份。因新冠病毒感染疫情影响，大家召开线上会议二十余次，各尽所能、齐心协力完成撰写。在本书的编写过程中，全国直播电商职教集团秘书处、金华市妇女联合会、义乌工商职业技术学院创业学院、义乌市妇女联合会的各位领导给予了大力支持和帮助；本书案例中涉及的主播们提供了大量宝贵的一手资料，在此，一并表示衷心感谢。

由于编者水平有限，书中难免会有疏漏和不妥之处，恳请各位专家、同行和读者不吝批评和指正。

直播视频

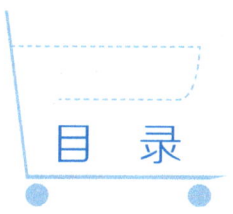

目 录

第一章　流媒体时代下的直播电商　/ 001
　　第一节　直播电商发展现状与趋势　/ 003
　　第二节　直播电商的概念与特征　/ 008
　　第三节　直播电商的内容体系　/ 012

第二章　直播电商平台介绍　/ 024
　　第一节　淘宝直播　/ 025
　　第二节　抖音直播　/ 031
　　第三节　快手直播　/ 038
　　第四节　微信直播　/ 042

第三章　主播的自我修养　/ 053
　　第一节　主播成长的四个阶段　/ 054
　　第二节　主播的道德素养　/ 061
　　第三节　主播的心理素养　/ 066
　　第四节　主播的职业技能　/ 068
　　第五节　直播团队精神　/ 074

第四章　直播间场景的打造　/ 080
　　第一节　直播间场景营造　/ 082

第二节　直播间设备选择　/ 088
第三节　视频直播和推流直播　/ 092

第五章　直播活动策划　/ 099
第一节　直播活动策划的重要性　/ 100
第二节　直播活动的基本分类　/ 102
第三节　直播活动策划的共性要素　/ 105
第四节　直播活动策划的一般步骤　/ 108

第六章　日常直播活动的执行　/ 115
第一节　直播前的准备　/ 116
第二节　直播时的执行技巧　/ 129
第三节　直播活动的客户留存和裂变　/ 133
第四节　直播后的复盘与优化　/ 137
第五节　直播活动的应急预案　/ 141

第七章　直播电商店铺运营　/ 146
第一节　店铺的管理　/ 147
第二节　店铺的装修与设计　/ 157
第三节　直播间气泡和购物袋配置　/ 170
第四节　订单处理与发货　/ 172
第五节　直播店铺客服　/ 176

第八章　主播人设打造和运维　/ 182
第一节　主播人设定位　/ 184
第二节　人设的运营　/ 190
第三节　人设的维护　/ 194

第九章　直播电商法律法规　/ 203
第一节　电子商务法概述　/ 204
第二节　《中华人民共和国电子商务法》　/ 207
第三节　《网络直播营销管理办法》　/ 211
第四节　《市场监管总局关于加强网络直播营销活动监管的指导意见》　/ 213

参考文献　/ 219

第一章

流媒体时代下的直播电商

学习目标

知识目标	技能目标	思政目标
※ 掌握流媒体和直播电商的概念 ※ 掌握直播电商的发展现状与趋势 ※ 掌握直播电商的特征 ※ 掌握直播电商的内容体系	※ 能够区分不同的直播电商平台 ※ 能够掌握各直播平台的运行规律 ※ 能够设计出一场简单的直播流程 ※ 能够在某一个平台开通账号直播	※ 具备在直播产业发展中以正向能量影响人的能力 ※ 具备掌握直播电商发展规律和发展趋势的理论素养 ※ 具备直播人员该有的知识更新能力 ※ 具备以专业职业素养引导团队的能力

思维导图

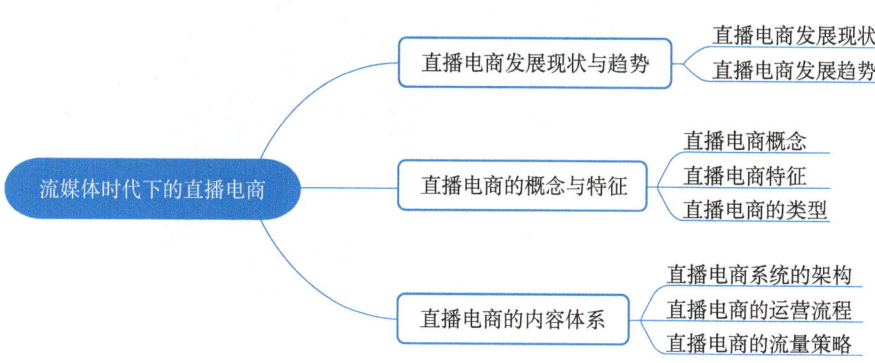

案例导入　湖北30名县市长上演"淘宝直播马拉松"

据《湖北日报》报道，2020年4月15日，30位来自湖北的县（市）长走进直播间，上演了一场创纪录的"淘宝直播马拉松"：从早8点到晚10点，30位县（市）长与知名央视主播一道，连播14小时为荆楚特色农产品直播带货，共同助力深受新冠病毒感染疫情重创的湖北经济社会发展。

这是中央电视台联合淘宝举行的"搭把手，拉一把，助力湖北县长大联播"活动，北京和武汉设立直播间，5位央视总台主持人携手县市长们以连麦形式接力，共同推介当地特色农产品。网友可通过观看直播时按下购买键，湖北物美价廉的农副产品就可以送到身边。

"告诉大家一个小窍门，秭归脐橙皮薄肉厚，不用刀子切，用指甲一划就能剥开，吃起来特别的方便。"秭归副县长陈琦在直播间向全国网友现场演示秭归脐橙的吃法如图1-1所示。在他看来，脐橙是个大宝贝，"橙子除了直接吃，还可以榨汁，也可以雕花摆盘，生活需要仪式感嘛！"

秭归脐橙、潜江小龙虾、清江小鱼干、房县香菇、松滋魔芋、神农架百花蜜、黄梅长相思米……一场湖北农产品"大集"，把直播间前的网友们都"馋哭"了。

据不完全统计，实时通过央视频、淘宝直播、村播计划、新浪微博等平台在线观看的观众超过140万人次，微博话题阅读量达512.4万人。截至当日上午10时，宜红茶、玉露茶、黄鹤楼酒、黑山羊等品牌产品线上成交3086单，成交额突破100万元。

图1-1　湖北秭归副县长陈琦在淘宝直播卖脐橙（图片来源：《湖北日报》）

引言

何谓"流媒体（Streaming Media）"？用狭义的观点来分析：它是广播电视媒体衍生

出来的一种技术，即一种音视频的传输模式，指将一连串的媒体数据压缩后，经过网络分段发送数据，通过网络即时传输影音以供观赏的一种技术与过程。由此可见，它并不是继报纸、广播、电视、互联网之后出现的一种新的媒体形态，而是指一种新的媒体传播方式，可以有声音流、视频流、文本流、图像流、动画流等。

随着通信技术的发展，尤其是移动互联网全面进入日常生活之中，"移动"自带的随时、随地、随身等特点，与"互联网"所具有的开放、分享、互动等特点，两者优势相互结合，使流媒体各种"流"的攫取和运用变得更加便捷，用户可以随时随地接收、互动、反馈……这样一个充满活力的互联网生态环境，催生了网络直播的崛起。

进入网络直播时代，用广义的观点来定义"流媒体"，它应该更侧重于各大平台对数据流量的计算和争夺。有专业人士将网络直播的发展归纳为三个阶段，即直播 1.0 时代：2016 年被看作是中国移动直播元年，这一年，游戏直播成为主角，直播电商才刚刚萌芽；直播 2.0 时代：以直播电商为主，主要平台有淘宝、快手、抖音等；直播 3.0 时代："直播 +"概念的提出，使以"直播电商"为主的直播行业发展形态更加多元，除了直播带货外，"直播 + 知识""直播 + 旅游""直播 + 健康"等不断出现，使直播与更多行业进行深度融合。这里我们重点介绍直播电商。

直播电商（或称电商直播），起始于 2016 年 3 月，作为直播电商首创者的蘑菇街率先启动"直播带货"这个模式。之后的 5 月，淘宝推出了淘宝直播，直播的即时性、互动性弥补了淘宝"图 + 文"平台的单一性。同年 5 月，小米创始人雷军通过十几家直播平台，直播了一场小米无人机的首秀[①]。随后各综合电商、跨境电商、母婴电商纷纷进入直播大潮。人们开始意识到，直播不再是网红、名人、明星的专利，"原来我也可以做直播"，市场嗅觉敏锐者们豁然开朗：新的商业模式已经悄然来到身边。由此，直播电商迎来高速发展阶段。站在 2021 年的视角，观望直播电商江湖的风起云涌，它的本质是为了实现商品的销售。因此，从商业范畴分析，直播电商仍然是一种销售方式，属于"直播 +"背景下的一种新型的商业活动。

第一节　直播电商发展现状与趋势

一、直播电商发展现状

2020 年，突如其来的新冠病毒感染疫情，使得人们驻足在家中，无法参与社会活动，线下实体经济遭遇寒冬。在这样一个特殊时期，如何维持社会秩序的正常运行和日常经济的正常发展？很多人在思考，需要找到一个特殊的突破口。这时候，以"直播电商"为代表的线上经济迎合了时代的需求，瞬间引发井喷的发展态势。疫情推动"直播带货"成为消费新趋势，它释放出老百姓一度被关闭的消费热情，使"直播带货"成为一个年度消费

---

① 王辉. 直播运营从入门到精通 [M]. 北京：中译出版社，2020.

热词。

　　线上新型消费方式不断涌现，在一定程度上弥补了线下消费的不足，起到了扩内需、促消费的作用。"直播带货"的形式也非常多，有政府官员带货直播，如上述案例中的"湖北30名县（市）长上演'淘宝直播马拉松'"。相关数据显示，从2019年4月至2020年5月，有超过24个省份的500多名县长走进直播间，他们带着来自五湖四海的大自然气息，在网络上推销家乡的土特产，为刺激当地经济吆喝，成为直播间的一道独特的风景。有网红直播和明星带货直播，为企业推广产品赚取佣金的同时，也提升自己的知名度。更多的是中小企业主和个体户，为自家的产品带货直播，有些个体户干脆关闭了线下实体店，将直播间开在家中，每天直播几小时，通过直播间销售产品，将实体店网络化，如图1-2、图1-3所示。随着直播岗位需求量的增加，相关的培训机构，也如雨后春笋般地散落在城市各处，如图1-4所示。

图1-2　金华市妇联巾帼云创行动所培养的妇女主播（图片由酷播学堂提供）

图1-3　义乌工商职业技术学院电商专业的学生为商家开展带货直播（图片由酷播学堂提供）

第一章　流媒体时代下的直播电商

图 1-4　遍地开花的主播培训课程（图片由酷播学堂提供）

案例：义乌北下朱村，这个仅有 99 栋民房、1000 多原住民的村庄，距离义乌国际商贸城仅 8 分钟车程，如今是著名的"网红直播第一小镇"，也是全国"爆款"产品发货地，被媒体称为直播经济下的"造梦工厂"，吸引着全国各地的人赶来"实现财富梦"，最多时，全村有"五、六万人带货"。很多人眼睛里放着光，来到这里寻梦；也有很多人梦想破碎，无奈选择离开。据某主播培训机构统计，截至 2021 年"双 11"期间，尚有四万余人从事直播带货，如图 1-5 所示。

图 1-5　夜幕下的北下朱村（新华社记者郑梦雨摄）

进入后疫情时代，各地政府部门积极发挥"牵线搭桥"作用，通过成立直播电商协会、建设直播电商基地、培育直播电商人才、打造直播电商产业带等多种举措，促进"电商直播+"产业发展，并助力传统产业向数字化转型升级。直播电商成为这个时代最火热的风口，各家平台都开始涉足直播带货领域，尤其是淘宝、抖音和快手三家，已经成为头部平台。2021 年 8 月 27 日，中国互联网络信息中心（CNNIC）正式发布第 48 次《中国互联网络发展状况统计报告》，报告显示，截至 2021 年 6 月，我国网民规模达 10.11 亿，较 2020 年 12 月增长 2175 万，互联网普及率达 71.6%。十亿用户接入互联网，形成了全球最为庞大、生机勃勃的数字社会。中国互联网协会咨询委员会委员高新民说："互联网应用和服务的广泛渗透构建起数字社会的新形态——短视频、直播正在成为全民新的生活方式。"①目前，直播电商已经是淘宝、京东、拼多多、苏宁易购、抖音、快手等平台最关键的业务组成部分之一，直播电商市场也已经进入快速发展期。

二、直播电商发展趋势

进入快速发展期的直播电商，它真的能持久吗？它未来的路能走多远？从疫情期间的发展势头来看，它对经济起到正向的刺激作用。从传播学的发展规律来看，随着科学技术的不断创新所带来的社会发展，通过技术赋能，应该有更加多元的人际交往模式出现，它可以在特殊时期，通过技术手段，替代面对面的沟通交流。那么，经历了"只要有手机，就可当主播"野蛮生长阶段的直播电商，它未来的命运又将会如何呢？随着我国各管理部门陆续出台的政策措施，我们相信，针对规范行业的洗牌已经悄然来临。

（一）行业将规范发展

直播行业发展初期，可谓没有门槛，只要你有一部手机、你有胆量，都可以进直播间秀自己秀产品。这一时期，我们称为野蛮生长阶段。极低的行业门槛和足不出户就可赚钱的诱惑，使得网络主播队伍迅速膨胀。但与此同时，它带来的负面影响也是巨大的，比如主播的素质问题、产品的质量问题、统计数据的造假问题等，都使人们对这个行业的发展前景产生疑问和担忧。毋庸置疑，"直播电商"的本质是"电商"，"直播"只是时下实现电商商业行为的一种创新手段。国家相关部门针对电商的行业规范，同样会使用到"直播电商"中。

令人欣喜的是，一些管理部门已经关注到这个问题并付诸行动，如2020年6月23日，温州市人力资源与社会保障局联合温州当地12所高校，开创性地推出"流媒体运营师"项目制培训，并在温州城市大学开设首个试点班，旨在通过专业化、标准化的培训，提升直播产业链上从业者的技能，同时规范他们的职业行为，提高他们的整体素质。又如2020年7月1日，中国广告协会发布《网络直播营销行为规范》，对直播电商中的商家、主播、直播平台、MCN机构等主体的行为均做了全面的定义和规范。2021年2月9日，国家互联网信息办公室、全国"扫黄打非"工作小组办公室、工业和信息化部、公安部、文化和旅游部、国家市场监督管理总局、国家广播电视总局七部委联合发布《关于加强网络直播规范管理工作的指导意见》，进一步加强网络直播行业的规范管理，促进行业健康有序发展。

今后，各地各部门还将陆续出台相关规定，规范直播电商产业链条上的各种行为。

（二）运营趋于精细和专业

艾媒咨询分析师认为，未来，随着VR（虚拟现实）、AI（人工智能）等技术的运用

---

① 来源：第48次《中国互联网络发展状况统计报告》

和成熟，将会带动在线直播行业发展，"直播+"的产品与内容创新不断显现，其中"直播+电商"迎来了高速发展的风口。其商业模式将继续发展完善，在线直播平台将更加注重精细化与专业化运营，通过产品、形式与内容的创新塑造和强化自身差异化优势，并通过技术赋能提升用户体验，布局更多业务和内容模块，赢得在线直播行业赛道的竞争。

诚然，进入"直播+"时代以后，以往的"人人可播，随时随地可播"大水漫灌式直播，将会退出历史舞台。平台会继续扶持头部网红的影响力，但是，当头部网红的流量和影响力难以延展，而进入天花板以后，平台很难在短期内以新的头部网红代替。因此，未来，平台也会重视某些特定用户群体的需求，打造品牌产品的垂直领域网红，一些腰部甚至尾部的网红，虽然粉丝量不及头部，但只要在某一垂直领域深耕，同样能为平台创造可观的流量和盈利。如图1-6所示，不同层次主播所采取的不同发展策略。

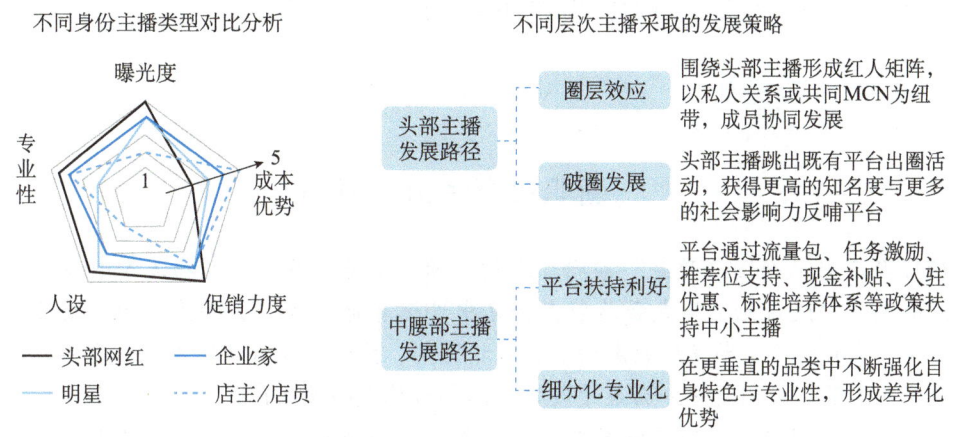

（来源：艾瑞咨询研究院自主研究及绘制）

图1-6　不同层次主播所采取的不同发展策略

（三）"人货场"体验感更强

未来，5G、VR（虚拟现实）、AI（人工智能）等新技术不断成熟，将会应用到各种商业场景中，为消费市场带来更大的想象空间。

比如现在的电商直播，买卖双方通过屏幕互动。随着5G网速的应用，主播们肯定会创新更加多元的互动形式，通过新的互动玩法提高带货效率。又如将来如果把VR/AR技术运用到直播中，网红主播和消费者有可能通过VR/AR设备，进行更具真实性的互动，了解所感兴趣产品的信息。再如随着AI人工智能等技术的应用，虚拟网红有可能替代人类网红，拥有更多的可能性。未来，虚拟网红的潜力将难以估量。为商业文明注入更多正能量，其带来的沉浸式消费体验，将会为我们的消费生活增添更多新惊喜。

（四）新型职业进入百姓生活

2020年7月6日，人力资源和社会保障部、国家市场监管总局、国家统计局联合发布了9个新职业，其中最为引人瞩目的莫过于"互联网营销师"，在其下增设的"直播销售员"这一新工种，也即大众所熟知的"电商主播""带货网红"，终于有了国家认可的正式称谓。这背后是互联网职业群体的不断扩大，人力资源和社会保障部职业能力建设司职业技能资格处提供的信息显示：这个行业覆盖用户规模达到8亿以上，从业人员数量以每月8.8%的速度快速增长，大量中小微企业也因网络营销方式激发出了活力，直接带来的成交额达千亿元。

　　网络主播成为一种职业后，意味着该职业迎来专门的学科体系和操作规范。今后，主播们必须经过专业化、标准化的培训，或者获得高等院校诸如"电子商务"等相关专业的专、本科学历文凭，才能持证上岗，利用专门的知识和技能，为社会创造物质财富和精神财富。针对该行业高级人才稀缺的现状，全国政协委员、四川西昌学院院长贺盛瑜在2021年全国"两会"期间建议，"增设电子商务专业硕士，进一步完善专业学位学科体系，培养行业特色明显、针对性强的高层次应用型电子商务专门人才。"

 课程思政园地

新职业 新活力 新动力

　　2021年3月的全国"两会"期间，农村电商、跨境电商、快递物流等数字经济相关话题，引起了广泛讨论。李克强总理在会见中外记者时表示："去年疫情中，就业方式也有新变化，像我们这几年发展的新动能，包括网购、快递等逆势快速增长，也带动了就业和传统产业发展。我们要一方面继续鼓励增加相对稳定的就业岗位，另一方面也要广开灵活就业的渠道。现在中国的灵活就业正在兴起，已经涉及2亿多人。有的人一人打几份工，很辛苦，所以我们应该给他社保补贴，特别是要用机制性的办法来解决可能出现的职业伤害问题，给他们提供基本的权益保障。这也有利于灵活就业市场更加健康、稳定地向前发展。"对此，头部主播们表示，互联网营销师等新职业的发布，能够为新经济注入活力，也能给从业者带来更多人生出彩的机会，让我们有更大的动力去创造更多社会价值。新职业在拉动就业方面发挥着重要作用，现在的年轻人更喜欢灵活自由的工作，未来灵活就业会更常见。

第二节　直播电商的概念与特征

一、直播电商的概念

　　电子商务，简称电商，是指在互联网（Internet）、内部网（Intranet）和增值网（VAN，Value Added Network）上以电子交易方式进行交易活动和相关服务活动，使传统商业活动各环节电子化、网络化。直播电商，时下网络上比较流行的一种说法是：它是一种销售、购物方式，在法律上属于商业广告活动。

浙江大学传媒与国际文化学院教授赵瑜认为，相比电视购物，电商直播不是用夸张的语言和戏剧效果来实现"饥饿营销"，而是更强调主播与受众的交互和共情，符合互联网时代用户的社交习惯[①]。

北京大学光华管理学院工商管理博士后穆胜认为，电商直播成功应具备四要素：主播——选择人设适宜、画风匹配的主播至关重要；用户（需求侧）——主播是否具有影响用户的能力，即是否具有私域流量，按照私域流量"AIE标准"，主播要有长期的私域流量，就必须IP化，必须有忠实粉丝；货品（供给侧）——直播让产品成为焦点，会极大程度放大瑕疵，商家高效的供应链和过硬的产品是关键；剧本——主播、用户、货品三者是基于场景交互的，需要按照既定剧本控制的剧情形成"场域"，促成大量交易[②]。

在综合分析各家观点的基础上，本书对直播电商给出的定义为：商家运用先进的通信技术，通过网络直播平台向客户推销产品，双方经过实时交流和互动，使客户直观了解产品各项性能的同时，在线下单购买产品的互动性新兴购物过程。直播电商具有直观性、即时性、互动性、商业性等推广优势。

直播电商虽然把直播与电商有机结合，但其本质依然是电商，即通过直播的方式与用户直接建立起连接，更好地赢得用户的信任。而省去的中间环节，可以显著降低交易成本，提升交易效率。这意味着，必须在商业能力上下更大功夫。

二、直播电商的特征

北京邮电大学教授、北京市网络系统与网络文化重点实验室成员刘胜枝教授在《中国青年研究》发表的《商业驱动下直播、短视频中青年秀文化的新特点》中指出："直播在形式上具有交互性、社交性的特点；内容上具有多元化、多样化的特点；目的上具有较强的功利性、商业性特征。"直播电商除了拥有直播家族的这些特点外，还有自己比较鲜明的个性特征。

（1）强直观性。随着直播设备的升级换代，主播通过直播间可以高清展示产品部位、讲解产品的每一个细节，客户通过屏幕观察产品的外形、了解产品的性能，获得对产品全面感性的认识，犹如身临其境一般。

（2）强交互性。主播与粉丝通过网络开展文字、语音实时交流，即时解答粉丝的提问，声音、画面的清晰度非常高，产品外形、品质通过主播介绍后一目了然。直播电商的交互性远远超过了以往各类电商平台和社交平台。

（3）强IP人设。主播的人物设定，也即主播标签。各平台或MCN机构为让粉丝快速记住这个主播，往往设定一种或一组易于传播、易于记忆的标签加持到主播身上，让主播拥有个性化的标签。

（4）强商业性。直播电商是以营利为目的的活动，它的最终目的是促成交易。通过直播平台"人、物、场"的打造，与粉丝或网友进行深度互动，最终促进产品成交。头部网红一个时间段内的促单量、粉丝增长规模等指标，是资本市场衡量他们带货能力和市场潜

---

① 电商直播为啥这么火？新华网 [2019-12-28]

② 灼见 | 穆胜：直播电商的生态江湖 腾讯新闻 [2020-06-23]

力的重要指标。因此，直播电商带有很强的商业性特征。

三、直播电商的类型

随着通信技术的发展和直播技术的进步，将有更多的直播平台布局电商板块。在电商直播成为一种生活常态之时，通过对各个平台的特征进行分类，了解各个平台的调性，就可以非常方便地选择适合自己风格的直播平台。

（一）以电商交易为主的直播平台

这类平台主要通过在电商平台上开通直播间，引入内容创作者，打造达人主播，或者商家同时在平台上开通直播功能进行自播，直播类型以电商交易为主，直播为辅。以淘宝直播平台为例，除了达人直播，商家自播也呈现逐年上升的趋势。艾媒咨询一组数据显示，2020年天猫双十一期间商家直播GMV占淘宝直播整体超过60%，如图1-7所示。

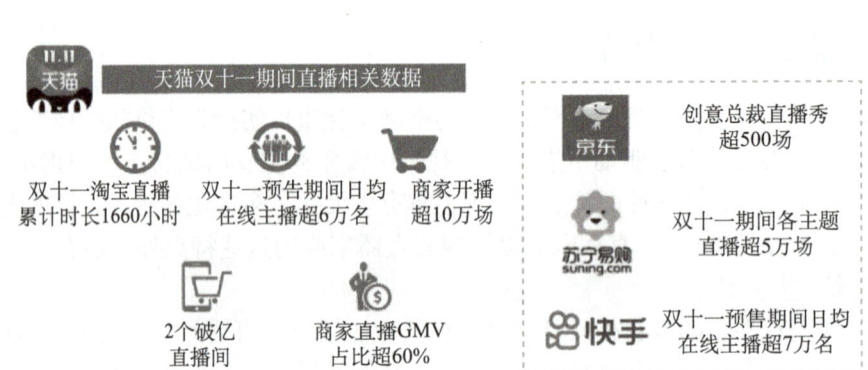

图1-7 几个平台在双十一期间的直播数据对比

公开资料显示，淘宝直播2020年直播数超2589万场，全年上架商品数超5000万件，淘宝直播成为首个爆发式新经济。

代表平台有：淘宝直播、京东直播、蘑菇街直播、拼多多直播等。

（二）以内容输出为主的直播平台

这类平台主要以内容输出为主，比如拍摄有趣的短视频，吸引粉丝关注，积累平台的用户数量。它们与电商的结合，主要是通过接入第三方电商平台来布局"直播＋电商"的运营模式，直播类型以内容输出为主，电商为辅。品牌利用内容直播平台，通过"短视频+直播"等方式打造爆款，进行直播前的预热和导流，吸引各方流量的涌入，从而打造新的营销推广渠道。

代表平台有：抖音直播、快手直播、微信视频号直播、小红书直播等。

电商直播平台目前以上述两大类型最为典型。而这两大类型电商直播平台生态中，淘宝、快手、抖音已经形成了相对稳固的第一梯队。淘宝首创了直播带货这种方式，以货品为主，着力强化自己的供应链管理功能，使直播成为出货的一种可能。快手、抖音以人为主，通过孵化网红巩固自己在流量上的地位，并使直播成为流量变现的一种可能。

随着进入者的不断增加，直播平台的场内竞争也随之加剧。总而言之，放眼未来，电商直播的竞争会更加激烈。

下面介绍几个常见的直播电商平台。

1. 淘宝直播

淘宝直播是阿里巴巴推出的直播平台，定位于"消费类直播"，用户可边看边买，从2016年上线以来，就成为直播带货的主要平台之一。

2. 抖音直播

抖音是短视频领域的领跑者，视频、直播体验都非常好，互动性、视觉冲击力也都非常强。它通过"新、奇、潮"的内容，来完成吸粉带货。抖音在2020年大力推进直播板块的发展，直播是引流和吸粉最强劲的渠道之一。

3. 京东直播

2019年年底，京东正式开始发展直播业务，宣布投入亿级资源扶持，在引流、营销等方面服务于有电商直播需求的商家，并推出多个计划扶持直播机构，以及鼓励腰部和长尾商家开播。

4. 快手直播

定位三四线城市或中产阶级人群为主要客户群体，商户以个体户为主，商品以土特产、手工艺品、农产品、手工产品等为主。对于快手来说，真实是基因，信任是基础，内容是社交颗粒，人是社交营销要素，发展的是一种基于"老铁"关系下的"人+内容"的社交营销模式。

5. 蘑菇街直播

蘑菇街是较早开展直播的电商平台，是以导购为主的内容电商，女性群体较多。其运营精细程度、数据分析能力、对人货场的理解、对供应链的掌控水平都非常强。

6. 小红书直播

小红书直播是电商发展到第三个阶段的典型代表，即内容电商，短视频电商和直播电商是对内容电商的完善。相较于2016年开始的淘宝直播，小红书的直播布局整整晚了3年。目前，其直播业务数据，在各个电商平台中处于末端。

7. 拼多多直播

2019年11月27日，拼多多平台联合母婴大V"小小包麻麻"开启了第一场直播。开播15分钟时，直播间人数便多达1.5万人，1小时后观看人数超过5万人。目前，平台对于直播有很大的流量扶持，商家可以借此培养自己的私域流量，沉淀更多用户。

8. 微信视频号直播

微信平台对直播功能做过多轮尝试，先是推出看点直播；而后又开发了小商店直播；2020年10月2日起，在视频号里发表新动态的旁边多了一个新功能——发起直播，正式推出视频号直播。但是，三个直播平台的数据无法打通，功能无法共享。在用户"强烈建议共享一个ID"的呼声中，2021年下半年，腾讯着手直播平台合并事宜。目前，视频号直播平台的准入门槛较低，开播前置条件方便达到，因此新手主播以倍数增加。

第三节　直播电商的内容体系

一、直播电商系统的架构

直播电商系统的架构，目前普遍包含以下三大模块内容，分别是直播端、服务端和管理端。个别平台在此基础上有个性化的开发，本书不再赘述。下面通过思维导图（见图1-8）进行展示。

（一）直播端模块

按目前直播团队的构成来划分，基本上可分为个人直播和机构直播两种类型。个人直播团队往往是一人身兼数职，主播同时完成策划、场控等工作。在整个直播生态圈中，个人主播的群体最大。机构直播相当于是一个团队作战，主播只是"舞台上闪耀的明星"，主播所有的成就，其实是一个团队协同作战的成果。这里介绍几支主要的团队。

1. 主播团队

主播：进行正常直播、熟悉商品信息、介绍展示商品、与粉丝互动、活动介绍、复盘直播内容等。

副播：协助主播直播、与主播进行配合、直播间规则说明等。

助理：负责配合直播间所有现场工作、灯光设备调试、商品摆放等。

2. 策划团队

编导：编写直播脚本等。

场控：操作直播中控台、控制直播间节奏等。

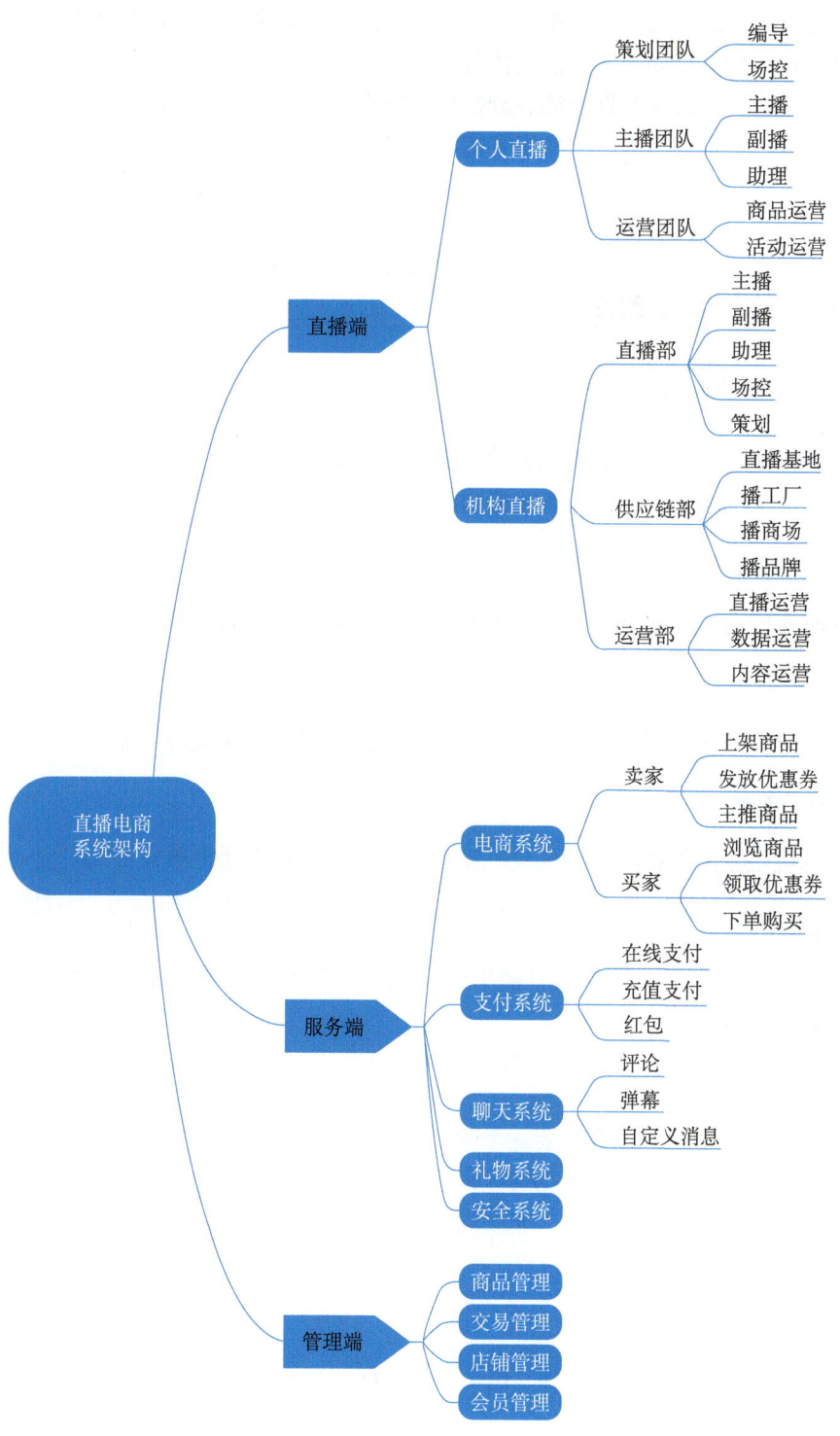

图1-8 直播电商系统的架构思维导图

3. 运营团队

商品运营：商品的提供、挖掘商品卖点、商品知识培训、商品的优化等。
活动运营：撰写活动文案、活动执行等。
数据运营：负责直播数据检测、分析优化方案等。
内容运营：负责直播前后的内容宣传、造势、运营等。

4. 供应链部

负责直播基地、播工厂、播商场、播品牌的打造及运营等一系列事务（一般比较成熟、规模较大的机构才会配备供应链团队）。

（二）服务端模块

主要是直播电商平台功能上的开发，其中包括电商、支付、聊天、礼物、安全以及统计等系统。系统的功能越完善，意味着对消费者的服务越到位。

1. 电商系统

要即时完成商品的上下架管理，同步直播间主推商品，向消费者发放优惠券等工作。

2. 支付系统

方便消费者的支付习惯，要融合支付宝、微信、银行卡等支付功能。

3. 聊天系统

聊天系统是主播与粉丝、网友实时互动的工具，也是主播促单成交的主要通道之一。

4. 礼物系统

初期的一些娱乐类、游戏类直播平台，尚未开发电商功能，主播主要依靠网友送礼物、打赏获得收益。

5. 安全系统

所有系统的正常运行，都需要一个强大的安全系统，使网络避免遭受黑客、恶意软件和其他不轨的攻击，确保网络数据的正常运行，使所传递的信息总能够在到达目的地时没有任何增加、改变、丢失或被他人非法读取。

（三）管理端模块

管理端模块主要用于后台管理，包括商品管理、交易管理、店铺管理、会员管理等。

二、直播电商的运营流程

投身到直播电商行业的人越来越多，但许多人没有经过专业化的培训，带货直播时非常随性，难以形成自己的个性标签。因此，个人账号很难增加粉丝，也难以在直播江湖中脱颖而出，往往在这场大浪淘沙中败下阵来。现从直播前、直播中、直播后三个阶段，总结一套较为通用的直播运营流程。

（一）直播前

1. 确定直播目的：增粉、带货变现、引流

2. 确定直播主题 + 直播内容 + 直播平台 + 主播 + 直播推流

（1）主题：根据账号定位，选择合适的直播主题。

（2）内容：围绕直播主题，策划相关的直播脚本，排好直播时间、直播内容、商品讲解话术以及优惠券设置等，要考虑粉丝喜好，掌握与粉丝互动的时间节点等。

（3）平台：淘宝直播、抖音直播、快手直播、腾讯直播等。

（4）主播：跟主题相关的主播标签。

（5）推流：制订直播预热方案，把直播主题、直播内容、直播时间、直播福利等写成比较生动的文案，或制作成短视频，发布到抖音、今日头条、微信朋友圈、微博等用户基数大的平台，提醒网友及时准点进入直播间。

3. 确定直播工具

（1）主要工具：手机，保持电量充沛，保持直播间网络通畅。

（2）辅助工具：灯光、支架、背景墙、声卡、麦克风、商品、商品标签等。

4. 确定直播间场景

根据每次直播内容，对直播间进行布置，确定灯光、商品、摄像头位置等。

5. 确定参与人员名单及职责

包括副播、助理和后台管理人员等。

（二）直播中

1. 主播

（1）开播前彩排：主播进入场景测试录制，检测灯光、收音等情况。

（2）直播内容：根据前面策划好的直播脚本进行直播，主播要注意直播话术，与网友互动，促单成交，同时，还要锻炼自己临场应变能力。

例如：针对一款商品进行直播时，可以通过品牌或者商品背后的小故事引出商品，然后讲解商品的外观、卖点，展示商品的使用方法，和其他同类商品对比的优势等。

（3）直播时间把控：根据该场直播的时间和商品数量，对讲解时间进行分配。如一些直播间对各环节消耗的时间进行精准备分配，可供参考：单件或套装讲解时间（10分钟）；商品介绍（3分钟）；商品卖点（3分钟）；原材料、材质、搭配（3分钟）；主播催单

（1分钟抢购）。

2. 其他人员

（1）后台推送：维护商品库存，及时上架商品并把控抽奖送福利等环节。

（2）场控调度：根据直播时观众的反应、主播的需求举牌提醒直播进度以及直播注意事项。

（3）数据监测：随时监测直播数据，记录直播间流量、粉丝增加人数等数据；并根据观众的反应、商品销量以及各种突发状况，及时做出策略上的调整。

（三）直播后

1. 保存直播视频，及时链接回放

2. 及时进行复盘

（1）统计相关数据：观看总量；涨粉总量；购买意愿数：加购数；加购商品；询问数量较大的商品。

（2）盘点直播成果，分析直播中的各个时段销量变化，分析直播中的得失，提出解决及优化方案。

三、直播电商的流量策略

说到流量，网上有句流行语，叫"流量在手，天下我有"，意思是解决了流量问题，也就是解决了直播的核心问题。流量成为衡量各大平台江湖地位的核心要素，也是吸引网红入驻、市场资本关注的筹码。因此，各大平台及主播们，都在为流量转化、变现而绞尽脑汁。

2020年，出现了两个与流量相关的热词：公域流量和私域流量。公域流量是指商家入驻平台后，平台给予的流量分配和实现流量转换，比如大家熟悉的淘宝、拼多多、抖音平台的流量，属于公域流量。其优点是相对容易获取，只要内容有亮点，即使一个粉丝都没有，平台根据算法也有可能分发给百万、千万级别的用户看到；其缺点是黏性差，很难二次、三次触达到这些流量。私域流量是指从公域（Internet、平台）、它域（媒体渠道、合作伙伴等）引流到自己私域（官网、官微、朋友圈、社群），以及私域本身产生的流量，比如大家都在使用的微信朋友圈、社群的流量，就属于私域流量。其优点是用户黏性高，可以进行二次以上链接、触达；其缺点是靠信任建立起来的流量池，如果不提升运营内容质量、增加用户黏度，也就是说不经常激活的话，也会逐步弱化甚至消失。

那么，作为直播带货的电商平台，要想获得大量粉丝的关注，有哪些流量策略呢？

一方面，入驻平台时，要摸透平台的计算机制，最大化获得平台分配的公域流量，并且尽量将这些流量转化一部分到私域流量池（几个主要平台的流量算法在本节后面做介绍）；另一方面，要主动出击，通过各种方式引入私域流量。以下分直播前、直播中、直播后三个阶段为读者介绍一些引流技巧。

（一）直播前：做好内容的宣传策划及推广

在图文类平台推送预热文案：在直播开始前3~5天，策划不同的文案，形式可以是图文、海报、二维码等，通过各类平台（除了所在的直播平台外，如主流媒体中的报纸、电视、网站、微信公众号等，以及自媒体中的微信公众号、朋友圈、微博、社群、今日头条等都可以利用起来），尽可能最大化触达粉丝或用户，提前告知直播平台、直播内容、直播亮点、直播时间等信息，为直播造势。

在视频类平台推送创意短视频：一个创意新颖、内容优质、画面精美的短视频，其带来的营销影响力不可估量。将短视频发布到各大平台，不仅可以吸引新用户进入直播间，还可以增加账号的流量。

（二）直播中：营造轻松购物氛围，培养铁杆粉丝

1. 主播的营销能力及话术

电商直播的目的是实现商品的销售，一场直播如果想要有较高的购买率和粉丝转化率，过程中把握"轻松的交流氛围""恰当的带货节奏""得益的购物体验"非常重要。我们通过一段时间跟踪观察国内知名主播的直播风格，发现网红主播的成功并非偶然，他们确实有自己的独到之处。如头部网红主播们的每场直播，都是经过非常精心准备的，以一场3~6小时的直播为例，整个过程中充分考虑用户的购买心理，其营销技巧、促单节奏的穿插使用都非常到位，用用户的话说，"直播容易让人上头"，完全控制不住"买它"的冲动。

2. 主播的独特人设打造

人设，就是把主播标签化。建立标签和主播之间的强关联，让粉丝通过这个标签记住你！所以标签一定要易记、易传播。

比如某些主播的人设是美妆、护肤领域的专家，那么，他（她）在推广商品时，将经常扮演专家的角色，会经常在直播中讲解一些专业知识，为女生给出美容方面的专业消费意见。比如会告诉粉丝直播间的商品适合的人群，引导粉丝理性消费；又如在推广某款不同色号的口红时，会挑选出"主播推荐"的色号，告诉女生"只需要买这2个色号，其他不需要买"。因此，主播会与粉丝建立起持久的信任感。为了维护这种信任感，主播会用"自用款"来为商品做担保，经常自己在直播间下单购买，与粉丝交流使用心得等。

3. 直播间的活动策划

主播在做一场直播时，心中应明确这场直播的目标客户；再根据目标客户的特点设置相关的活动，将这些活动恰到好处地穿插到直播中，有利于维持直播间的热度。

例如，某主播在直播时，每场直播开头都是那句"话不多说，我们先来抽波奖"；每隔一段时间就会说："我们来抽波大奖"，而且奖品都是比较热门的商品，比如口红、手机以及一些奢侈品小包包等。在销售商品的间隙设置抽奖、游戏、抢红包、送赠等活动环

节，吸引粉丝长时间驻留直播间，对于保证整个直播过程的流量持续稳定起到重要作用。

（三）直播后：用好黄金助推期

一场直播的结束，并不意味着销售的结束，要及时利用好私域群内的一段黄金助推期，这个时候可以整理一些直播间内的爆款商品，以促进未及时在直播间下单的用户进行转化。某种程度上说，直播结束后对用户进行二次的触达，很大程度上决定了主播和商家的长期成果。因为这些人群表达了对主播的依赖、对商品的兴趣点。

作为商家，要想直播达到人气和销售额双赢，必须要对每场直播做好复盘，认真提炼出其中的问题并加以改进。

附例：几个主要直播电商平台的流量算法[①]

抖音的流量逻辑：重算法轻粉丝

抖音"重算法轻粉丝"的流量逻辑来自于今日头条的成功，作为区别于搜索和社交的信息推荐模型，将内容和用户进行匹配，通过系统进行精准推荐是这个算法的核心。所以有人又将这个逻辑称为：内容导向的计划经济。

抖音和今日头条推荐算法背后有一个简单的函数公式：$y = F(X_i, X_u, X_c)$。这个函数包括三个维度的变量，即用户、环境、内容。

第一个维度：内容。每种内容都有很多标签，什么类别、属于什么领域、播放量、评论数、转发数等，需要考虑怎样提取内容特征来推荐。

第二个维度：用户。包括兴趣、职业、年龄、性别等。

第三个维度：环境。用户在哪里，什么场合，工作还是旅游，在公交车上还是地铁里。

简单来说就是：我是谁、我在哪儿、我想看什么。

要将这三者匹配起来，是一个很复杂的数学问题，常用的模型就有好几种。像抖音这种数据量大、实时性强的，一般是多种模型混合使用。

最终，系统会根据多个因素加权计算得出一条视频的指数，然后根据指数来分步骤推荐。

第一步是冷启动。

视频通过审核后，系统会分配一个初始流量池，初始流量池由两部分组成：一部分为该账号的粉丝，但并不是所有粉丝都能推送，要服从算法优先原则；另一部分为可能喜欢该视频的用户。

冷启动推荐有300左右播放量。

系统会根据数据来给视频加权计算，最核心的数据有4条：转发率、评论率、点赞率、完播率。

---

① 四大直播电商平台的流量逻辑 私域电商研究中心公众号 2020-04-12

然后做加权计算：权重的排序大概是完播率＞点赞率＞评论率＞转发率。

道理很简单，你的视频也许开头吸引了用户，也许标题吸引了用户，也许封面吸引了用户，但这些都不能证明你的整个视频质量高，只能证明某一部分吸引人。如果用户可以把你的视频看完，那说明你的视频是优质的，所以把完播率的权重放在第一位也就不足为奇。

除了这四个数据外，账号的权重也是考虑因素。

根据今日头条的算法经验来看，如果两个账号发同样的消息（文字可以抓取内容来分析），算法会优先采信权重高的账号，但是视频应该较难遇到此情况。

第二步，加权计算后，符合第二次推荐的要求，视频会被推荐到第二个流量池，3000左右播放量。

然后重复第一步的操作。统计数据，再推荐，每一次推荐都会获得更大的流量。如果某一次数据不达标，那就会暂停推荐。视频的流量也就止步了。最终形成了倒三角推荐机制。

以上是抖音短视频的流量逻辑，其他直播电商平台多半也会延续这个流量推荐算法，只不过其他直播电商平台还会涉及转化率、复购率等电商的参数，这些将让抖音面临新的流量分发挑战。

快手的流量逻辑：社交 + 兴趣

快手基于"社交 + 兴趣"进行内容推荐，采用去中心化的"市场经济"。平台以瀑布流式双栏展现为主，发布内容粉丝到达率约为 30%～40%。

快手优先基于用户社交关注和兴趣来调控流量分发，主打"关注页"推荐内容。快手的弱运营管控直接"链接"内容创作者与粉丝，加深双方黏性，沉淀私域流量，诞生了信任度较高的"老铁关系"。

以下是快手推荐"互粉"的规则和路径：平台限制每天的关注上限是 20 人，并且当关注数到达 1500 的上限之后就不再能添加了。当然，平台这样设计的目的并不是为了让人互粉。

平台引导用户的路径：个人设置—添加—发现好友—推荐好友。

推荐机制有以下几种类型：

- 根据你关注的人推荐
- 有 N 位好友共同关注
- 你可能认识的人
- 他在关注你

通过互粉得来的粉丝，一般也比较关注"互粉"，他可能会做粉丝管理：经常查看自己关注的人是否也在关注自己，如果对方不再关注自己，那么就取关。

查看的路径：个人设置—关注—列表中的头像下面会有一个是否是"相互关注"的标签。据 QuestMobile 统计，快手活跃用户 7 日留存率达到 84.4%，位居短视频 App 之首，留存率仅次于微信。

淘宝直播的流量逻辑：主播的"经验+专业"分级运营

淘宝直播已经逐渐从内容过渡到主播的"经验+专业"分级运营的阶段，经验涉及的维度包括直播场次+时长、平台活动完成率、粉丝留存率。

专业涉及的维度包括单场直播栏目设置、有效宝贝投放、月直播订单、进店转化率、订单退货及差评售后服务能力。

主播分为以下三个大的级别。

- TOP主播：MCN机构、艺人、大咖、KOL。
- 腰部主播：转化率高、能力强、颜值高。
- 新进主播：吸粉、在线时长、直播封面。

淘宝主播等级是反映主播影响力的，主播要想提升自己的等级，需要积累经验值和专业分。

获得经验值和专业分的方法有以下几个。

- 基础经验值任务：每开播1分钟即可获得1点经验值，每日最多获得200点，超出部分不再累加。
- 附加经验任务：直播间观众产生点赞、评论、关注、分享等互动行为后，平台给予额外经验值奖励，按日结算，每日最多奖励100点，超出部分不再累加。
- 基础专业任务：每添加1个商品到直播间即可获得2点专业分，按日结算，每日最多获得200点，超出部分不再累加，重复添加同一个商品不会额外计分。
- 附加专业任务：直播间观众通过商品列表进入店铺，或产生购买行为后，平台给予额外的专业分奖励，按日结算，每日最多奖励100点，超出部分不再累加。

注意事项：

经验值和专业分数值会带到下一个等级去，淘宝直播的主播们累计的经验值只对主播自己有效，专业分只对主播所属专业类目有效。4级及以上主播的经验值和专业分数据会存储在底表中，但前台只展示当月数值，用于每月Top主播排序。

除了主播的分级运营之外，淘宝平台同样有一套规则用于流量的分配，主要有以下三个评判原则。

- 标签竞争。直播打标签，其实是在给官方和粉丝精准定位直播的属性，根据属性来匹配对应的流量。但是用标签的人多了，可选择范围也就多了，在标签之下，会和竞争对手进行流量争夺。
- 层级攀登。毋庸置疑，层级爬得越高，直播权益也就越多，被官方、粉丝看见的机会就越大，自然流量也会往高层级的主播或店铺身上倾斜。
- 活动排名。淘宝举办的大大小小的活动，各种主题直播与月终排位赛，都是一次洗牌过程。把官方活动、官方任务完成得越优秀，排名越靠前，越证明你有实力，不会浪费官方辛苦"买"来的流量，在你身上能得到相应的投入产出，在分配中也会更被"偏爱"。

在流量竞争过程中，合理运用直播标签、攀升直播等级以及把握活动机会上榜排名成为几个核心动作。直播界的"按劳分配"，永远是留给少数"冒尖"的人。

当然，在淘宝里，流量倾斜的判断点，同样会以内容建设为核心。所以，做好内容建设，是提升流量的核心点。如何做好直播体系的内容系列，可以从以下5个部分来评判：

•内容能见度。内容能见度即内容所能覆盖消费者的广度,主要涉及通过直播间浮现的权重和微淘触达的人群,被覆盖的人群受众越广,内容能被看见的概率越大。它主要考察直播的运营能力。

•内容吸引度。内容吸引度以在单位时间内,粉丝能否在直播间停留、购买,以及互动(评论、点赞、分享等)作为考量,多取决于直播氛围、商品选择和主播引导。它主要考察的是商品构成及主播吸引力。

•内容引导力。内容引导力与内容吸引度息息相关,是从把粉丝留住到引导其进店并主动了解商品的能力,这部分可依靠主播的话术建设来提升。它主要考察话术体系构建和主播控场、吸引力。

•内容获客力。内容获客力代表内容与消费者购买行为产生引导转化的能力,也就是了解商品后进行了购买行为,从前期的种草到拔草成功,通过内容获得购买商品的精准消费群体。

•内容转粉力。内容转粉力即通过持续性的内容输出,将只是短暂停留的游客变成有目的、停留时长高的"铁杆"粉丝。

淘宝是目前直播电商模式最为成熟的平台,主要分为红人带货+商家自播,90%直播场次和70%成交额来自商家自播。淘宝直播进店转化率超60%,但退货率较高。淘宝App月活为6.5亿,淘宝直播App月活为7500万,用户基数庞大,但应用社交属性较低。

2020年淘宝以直播店铺化为主,以流量运营私域化、主播孵化精细化、机构运营层级化为辅。2021年,淘宝继续发力直播带货。

腾讯直播的流量逻辑:工具化的社交裂变

2019年12月,腾讯直播全面开放公测,分为看点直播+小程序直播。

腾讯以"看点直播"的工具形式为主,通过已有的个人微信、朋友圈、公众号、微信群、企业微信投放腾讯广告(广点通),以"去中心化"的方式由主播自行获取平台流量。

2020年微信小程序的布局重点是建设商业场景,推出最新的官方小程序直播组件"看点直播",帮助商家打造属于自己的商业闭环。

微信采用S2B2C模式,平台用户的高黏性、私域流量的高信任可带来电商的高转化、高复购,未来在电商直播市场的表现值得期待。

本章小结

本章是《直播电商营销》一书的开篇,旨在从理论的角度阐述在当前通信技术高度发达的时代背景下,直播电商作为一种全新的商业形态,带着深刻的时代烙印出现在人们的生活中。它有哪些概念、特征、运行规律,以及它的发展现状和未来趋势如何,它的内容体系由哪几部分构成,目前有哪些比较成熟的平台等,都是学生需要掌握的知识点,也是本章作者希望传递给这个时代社会感知敏锐者的一些信息。本书是一门操作性很强的技能指导教材,通过本章节的理论学习,了解了相关的概念和特征后,在理论框架的指导下,有助于后面章节的学习。

同步测试

(一) 单选题

1. 网络直播发展的三个阶段中,直播电商是哪个阶段的主角?( )
   A. 直播 1.0 时代
   B. 直播 2.0 时代
   C. 直播 3.0 时代
   D. 所有阶段

2. 从商业范畴分析,直播电商仍然是一种( ),属于"直播+"背景下的一种新型的商业活动。
   A. 销售方式   B. 商业模式   C. 商业行为   D. 广告行为

3. 目前,直播电商已经成为淘宝、京东、拼多多、苏宁易购、抖音、快手等平台最关键的业务组成部分之一,在众多平台中,哪三家是头部平台?( )
   A. 淘宝、京东、拼多多   B. 苏宁易购、抖音、快手
   C. 淘宝、抖音、快手   D. 淘宝、苏宁易购、抖音

4. 说到流量,网上有句流行语,叫"流量在手,天下我有",意思是解决了流量问题,也就是解决了直播的( )
   A. 主要困难   B. 带货瓶颈   C. 核心问题   D. 技术门槛

5. 各大平台及主播们,都在为流量转化、变现而绞尽脑汁。( )是指商家入驻平台后,平台给予的流量分配和实现流量转换。
   A. 平台流量   B. 公域流量   C. 个人流量   D. 私域流量

(二) 多选题

1. "流媒体"并不是继报纸、广播、电视、互联网之后出现的一种新的媒体形态,而是指一种新的媒体传播方式,可以有( )、动画流等。
   A. 声音流   B. 视频流   C. 文本流   D. 图像流

2. 直播电商在发展过程中,未来会出现哪些趋势?( )
   A. 行业将规范发展   B. 运营趋于精细和专业
   C. "人货场"体验感更强   D. 新型职业进入百姓生活

3. 直播电商有哪些比较鲜明的个性特征?( )
   A. 强直观性   B. 强交互性   C. 强 IP 人设   D. 强商业性

4. 以电商交易为主的直播平台,直播类型以电商交易为主、直播为辅,主要代表平台有哪些?( )
   A. 淘宝直播   B. 京东直播   C. 快手直播   D. 蘑菇街直播
   E. 拼多多直播

5. 在机构直播团队中,主播团队一般由哪几个岗位组成?( )
   A. 主播   B. 副播   C. 助理   D. 编导
   E. 场控

(三) 简答题

1. 简述直播电商的发展现状与趋势。

2. 简述直播电商的概念与特征。
3. 介绍 3～5 个直播电商平台,并说出它们的特点。

 项目实训:选择平台、注册账号、体验直播

[实训目的]
选择一个自己感兴趣的直播电商平台,开通个人直播账号开展直播,从中归纳平台特点、直播技巧、涨粉技能等心得,为后续章节知识点学习提供实践参考。

[实训条件]
安卓或苹果手机、网络环境良好、补光灯、支架等。

[实训内容及步骤]
第一步,进入某直播平台页面,注册账号。
第二步,申请开通直播功能,熟悉直播环节。
第三步,完成平台设置的条件,开通商品橱窗功能。
第四步,做好直播前的准备,真人出镜直播。

第二章

直播电商平台介绍

学习目标

知识目标	技能目标	思政目标
※ 掌握直播电商平台的基础知识 ※ 掌握主流直播电商平台的基本要素 ※ 掌握直播电商平台的具体操作 ※ 掌握自媒体平台的操作流程以及方法	※ 掌握主流直播电商平台的平台规则以及特点 ※ 掌握直播账号申请的操作方法 ※ 掌握主流直播电商平台的操作流程	※ 具备实践操作能力 ※ 具备科学的设计创新意识 ※ 具备沟通能力和协作精神 ※ 具备爱岗敬业的工作态度 ※ 具备良好的职业道德和较强的工作责任心

思维导图

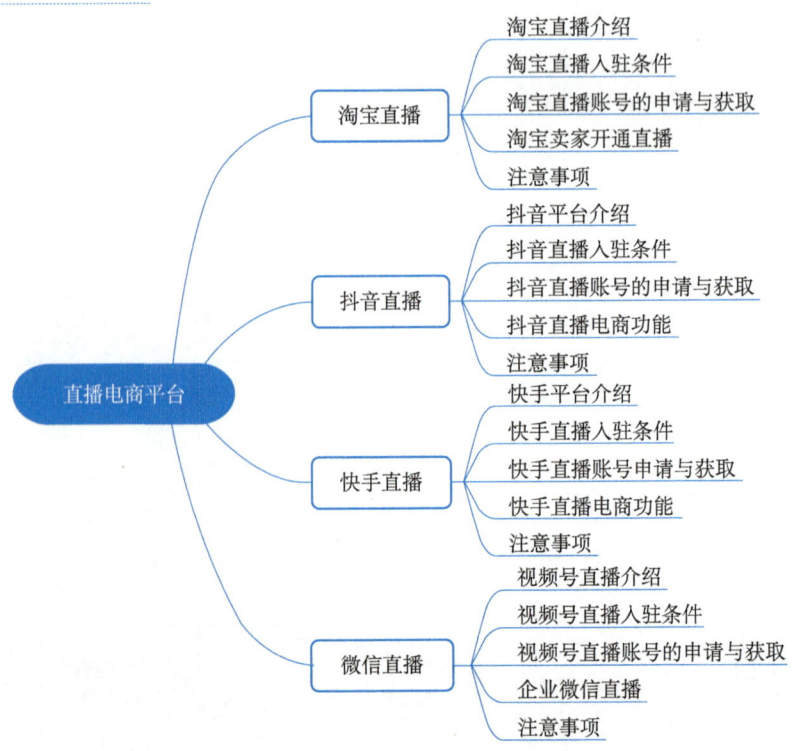

第二章 直播电商平台介绍

案例引入 广西经贸职业技术学院助力平南富硒石硖龙眼节电商直播

2021年7月27—29日，广西经贸职业技术学院智能与信息工程学院的师生团队赶赴贵港市平南县，参与2021年中国（平南）富硒石硖龙眼节电商直播活动。

7月28日开幕式，广西经贸职业技术学院联合贵港市平南县县供销社电子商务有限公司、平南县桂银村镇银行通过网络直播间，向全国的消费者展示贵港平南石硖龙眼示范区的优质龙眼，如图2-1所示。直播间里，来自广西经贸职业技术学院直播团队以及平南县桂银村镇银行的主播们热情地与线上消费者进行互动，分享平南石硖龙眼的质感和口感。除了网络用户，开幕式现场吸引了成群的消费者前来品尝、购买。截至开幕式结束，直播间收到线上订单500多单，现场售出8000斤，销售总额近10万元。

本次直播活动是广西经贸职业技术学院助力实施乡村振兴战略的一次有效实践，不仅促进了2021年平南富硒石硖龙眼特色农产品的网络经济效益，拓宽了平南石硖龙眼销售渠道，也有利于该校进一步深化产教融合，将教学环节、企业生产、素质训练以及技能培训融为一体，如图2-2所示。

图2-1 学校直播团队

图2-2 校企联合直播小组

本次直播活动，有利于广西经贸职业技术学院师生进一步开阔视野、拓展思路，提升线上营销能力，赋能实体经济，助推乡村振兴，促进县域电商发展。

第一节 淘宝直播

一、淘宝直播介绍

1. 淘宝直播的简介

淘宝直播是阿里巴巴推出的消费生活类直播平台，也是新零售时代体量巨大、消费量与日俱增的新型购物场景，更是千万商家店铺粉丝运营、互动营销的利器。通过实时直播方式解决了以往消费者网购商品时只能通过图文做出判断,时常出现商品信息复杂、货不对板、不够直观等痛点问题,让消费过程充满即时性和趣味性。淘宝直播将淘宝内商品的销售与店铺品牌的运营相结合,形成一种新的网络营销模式,不仅提高了店铺与客户的互动率,也在一定程度上降低推广成本,增强客户黏性,从而增加店铺的成交量。

2. 淘宝直播的分类

(1)淘宝店铺直播。淘宝店铺直播主要适用于淘宝平台上的中小卖家,店铺必须符合直播的准入条件和类目才能够申请,可以帮助店铺更好地展示商品,获得更直观的展示和互动。淘宝店铺直播主要呈现的是一种引导式的购买,更适合淘宝店铺的内容运营。

(2)淘宝达人直播。淘宝达人直播主要适用于自身没有货源且具有强大带货能力的淘宝达人。淘宝达人可以在阿里V任务平台进行接单,运用自身对商品的了解,通过淘宝达人直播进行圈粉,然后将商品推荐给自己的粉丝,相对来说其流量较为精准,转化率也较高。

(3)天猫直播。天猫直播主要适用于天猫平台上的品牌商家。对于微淘粉丝量有较高的要求,自带浮现权,跟其他的直播相比有所差异,这种直播类型大多应用于品牌商家,要求拥有很强大的运营团队。

(4)淘宝全球买手直播。淘宝全球买手直播主要适用于在海外为顾客提供实际代购服务的买手,如图2-3所示。这些买手所做的直播就被称为全球买手直播,要求其淘宝店铺状态正常,同时拥有较为稳定的综合运营能力。

图2-3　淘宝直播

3. 淘宝直播的特点

(1)商品覆盖面广。淘宝直播的商品覆盖面广,包括潮搭美妆、珠宝饰品、美食生鲜、运动健身、母婴育儿、生活家居、健康咨询、在线教育、音乐旅行等各类生活领域,仍在不断扩展。

(2)带货属性强。淘宝直播的主要功能是增强用户购物场景体验,淘宝主播承担商品展示、品牌介绍、卖点强化、情感链接、优惠促销、消费者互动、操作示范、功效讲解、客服答疑、消费指导、粉丝维护等直播工作,具有先天的电商优势。

(3)趣味性。商品展示更加直观和灵活,可以与用户建立信任,直接互动,提高客单价。

二、淘宝直播入驻条件

淘宝直播权限分为个人直播权限、商家直播权限、机构直播权限和其他身份直播权限四类。不同类型的淘宝账号入驻淘宝直播条件各有不同:

(1)淘宝或天猫店铺入驻直播需符合类目要求,限制推广商品类目无法入驻,限制类目可到淘宝上进行查询）。

（2）淘宝或天猫店铺入驻直播需符合基础营销规则和综合竞争力的要求，会从店铺的综合数据进行校验，包括但不限于以下数据：店铺品牌影响力、店铺 DSR 动态评分、退款纠纷率、消费者评价情况、虚假交易、店铺违规等（系统自动校验）。

（3）达人入驻直播（淘宝/天猫无店铺）基本无要求（系统自动校验）。

三、淘宝直播账号申请与获取

（1）下载淘宝主播 App，商家使用店铺主号，达人使用后续开播的账号登录淘宝主播 App，如图 2-4 所示。

（2）登录淘宝主播，如图 2-5 所示。

（3）进行主播实人认证，如图 2-6 所示。

图 2-4　淘宝主播　　　　图 2-5　登录淘宝主播　　　　图 2-6　淘宝主播实人认证

四、淘宝卖家开通直播

（1）登录千牛卖家中心，如图 2-7 所示。

（2）登录千牛卖家工作台，在"自运营中心"里找到"淘宝直播"，如图 2-8 所示。

（3）创建淘宝直播，如图 2-9 所示。

（4）完善淘宝直播信息，如图 2-10 所示。

（5）完成直播设置。

图 2-7　登录千牛卖家中心

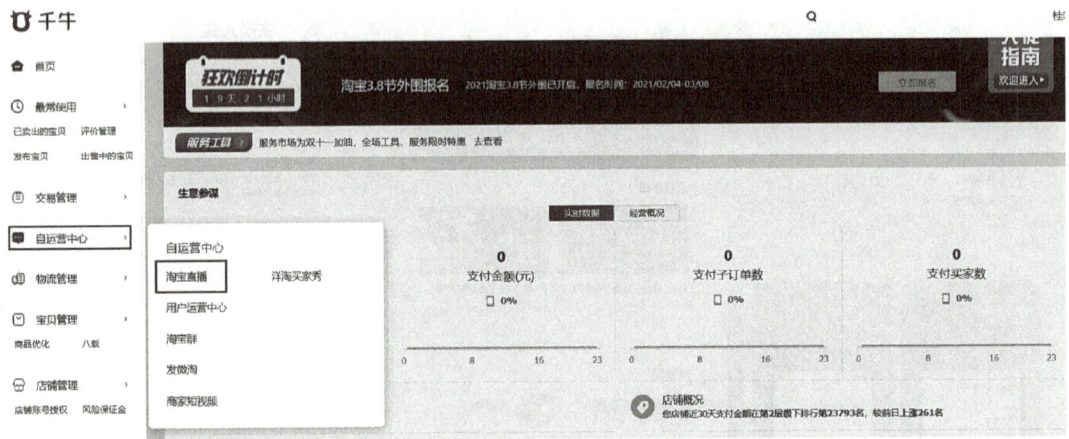

图 2-8　登录千牛卖家工作台

图 2-9　创建淘宝直播

第二章　直播电商平台介绍

图 2-10　完善淘宝直播信息

五、注意事项

（1）入驻时若提示类目不符合，则说明店铺类目暂不支持开通直播。

若同行限制推广类目成功入驻直播，则说明对方是邀约开通的，目前无法主动申请开通。

（2）新入驻店铺，且店铺商品无销量的商家入驻会提示类目不符合要求，需要先有销量且过 24 小时后再入驻。

（3）入驻直播时若提示"您的综合竞争力不足"，则说明店铺的综合数据不符合直播要求，目前无法开通，建议先提升店铺的综合数据。

 课程思政园地

浙江温州平阳县：电商直播带货助"乡村振兴"村级直播间开启"共富之路"

一、背景

浙江省温州市平阳县麻步镇顺鑫村，共有户籍人口 2683 人，党员 107 名，由水港、

横山、岭头尾三个自然村合并而成。该村是省级电商示范村、省级电商专业村。

平阳县计划到2022年年底，构建以顺鑫村农村电商直播创业示范点为中心的渔塘社区直播电商产业集聚区，扶持一家平阳县重点农业企业，孵化10个网红农特产品，培育50名乡村网红带货达人，将顺鑫村打造成为麻步镇农村直播电商发展高地。

二、做法

充分利用乡村振兴战略优势，争取政策支持。分步注册社区、村社乡村振兴直播工作账号，以乡村振兴为主题，以渔塘社区党委、社区村社党建联盟为主体，社区领导、村社书记主讲，以直播的形式介绍渔塘社区及村社乡村振兴计划，宣传村庄发展建设情况。

推动直播电商服务于三农，网红农特产品品牌。在示范点内推动农特产品供应链体系、直播技能培训、直播场景等"一站式"直播基础设施建设，吸引渔塘社区群众积极参与示范点的建设和活动，打造"直播网红打卡点"。

利用平阳5个鲜麻步旗舰店的供应链优势，积极推进农村农特产品带货直播，利用直播电商有效压缩中间环节、重塑交易方式、线上线下融合互动的特点，推动直播电商赋能顺鑫村及周边地区农特产品的转型疏解，拓展区域内农产品上行渠道，引领直播经济发展。通过直播电商引流带货，帮助优质农特产品、滞销农产品线上销售，带动农民增收。培育农村直播人才，开展直播技能培训，提升农户直播操作、运营技能，助力农户长效脱贫。借助浙江欣选供应链公司（简称欣选公司）头部网红影响力，邀请国内知名网红直播农产品，提升农产品知名度，培育一批网红农特产品品牌。

构建直播电商人才支撑体系。借助抖音、快手等平台的师资，以及浙江省电子商务促进会师资库和讲师队伍，通过直播技能培训等提升新技术、新应用的普及。对顺鑫村、渔塘社区区域内电商从业人员、大学生、返乡青年、退伍军人、现役军人家属等开展直播电商专业基础知识培训，培养一批网红主播新人。定期举办网红经济专题讲座、直播电商基础知识授课和直播电商技能竞赛等，在区域内形成浓厚的创业氛围。

依托浙江欣选供应链公司专业直播电商培训、主播孵化的功能，重点组织对新人主播进行个性化包装设计，学习自媒体、短视频、电子商务等业务知识，培训粉丝互动技巧，培养良好的心理素质和吸粉能力，通过直播带货实操，培育和产品匹配的主播与团队，帮助重点农业企业培育输送专业对口的主播与直播主播，培育"新农人"。

创建农村电商直播创业示范点，实现助农增收。利用直播技术宣传渔塘社区党建文化和乡村振兴相关工作，打造"村务直播间"、组建中共浙南委员会红色革命历史宣讲队和乡村振兴讲坛。

充分发挥欣选公司的娱乐直播的强大优势，在直播创业示范点附近举办"娱乐直播进农村"的公益性演出，让更多的村民了解直播，提升村民的参与度，调动村民的积极性。

以直播创业示范点为基地，通过注册直播平台账号、培养粉丝和利用第三方电商平台的开设店铺等，利用欣选公司强大的直播策划、直播执行、网红等资源，对周边区域的农特产品通过直播的方式进行推广，实现线上直播和线下农特产品资源有机结合，把本地的产业销售留在村集体，把本地的农特产品销往外地，同时逐步建立村集体产业私域流量池，最终实现集体经济增收。

直播创业示范点为农村直播带货提供良好的场地，利用欣选公司的直播人才培育计划，定期举办专场培训活动，对顺鑫村及周边区域进行免费直播带货技巧培训，加快乡村直播电商人才培育，培养一批"直播带货"高素质农民，带动更多农村人口就业创业，帮助农户实现增产增收。

（案例来自于人民网）

第二节　抖音直播

一、抖音平台介绍

1. 抖音平台的简介

抖音上线于 2016 年 9 月，是今日头条旗下面向全年龄段的短视频和直播平台，旨在帮助大众用户表达自我，记录美好生活。用户可以通过这款软件选择歌曲，拍摄音乐短视频，形成自己的作品；也可通过抖音直播的方式，打造人设聚焦粉丝经济，增强用户对创作者的信任，从而实现商业变现。

根据抖音发布的《2020 年数据报告》，截至 2020 年 8 月，抖音日活跃用户突破 6 亿，而截至 2020 年 12 月，抖音日均视频搜索次数则突破 4 亿。

2. 抖音平台的分类

（1）抖音短视频。抖音短视频是一个以优质内容为主的平台，短视频的制作形式灵活多变，既可以一个人单枪匹马做出质量上乘的短视频内容，也可以组建团队，创作备受欢迎的视频作品。根据内容不同，可以将抖音短视频分为：评测类、解说类、创意类、游戏解说类、萌宠类、搞笑类、人生共鸣类、情景剧、街头访谈、教学类和尝鲜类等。

（2）抖音直播。抖音直播主要变现方式有直播打赏、纯佣金 cps、广告费 +cps、曝光广告和连麦引流。

3. 抖音平台的特点

（1）内容精准推送。抖音平台能够利用画像分析用户的兴趣爱好，进行有针对性的推送，减少对用户的干扰，还可以帮助广告主找到精准用户。

（2）电商与娱乐相结合。抖音作为国内娱乐和内容头部短视频平台，各领域达人兼具带货主播和内容创作者的双重身份，抖音直播带货自然外延提供娱乐和内容的服务，抖音直播带货在带货的同时追求有趣有料。

（3）用户偏向年轻化。抖音的定位是有趣、好玩、时间短，在快节奏的前提下，为用户带来新奇又具有魔性效果的视频。以一二线城市用户为主，25～35 岁用户较多，用户较为年轻，如图 2-11 所示。

图 2-11 抖音创作服务平台

二、抖音直播入驻条件

个人注册账号后，通过实名认证即可开通直播权限。如需开通抖音直播带货则需要满足三个条件：完成实名认证，个人主页视频数（公开且审核通过）超过 10 条，账号粉丝量超过 1000 人，或认证为商家账号（需支付一定数额的保证金）。

企业账号只需完成平台认证即可开通直播权限。

三、抖音直播账号申请与获取

（1）在应用商店下载抖音 App，如图 2-12 所示。
（2）打开抖音 App 并登录账号，如图 2-13 所示。
（3）开启直播，如图 2-14 所示。

图 2-12　下载抖音 App　　　图 2-13　登录抖音 App　　　图 2-14　开启抖音直播

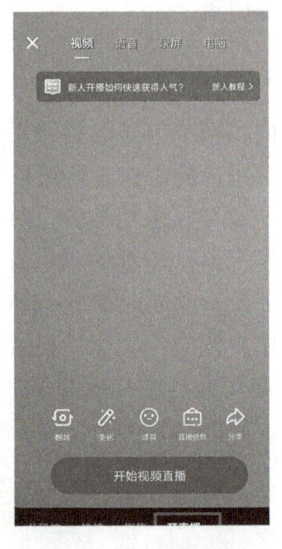

四、抖音直播电商功能

开通抖店功能主要用于在抖音平台内售卖自己的货源商品或精选联盟里的商品，其次卖家可在直播和短视频作品中向观众展示小黄车商品，方便用户购买。抖店的认证类型分为企业商家和个体工商户两种类型。抖店的店铺类型分为四种，即普通店、专营店、专卖店、旗舰店，区别仅在于对品牌资质的要求，无其他功能区别，具体如表 2-1 所示。

表 2-1 抖店店铺类型

店铺类型	个体工商户	企业
普通店	适合无品牌的商家 普通店铺开店时无品牌资质要求，但部分类目创建商品时，需提供品牌相关资质，详情参见：普通店铺创建商品需要品牌资质的三级类目明细表 店铺功能和其他类型店铺无差别 可补充品牌信息修改为其他店铺类型	
专营店	个体工商户仅支持普通店，不支持专营店/专卖店/旗舰店	需保证有 1 个类目下至少包含 2 个品牌（支持授权品牌或自有品牌），其他类目 1 个及以上品牌均可（支持授权品牌或自有品牌） 自有品牌：商标为 R 标或 TM 标均可 授权品牌：商标为 R 标才可以进行授权 完成入驻后仅可修改为旗舰店，不支持修改为其他店铺类型
专卖店		可经营 1 个或多个授权品牌，多个授权品牌须属于同一商标所有人 授权品牌：商标为 R 标才可以进行授权 完成入驻后仅可修改为旗舰店，不支持修改为其他店铺类型
旗舰店		可经营 1 个或多个自有品牌；可经营 1 个或多个一级独占授权品牌，多个授权品牌须属于同一商标所有人 自有品牌：商标为 R 标或 TM 标均可 授权品牌：商标为 R 标才可以进行授权 完成入驻后不支持修改为其他店铺类型

抖店的入驻流程如图 2-15 所示。

入驻流程

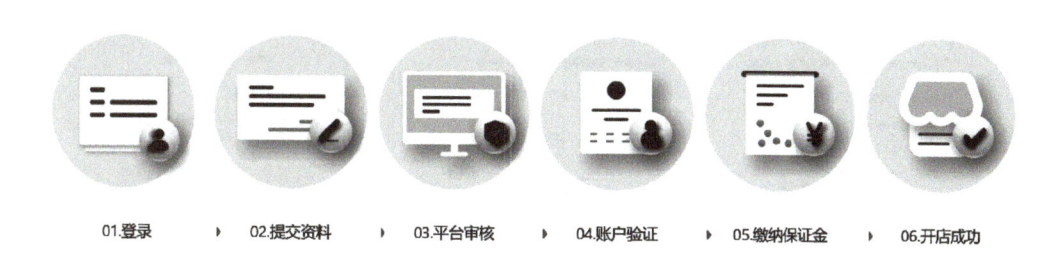

01.登录 ▶ 02.提交资料 ▶ 03.平台审核 ▶ 04.账户验证 ▶ 05.缴纳保证金 ▶ 06.开店成功

图 2-15 抖店入驻流程

1. 登录账号

抖店目前支持 PC 及 H5（移动端）入驻。

· 使用 PC 入驻时，建议使用谷歌浏览器，使用手机号接收验证码进行登录。

· 对于通过 H5 入驻，目前 H5 入驻暂不支持"没有企业支付宝，但希望对公支付"的支付场景，若没有企业支付宝仍需对公支付，则可通过 PC 端登录至商家后台，进行保证金的缴纳。

PC 入驻抖店如图 2-16 所示。

图 2-16　PC 端抖店入驻

2. 选择主体类型

主体类型一旦选择，认证后无法修改，请务必根据营业执照类型选择符合要求的主体类型，如图 2-17 所示。

图 2-17　选择抖店主体类型

3. 完善抖店资料

完善抖店资料如图 2-18 所示。

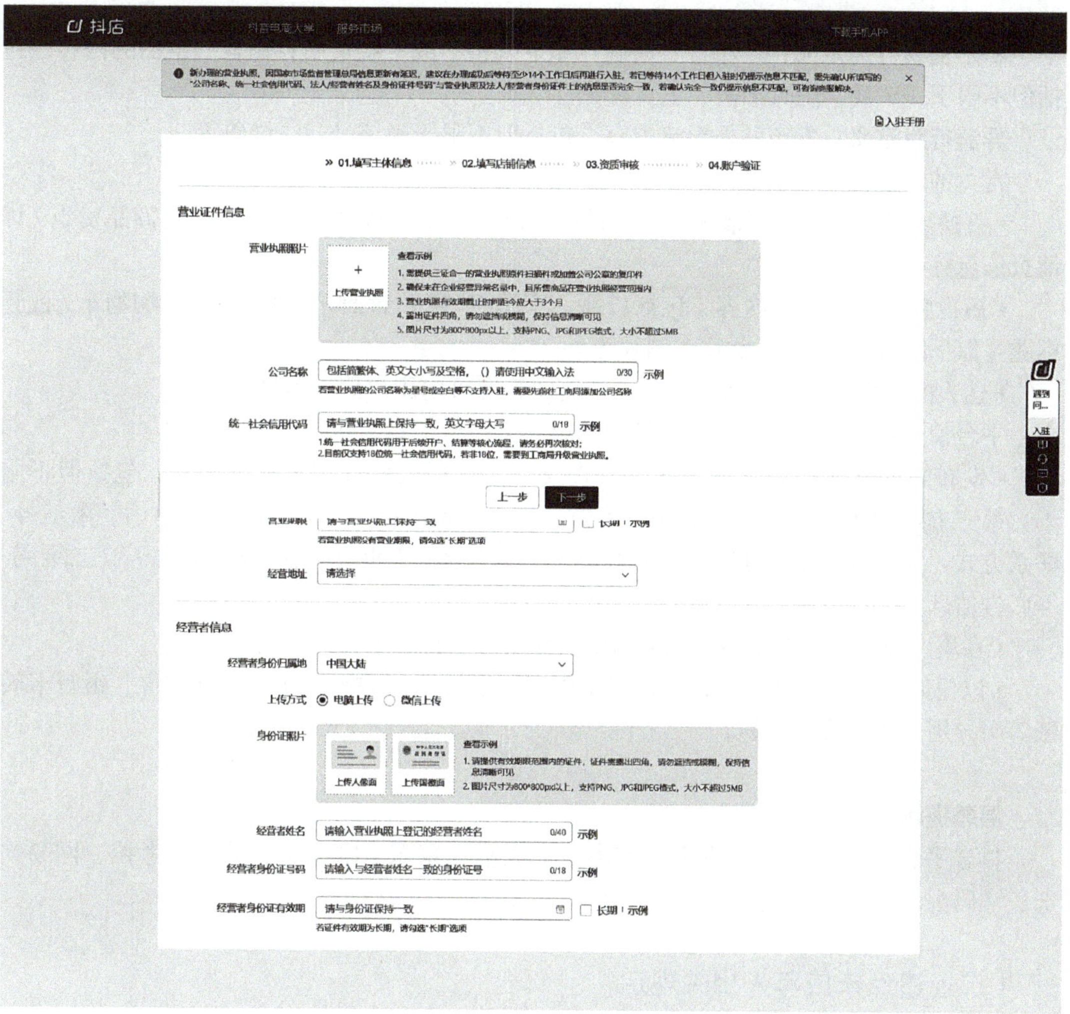

图 2-18 完善抖店资料

4. 等待平台审核

平台审核时间为：1~3个工作日内进行审核，审核通过后会收到短信通知，需要缴纳保证金。

5. 账户验证

审核通过后，会直接进入账户验证界面，支持两种验证方式：实名认证和打款验证。

6. 缴纳保证金（完成入驻）

五、注意事项

（一）直播间硬广引流

私下交易行为定义：发布含有明确"私下销售"或"绕过平台销售"意图的内容，包括但不限于"V 我、主页加微、主页有惊喜"等。

导流行为定义：发布站外导流内容，包括但不限于微信号、二维码等。

常见的违规情形，包括但不限于

- 直播场景：口播、直播画面、直播间管理员头像/昵称/弹幕/评论、商品卖点/详情页信息等。
- 短视频场景：视频内容（包括口播、字幕）、视频封面/话题/评论、购物车/视频标题（以下统称为标题）、购物车图片等。
- 达人的个性签名、头像、昵称、私信内容等可向用户传递信息的方式。

平台禁止发布涉及抖音平台未接入的第三方平台信息，包括但不限于

- 发布站外导流内容，包含联系方式或以任何形式引导用户私下交易，包括但不限于：第三方平台水印、平台名 logo、店铺名称、网址链接、QQ 号（群）、电话、微信号、联系方式（含变体，如 V 我/看个性签名/主页有微/主页有惊喜/微信小程序/二维码）等广告信息。
- 在用户通过商家客服等方式沟通中引导用户进行私下交易。
- 以任何直接或间接方式，包括但不限于：通过第三方平台账户、支付宝、银行卡转账等引导用户进行线下交易。

温馨提示：
抖音平台已接入的第三方平台有淘宝、天猫、京东、唯品会、苏宁、考拉、网易严选、洋码头。

（二）违反未成年人相关规定

抖音直播间部分高风险行业是禁止关联未成年人的，例如，美妆、游戏、医疗等，如果关联未成年人，则会被抖音平台限流或禁播。平台严禁过度消费未成年人，如引导未成年人口播商品卖点，或进行其他形式的商品推荐等。

（三）违规专拍链接

违规专拍链接是指商品详情页未对商品形状、质量、参数等进行准确描述，仅以秒杀链接、专拍链接、邮费链接、价格链接、福袋等形式进行违规销售。

温馨提示：
- 不得发布基本信息（包括但不限于商品属性页不完整、商品类目/型号/颜色/尺寸及其他商品属性介绍不完整）缺失的商品。

- 以颜色、尺寸、系列等属性为主要组合形式，不得将跨品牌、跨类目、跨系列等无关联商品绑定在同一 SKU 下。
- 如涉及套盒包装的商品，需在 SKU 信息中清晰展示说明套盒内商品明细内容。
- 不得刻意发布规避信息，如利用 SKU 低价引流、以非常规的数量单位发布商品等。

（四）连麦直播违规宣传

严禁在连麦直播过程中，通过恶意砍价、吵架、卖惨、夸大原价、夸大优惠力度等"演戏炒作"方式进行恶意营销、虚假宣传，以此诱导用户购买商品，严重影响用户体验，损害用户利益，扰乱平台交易秩序。

此类违规行为包括但不限于，在连麦直播过程中：
（1）表演恶意砍价、吵架等虚假剧情，夸大商品优惠力度、夸大商品原价。
（2）演戏炒作主播之间的"矛盾"、下跪、卖惨、自残等行为博取用户同情。

对于上述违规营销行为，连麦双方无论是哪一方直接带货，从平台和用户角度看都造成了严重不良体验和宣传风险。

其他细则详见抖音商品分享功能用户信用分管理办法和电商创作者管理总则。

课程思政园地

让直播融入农产品供应链

目前，邮政普遍服务营业网点已经实现乡镇全覆盖，建制村全部实现直接通邮，快递服务乡镇网点覆盖率达到 98%，快递直接投递到村的比例超过一半，已经初步形成了县、乡、村的三级寄递物流配送体系。

直播电商的快速发展不仅得益于电子商务的模式创新，也得益于快递深度融入网络直播产业链，形成直播与快递联动协同的格局。

近些年，快递农村服务网络不断延伸，农村电商物流配送模式不断创新，初步解决了农村"最后一公里"问题，为工业品下乡与农产品进城创造了条件，为农业发展、农民生活改善、农村发展环境改良、乡村振兴等提供了重要的助力。但也要看到，农村物流发展不平衡、不充分的问题也比较突出，主要表现为农村物流网络局部不畅、物流成本较高、数字化转型慢、标准化能力不足、冷链专业化水平较低、绿色发展压力较大等。

展望未来，网络直播将会与多种业态、产业链各环节以及终端消费者进行广泛、实时连接，构建起基于数字基础和平台模式的现代供应链服务体系。相应地，快递业需要围绕需求变化趋势，进一步完善县、乡、村三级网络，合理布局网点与线路，增强服务功能，优化服务结构，实现快递业与"三农"深度融合，推动农业供应链、网络直播链高效运转。具体而言，快递企业一方面可充分利用农村现有仓配与邮政快递资源；另一方面，快递企业可在偏远地区布局无人载具，创新农村配送模式，推动"互联网+邮政快递""智能+邮政快递"等模式发展。

（案例来自于人民网）

第三节　快手直播

一、快手平台介绍

1. 快手平台的简介

快手是北京快手科技有限公司旗下的平台，如图2-19所示。快手的前身，叫"GIF快手"，诞生于2011年3月，最初是一款用来制作、分享GIF图片的手机应用。2012年11月，快手从纯粹的工具应用转型为短视频社区，成为用户记录和分享生产、生活的平台。根据艾瑞咨询，截至2020年6月30日，全球范围内，快手是以虚拟礼物打赏流水及直播平均月付费用户计最大的直播平台，是以平均日活跃用户数计第二大的短视频平台，以及以商品交易总额计第二大的直播电商平台。

图2-19　快手平台

2. 快手平台的特点

（1）主要针对下沉市场。快手直播带货平台的主要用户集中在三线及以下城市，且产品价格较低。对于下沉市场的高渗透率，使快手避开了一、二线城市的流量红利，从而使带货能力在三线及以下城市得以发挥到最大。

（2）粉丝黏性强。快手中的主播多诞生于基层，生活类短视频占比最高，通过真实、质朴的内容引起其他用户的共鸣。快手有很强的"网络直播"氛围，粉丝比较有黏性。用户愿意主动点赞、评论、分享自己喜欢的主播，互动率高。用户与主播的互动更频繁深入，关注者对作者的认可度高、信任度强。

（3）价格敏感度高。以中小型创业品牌为主，高性价比的白牌商品较多，产业带直播比重较大。

二、快手直播入驻条件

快手直播账号分为个人用户和企业用户两种类型。

（1）个人用户入驻条件为：

- 已注册为快手平台用户，且已通过实名认证开通快手直播，取得快手直播权限。

• 具备完全民事行为能力的自然人，即用户为满 18 周岁且能完全辨认自己行为的成年人。快手小店禁止未成年人、不能完全辨认或不能辨认自己行为的成年人使用本服务。

（2）企业用户入驻条件为：企业用户将提供营业执照、行业分类、法人身份证和联系方式等信息进行认证，完成认证即可开通直播权限。企业用户如需申请官方权威认证蓝 V 标识，需交纳 600 元 / 年的服务费。

三、快手直播账号申请与获取

（1）在应用商店中下载快手 App，如图 2-20 所示。
（2）登录快手 App，如图 2-21 所示。
（3）开通快手直播，如图 2-22 所示。

图 2-20　下载快手 App　　　图 2-21　登录快手 App　　　图 2-22　开通快手直播

四、快手直播电商功能

"快手小店"是快手 App 内上线的商家功能，旨在为快手优质用户提供便捷的商品售卖服务，高效地将自身流量转化为收益。

开通快手小店将获得以下收益：
（1）多样的收入方式，高效转化粉丝流量。
（2）官方针对快手小店项目的额外曝光机会。
（3）快手平台提供的便捷商品管理及售卖功能。

快手小店的开通流程，如图 2-23 所示。

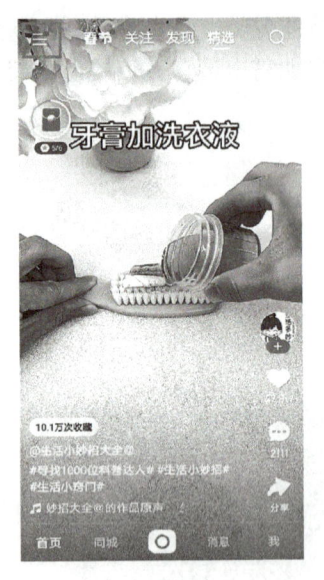

（1）打开快手 App 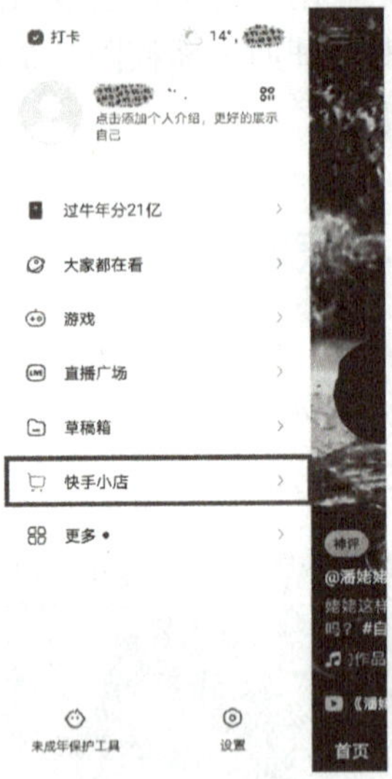　　（2）快手小店 　　（3）申请快手小店

（4）开通快手小店　　（5）快手小店实名认证　　（6）完成申请

图 2-23　快手小店的开通流程

五、注意事项

快手直播注意事项如表 2-2 所示。

表 2-2　快手直播注意事项

事　项	场　景
不得使用或者变相使用国旗、国歌、国徽、军旗、军歌、军徽	直播卖货中或商品详情页面中使用国旗进行宣传
不得使用"国家级""最高级""最佳"等绝对化用语或其他不符合实际的夸大描述用语	例如，直播口播中或商品详情页中宣传该商品为"全网最低价""销量第一""极致品质""品质第一"。"最高级"的违规词包括但不限于：最高、最好、最低、秒杀全网、底价、顶级、最新、抄底、领导品牌、极品、世界级、好到广告法不让说、唯一、极佳、独一无二、必备、前所未有、最优、第一选择、全能冠军、绝对完美、性价比之王、第一无二、销量冠军、销量第一、销量金牌、极致、最大让利、顶尖、首家、百年品质、全网首发、史无前例、最纯粹、最先进科学、精确、国家级产品、独家、绝对、最先进加工工艺、最时尚、掌门人、绝无仅有、万能等
危害人身、财产安全，泄露个人隐私	例如，高危运动类商品，需要进行安全提示
不得损害国家的尊严或利益、泄露国家秘密	中国地图的完整准确使用，因使用精确性有很高要求，如九段线绘制准确等，因此在无专业指导的情况下，商品详情页面宣传推广时禁止使用地图
不得含有民族、种族、宗教、性别歧视的内容	例如，推广面膜时，非洲黑人敷完都能变白等宣传方式
不得含有妨碍环境、自然资源或者文化遗产保护的内容	例如，宣传推广的视频中含有在长城上架设、安装与长城保护无关的设施设备
不得对商品的质量、用途、使用效果等进行虚假或引人误解的宣传	例如，普通食品（无保健食品标志的商品）宣称有保健食品功效。在普通食品宣传时禁止使用包括但不限于以下保健食品功效：增强免疫力、辅助降血脂、辅助降血糖、抗氧化、辅助改善记忆、缓解视力疲劳、促进排铅、清咽、辅助降血压、改善睡眠、促进泌乳、缓解体力疲劳、提高缺氧耐受力、对辐射危害有辅助保护功能、减肥、改善生长发育、增加骨密度、改善营养性贫血、对化学性肝损伤的辅助保护作用、祛痤疮、祛黄褐斑、改善皮肤水分、改善皮肤油分、调解肠道菌群、促进消化、通便、对胃黏膜损伤有辅助保护功能
	例如，非药品医疗器械宣传疾病治疗功效，如镇咳、润肺、治便秘、抗癌、瘦身、抗衰老
	例如，非特殊用途化妆品宣传特妆功效，但经过备案，拥有特妆字号的，可多宣传对应的特殊用途化妆品功效：育发、染发、脱毛、健美、除臭、祛斑、美白、防晒等
	例如，虚假的"有奖销售""亏本销售""体验销售"等方式销售商品或者服务
	例如，以虚假的"清仓价""甩卖价""最低价""优惠价"或者其他欺骗性价格销售商品或者服务

（续表）

事项	场景
不得对商品的质量、用途、使用效果等进行虚假或引人误解的宣传	例如，谎称正品销售"处理品""残次品""等外品"等商品
	例如，进行有奖销售，承诺购买商品后会赠送商品，但实际并未赠予或赠予的商品与促销时描述的商品不符
不得进行价格欺诈	例如， （1）标价签、价目表等所标示商品的品名、产地、规格、等级、质地、计价单位、价格等或者服务的项目、收费标准等有关内容与实际不符，并以此为手段诱骗消费者或者其他经营者购买的； （2）对同一商品或者服务，在同一交易场所同时使用两种标价签或者价目表，以低价招徕顾客并以高价进行结算的； （3）使用欺骗性或者误导性的语言、文字、图片、计量单位等标价，诱导他人与其交易的； （4）标示的市场最低价、出厂价、批发价、特价、极品价等价格表示无依据或者无从比较的； （5）降价销售所标示的折扣商品或者服务，其折扣幅度与实际不符的； （6）采取价外馈赠方式销售商品和提供服务时，不如实标示馈赠物品的品名、数量或者馈赠物品为假劣商品的； （7）收购、销售商品和提供服务带有价格附加条件时，不标示或者含糊标示附加条件的； （8）虚构原价、虚构降价原因、虚假优惠折价、谎称降价或者将要提价，诱骗他人购买的； （9）收购、销售商品和提供服务前有价格承诺，不履行或者不完全履行的； （10）谎称收购、销售价格高于或者低于其他经营者的收购、销售价格，诱骗消费者或者经营者与其进行交易的； （11）采取掺杂、掺假、以假充真、以次充好、短缺数量等手段，使数量或者质量与价格不符的； （12）对实行市场调节价的商品和服务价格，谎称为政府定价或者政府指导价的

第四节　微信直播

一、视频号直播介绍

1. 视频号直播的简介

2020年1月22日，腾讯公司官方微博正式宣布开启微信视频号内测平台。微信视频号与订阅号、服务号不同，它是一个公开领域的内容平台，是进行全新的内容记录与创作平台。视频号内容以图片和视频为主，图片形式为不超过 9 张的单页展示，需要手动滑动；视频形式为不超过 1 分钟的视频展示，封面图默认为视频的第一秒，还能带上文字和公众号文章链接，而且不需要经过 PC 端后台直接在手机上发布。视频号支持点赞、评论、打赏进行互动，也可以转发到朋友圈、聊天场景，与好友分享。

2. 视频号直播的分类

视频号包含个人认证和企业认证。个人认证包括职业认证和兴趣认证两类。职业认证适合对线下职业身份的认证，如运动员、演员、作家。兴趣认证适合对线上博主、自媒体身份的认证，如美食博主、互联网自媒体。企业和机构认证则适合非个人主体（如企业、品牌机构、媒体、社会团体等）申请。创作者可根据视频号账号的主体身份选择合适的认证类型。

3. 视频号直播的特点

（1）一个微信账号只能注册一个视频号。

（2）视频号直播可以被分享到朋友圈、微信群、私聊、已打通公众号、搜一搜、tag、小程序等。

二、视频号直播入驻条件

（1）个人用户入驻条件为：

- 已注册为微信平台的用户，且主播需要提供真实、合法的身份信息进行实名认证。
- 视频号不接受未满 18 周岁的未成年人或外国人、港澳台地区的居民担任主播。

（2）企业用户入驻条件为：企业用户将提供营业执照、行业分类、法人身份证和联系方式等信息进行认证，完成认证即可开通直播权限。

三、视频号直播账号申请与获取

（1）开启视频号直播，流程如图 2-24 所示。

（2）进行视频号直播开播认证，流程如图 2-25 所示。

在这一操作过程中，需要注意的是：如果是首次发起直播的，则需要进行主播的实名认证和年龄认证，满足要求即可通过视频号直播开通认证。

在直播发起页面，在发起直播前，上传合适的直播封面，填写直播主题，选择合适的开播分类。需要注意的是，如果选择了购物分类，则要即时挂商品，避免影响流量分发。直播封面图设计技巧如表 2-3 所示。

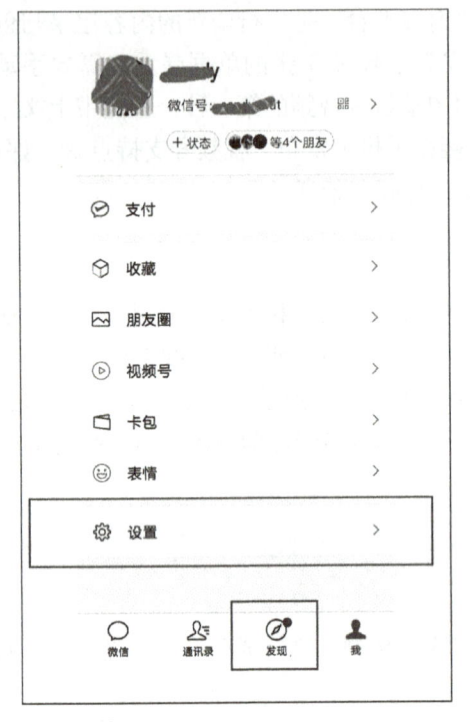

（1）登录微信　　　　　　　　　　（2）进行通用设置

（3）发现页管理　　　　　　　　　（4）开启视频号

图 2-24　开启视频直播的流程

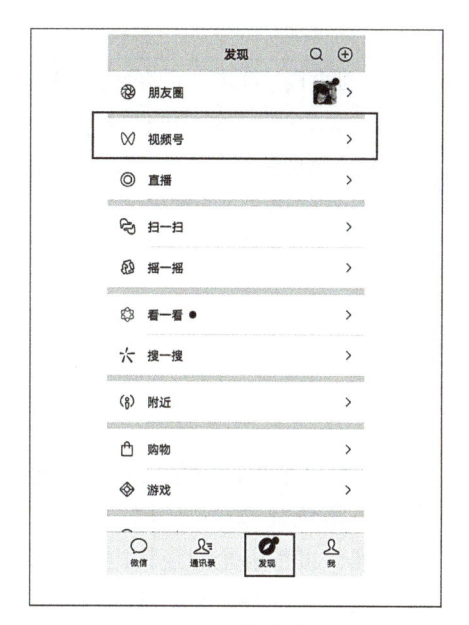

第二章　直播电商平台介绍

（1）登录视频号

（2）进入视频号个人界面

（3）发起直播

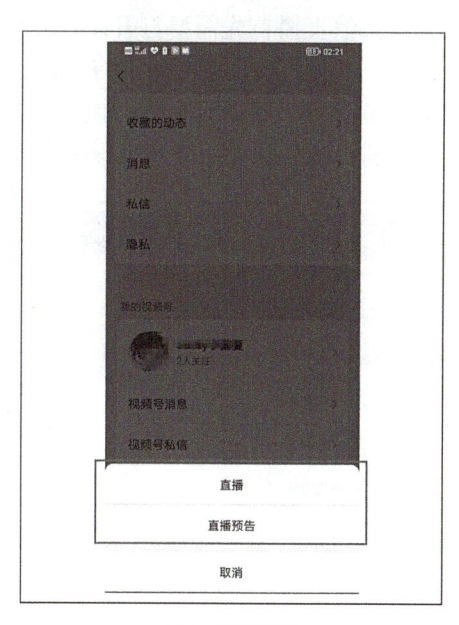

（4）开启直播

图 2-25　视频号直播开播认证流程

表 2-3　直播封面图设计技巧

直播广场上的封面图	朋友圈、群聊、单聊的封面图
（1）最佳尺寸：9∶16 比例竖图 （2）现场环境 / 人物特写更好	（1）关键信息放置在封面 3∶4 区域内，更好地适应多场景传播

续表

	直播广场上的封面图	朋友圈、群聊、单聊的封面图
要点	（3）文字左右居中防止被裁切 （4）Logo 建议放在右上或居中位置 （5）直播广场图的顶部、底部要遮罩 （6）尽可能不用纯色海报	（2）Logo + 人物 + 利益点效果更佳 （3）镂空效果更佳 （4）封面图的色彩元素避免过于丰富 （5）封面图主题突出，避免模糊不清晰
注意事项：直播封面不能出现二维码。		

四、企业微信直播

2016 年 4 月 18 日，企业微信 1.0 版本上线。企业微信，是腾讯微信团队为企业打造的专业办公管理工具。它与微信具有一致的沟通体验，丰富免费的 OA 应用，并与微信消息、小程序、微信支付等互通，助力企业高效办公和管理，可帮助企业连接内部、连接生态伙伴、连接消费者。目前企业微信直播已覆盖零售、教育、金融、制造业、互联网、医疗等 50 多个行业，正持续向各行各业输出智慧解决方案。

企业微信直播首先需要打开企业微信 App，在"工作台"中找到"直播"，如图 2-26 所示。企业微信直播功能简单，有弹幕、转发链接、美颜、回放等功能，可以设置仅限企业内部人员参与，即使将直播链接分享出去，外部人员也无法看到直播。它全封闭系统，不能设置橱窗产品，无法接入小程序或者 H5 等，也无法接入大屏互动。

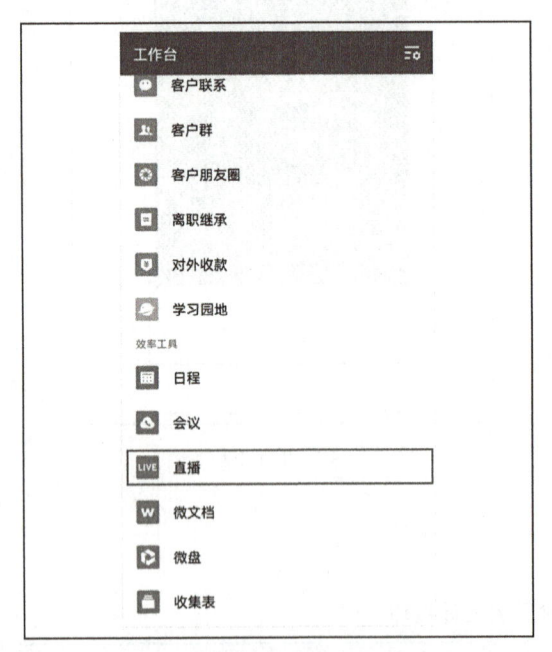

（1）打开企业微信中的工作台　　　　（2）开启企业微信直播

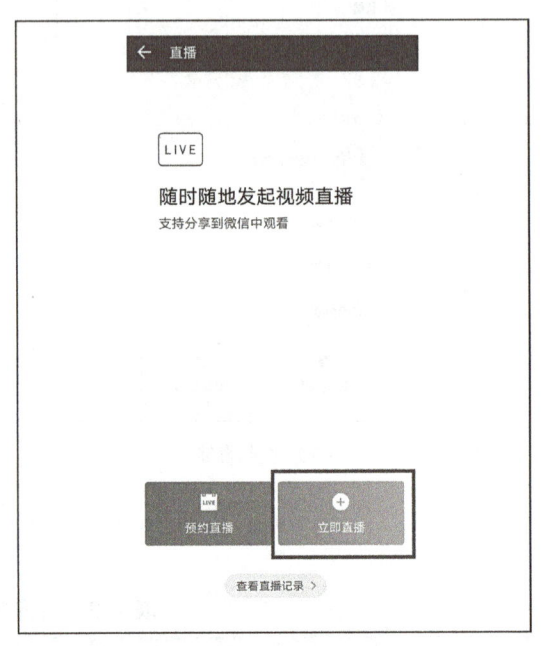

图 2-26　企业微信直播

五、注意事项

（1）注意设置清晰整洁的开播封面。

（2）推流直播的时候，可以使用安卓手机，主播要进入直播间添加商品，推流直播时不能连麦、发红包。

（3）创建直播预约，可以在视频号短视频中看到。

（4）用户的身份变迁：游客-访客-粉丝-客户-老铁，做好每一步转化。

（5）直播测试要跟正式直播间隔1个小时以上，不然会触发预约开播提醒。

（6）小程序可以内嵌公众号文章，公众号文章可以内嵌视频号直播预约，点进去即可预约直播。

项目实训：注册微淘号·达人的流程

[实训目的]

1. 能够掌握微淘的官方玩法及实施工作
2. 掌握注册微淘号·达人的流程，并能够运用微淘进行网络营销

[实训条件]

1. CPUi5 或以上，内存 4GBDDR4 或以上，硬盘容量达 50GB 以上，其他标配
2. 预装 Windows 7 以上操作系统
3. 预装谷歌浏览器 7.0 版本以上
4. 预装 Office 2013 版

[实训内容及步骤]

微淘号是以优质原创内容创作者为主体，对参与淘宝内容生态体系的账号进行了定义和分类，涵盖达人体系、商家体系的各类内容生态角色。通过阿里创作平台，微淘号进行入驻。

（1）登录阿里创作平台，单击"开通"按钮，如图 2-27 所示。

（2）登录淘宝账号（卖家账号也可以开通微淘号·达人），如图 2-28 所示。

（3）选择"微淘号·达人"，单击"选择并继续"按钮，如图 2-29 所示。

图 2-27　达人注册

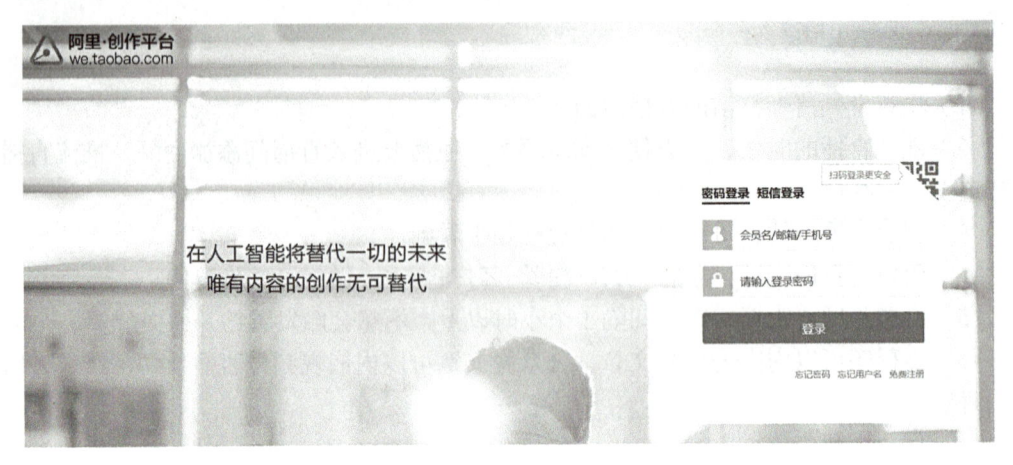

图 2-28　登录淘宝账号

图 2-29　微淘号账号类型

（4）进行账号校验，账号需要绑定支付宝，并通过支付宝实名校验。

①实名认证若为个人身份，则需要年满 18 周岁，且个人身份下仅可开通 1 个创作号。

②企业身份可开通多个创作号。

③账号所有者的身份主体需要与绑定的支付宝保持一致，否则将无法通过角色认证等环节。

④开通后旺旺账号若解绑支付宝，则将限制使用平台功能，直至重新绑定支付宝。

⑤若旺旺账号重新绑定新的支付宝，则需要登录阿里妈妈淘宝联盟后台以更新支付宝信息，否则将影响结算，如图 2-30 所示。

（5）填写账号基础信息，勾选"我已阅读并同意《阿里平台合作协议》"，单击"开通"按钮如图 2-31 所示。

（6）提交后立即开通成功，开始创作之旅。

图 2-30　检测账号

图 2-31　填写账号基本信息

[实训提示]

➢ 如为个人身份，个人须完成支付宝个人实名认证，且同一身份信息下只能允许一个淘宝账号入驻。

➢ 如为企业身份，企业须完成支付宝企业实名认证，且同一营业执照下只能允许注册十个淘宝账号入驻。

本章小结

直播营销正成为厂商连接消费者的最便捷的方式，从被迫直播卖货变为主动出击，实现了品牌宣传、营销造势、促成下单。直播营销是集文字、声音、图像于一体的多媒体营销手段，能快速吸引用户眼球，给用户带来强烈的冲击力视觉感受，使其凭借超强的传播力和影响力广泛活跃在个人或企业营销的多个领域。如何在营销阵地战中脱颖而出，直播平台的选择成为这场营销战的关键。

本章主要选取了电商平台、短视频平台和私域流量平台的典型代表，分别介绍了淘宝直播、抖音直播、快手直播和微信直播等主流电商直播平台的基本情况、入驻条件、直播账号申请与获取、平台使用的注意事项与使用技巧，帮助读者掌握主流直播电商平台的规则以及特点、直播账号申请的操作方法和直播电商平台的操作流程，快速完成直播营销的平台选择。

同步测试

（一）判断题

1. 淘宝直播上线时间为 2016 年 1 月。　　　　　　　　　　　　　　（　　）
2. 一个微信账号只能注册一个视频号。　　　　　　　　　　　　　　（　　）

（二）单项选择题

1. 每个视频号一年内可修改（　　）次名字。
   A. 2　　　　　B. 3　　　　　C. 4　　　　　D. 1
2. 如要升级为腾讯直播蓝 V 用户，每年需缴纳的认证费用为（　　）。
   A. 299 元　　　B. 399 元　　　C. 499 元　　　D. 599 元
3. 交易达成（指达成的订单消费者成功付款）后（　　）小时内，商户应将消费者商品订单发货的快递运单号上传至快手小店系统并进行出库处理。
   A. 24 小时　　　B. 36 小时　　　C. 48 小时　　　D. 72 小时
4. 7 天无理由退货服务中的 7 天是怎么计算的呢？（　　）
   A. 自物流显示签收商品的次日零时开始起算
   B. 自商品显示已发货开始起算
   C. 自商品付款成功开始起算
   D. 自物流显示签收商品开始起算
5. 以下哪个网址可以查看快手小店管理规范？（　　）
   A. https://kuaishouguifan.kuaishou.com
   B. https://www.kwaishop.com
   C. .https://s.kwaishop.com
   D. https://kuaishoudianshang.com
6. 发货包装中不能有下列哪些物品在内？（　　）
   A. 承诺用户的赠品
   B. 快手小店店铺链接及二维码链接等信息
   C. 含有第三方平台链接的印刷物等
   D. 给用户的一封信

（三）多项选择题

1. 淘宝直播间包含以下哪些特点？（   ）
   A. 互动性　　　　B. 针对性　　　　C. 趣味性　　　　D. 完整性
2. 下列不属于腾讯公司的直播平台是（   ）。
   A. 视频号　　　　B. 映客直播　　　C. 石榴直播　　　D. 看点直播
3. 以下卖家哪种行为违反了平台规定？（   ）
   A. 卖家一直以各种理由拖延发货时间
   B. 抬高商品的市场实际销售价格，比如 A 主播在直播中表述某商品市场销售价格为 999 元，本场直播中购买价格为 200 元，造成巨大的差价优势吸引用户购买
   C. 以最快的速度回复买家的问题
   D. 将资质完整的玩偶上架到小黄车售卖
4. 以下哪种商品不可以在快手小店上架？（   ）
   A. 腕表　　　　　B. 奢侈品　　　　C. 保健品　　　　D. 种子
5. 以下哪些情景在直播间是不能出现的？（   ）
   A. 一定要相信我，这些都是我自用的产品，这个面膜涂上去过十分钟绝对让你的脸变白变水嫩
   B. 这瓶饮料，不单单是一瓶普通的饮料，是一瓶可以让你立马变瘦变苗条的饮料，喝下去立马分解你的脂肪，让你的肉无处可藏
   C. 这个茶具有滋补功效，喝了可以健肾养脾，立马美白养颜，高效滋补，年轻十岁
   D. 这件衣服质量很好，穿上后你就是靓仔，走在时尚潮流的尖端
6. 直播间里售卖商品不能出现哪些词汇？（   ）
   A. 最漂亮的衣服
   B. 全网最好的面膜
   C. 世界第一牛的手机
   D. 质量很好的裤子
7. 以下哪些渠道为快手官方允许的正规第三方售卖渠道？（   ）
   A. 魔筷星选　　　B. 有赞商城　　　C. 淘宝　　　　　D. 主页微信
8. 以下哪些商品/服务不支持"7 天无理由退货"？（   ）
   A. 消费者定制、定作类商品
   B. 鲜活易腐类商品
   C. 在线下载或者消费者拆封的音像制品，计算机软件等数字化商品
   D. 交付的报纸、期刊类商品
9. 大坤在平台售卖"柚子茶"，以下类目表述正确的为（   ）。
   A. 大坤售卖的商品所属一级类目为食品类目
   B. 大坤售卖的商品所属二级类目为茶饮冲调类目
   C. 大坤售卖的商品所属三级类目为饮料类目
   D. 大坤售卖的商品所属三级类目为冲饮谷物

(四)简答题

1. 对比淘宝直播、抖音直播、快手直播和微信视频号直播,它们各有哪些优缺点?
2. 常见的直播互动的方法有哪些?
3. 视频号直播入驻条件有哪些?

第三章

主播的自我修养

学习目标

知识目标	技能目标	思政目标
※ 掌握主播在成长阶段中的心理变化 ※ 掌握主播需要坚守的职业道德 ※ 掌握主播必备的职业技能 ※ 掌握直播所需的团队精神	※ 能够在直播中规避不道德行为 ※ 能够掌握自我心理调节方法 ※ 能够熟悉主播的工作内容和特点 ※ 能够掌握团队成员必备的协作意识与能力	※ 具备直播正向能量和正向职业观 ※ 具备健康的职业心理，积极面对成长过程 ※ 具备基本职业素养与职业能力 ※ 具备良好的沟通交际能力和团队协作精神

思维导图

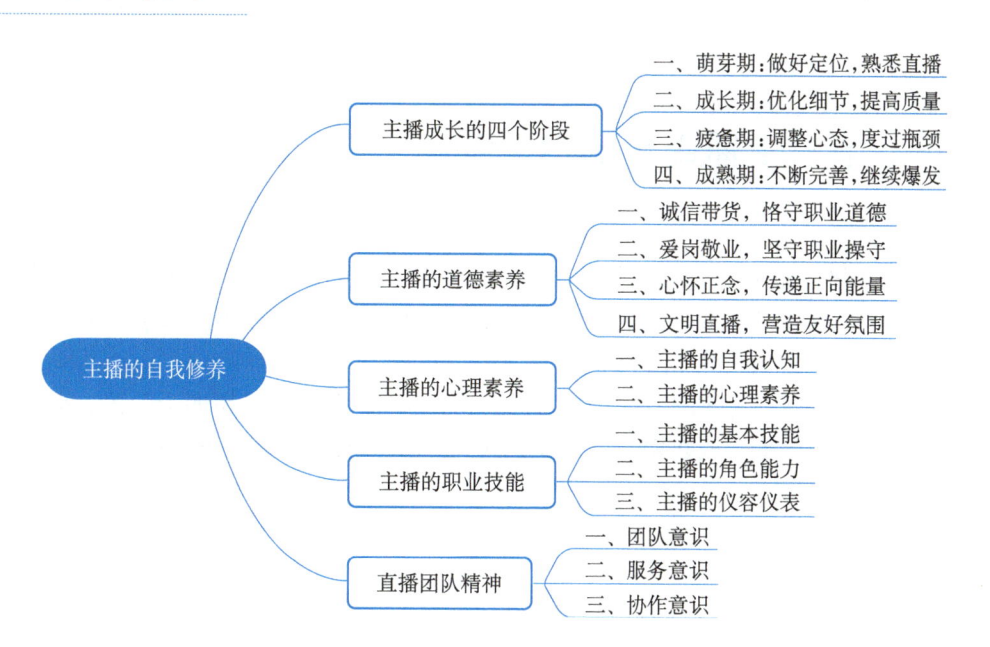

- 主播的自我修养
  - 主播成长的四个阶段
    - 一、萌芽期：做好定位，熟悉直播
    - 二、成长期：优化细节，提高质量
    - 三、疲惫期：调整心态，度过瓶颈
    - 四、成熟期：不断完善，继续爆发
  - 主播的道德素养
    - 一、诚信带货，恪守职业道德
    - 二、爱岗敬业，坚守职业操守
    - 三、心怀正念，传递正向能量
    - 四、文明直播，营造友好氛围
  - 主播的心理素养
    - 一、主播的自我认知
    - 二、主播的心理素养
  - 主播的职业技能
    - 一、主播的基本技能
    - 二、主播的角色能力
    - 三、主播的仪容仪表
  - 直播团队精神
    - 一、团队意识
    - 二、服务意识
    - 三、协作意识

案例引入　从0到百万的"直播小白"蓝丽萍

蓝丽萍是一名返乡创业的女干部，来自金华市武义县畲族山村，目前正利用直播短视频带领村民创业致富。从2021年8月份开始，她坚持每日更新短视频、开直播，记录自己的返乡创业生活，更新从未停止。在视频中，她与村民一起打造"林下经济"，用视频记录他们在共同富裕路上的过程。在直播过程中，她和大多数直播小白一样，经历过紧张、焦虑、失落等负面情绪，她靠着强大的心理适应能力和乐观的心态坚持了下去。从一开始的视频只有几个人观看，到现在浏览量已超百万次，如今，蓝书记和村民们的直播短视频事业已走上正轨。

蓝书记说："视频给了我们一个更加开放的窗口，让更多人了解村干部的工作，也让更多人了解真实乡村生活，直播让共同富裕有了更多可能，同时也是我们走在共同富裕路上最好的见证者，所以我会每天记录。当有一天我们目标实现的时候，我可以翻阅短视频回看我们走过的路、做过的事，我想那就是最好的共同富裕影片记录。"

案例分析

主播想要呈现一场精彩的直播，不仅仅需要强悍的直播业务能力，眼观八方，一脑多用；还需要有强大的心理素养作支撑，应对随时可能发生的意外情况；更需要有坚持的毅力，支持主播每天开播的决心；超长待机的体力和精力也是必需的。直播并不是我们看起来那么简单，主播要始终保持高昂的精神状态，每日按时开播，且一场直播要3~4个小时，甚至更长时间，一些成熟主播可以做到在镜头前时刻保持这种亢奋的精神状态，这也与主播是否具备良好的职业道德素养密切相关。

第一节　主播成长的四个阶段

每一位主播的成长都需要时间，没有人的成功是一蹴而就的。焦虑、急躁、想放弃……类似的负面情绪是每一位主播成长的必经之路，重要的是如何克服这些心理。历经"九九八十一难"，方能取得"西天圣经"。

一般来说，从初入行到成为一名优秀的带货主播，大致会经历四个阶段，分别是萌芽期、成长期、疲惫期、成熟期，如图3-1所示，每个阶段都有不一样的心态挑战与克服技巧。

主播成长的四个阶段

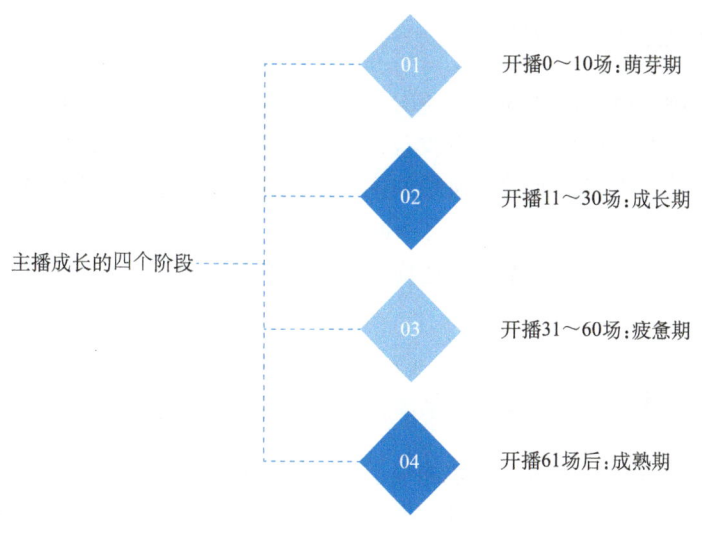

- 01 开播0～10场：萌芽期
- 02 开播11～30场：成长期
- 03 开播31～60场：疲惫期
- 04 开播61场后：成熟期

图 3-1 主播成长的四个阶段

一、萌芽期：做好定位，熟悉直播

当新人主播开始自己的第一场直播后，就进入了萌芽期，大概要经历 10 场左右的直播过程。在这一阶段，大多数主播会对直播环境、直播环节等充满新鲜感，热情十足。但是也可能因为不熟悉而出现各种状况，比如直播时镜头感不强（镜头前主播占的比例过多或过少、眼神容易飘离、会出现害羞的神情等）、话术不知如何表达（比如对产品的了解不够、不知道怎么表达）、软件操作不熟练等。主播应利用好萌芽期这一"黄金时段"，培养自己的口头表达能力和直播软件操作能力，以下提出几点建议。

（一）熟悉直播流程与操作

"萌芽期"阶段是主播将理论知识付诸实践的好时机，包括熟悉直播的各项流程，熟悉主播的口头表达以及直播软件的操作方法，从而使直播能够顺利进行。

（二）培养直播间镜头感

普通人第一次出现在镜头前时，或多或少会有不适应感。但这是主播的工作需要，因此就必须要克服在镜头前的紧张感。"萌芽期"的主播的直播间里并不会有很多观众，且大多数观众可能是熟人，他们是来捧场的，所以这段时间就是主播熟悉镜头的绝佳时期。平时在生活中，主播也可以对着镜子多多练习，培养自信的感觉。此外，还应时刻提醒自己，身体在画面中的比例应遵循三分之一原则，即头顶需要三分之一左右的留白，脸部占画面的三分之一左右，如图 3-2 所示，使直播镜头画面更协调。

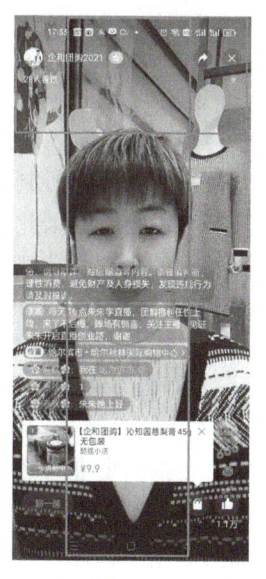

图 3-2 直播画面比例示意

（三）确定主播的类型和方向

一般来说，做主播有两种获得收益的类型：一是才艺主播，利用自身才艺或个性特点等吸引粉丝，让粉丝进行打赏以获得收益；二是带货主播，主播通过销售产品，获得出场费和佣金等。另外，也有两种类型兼顾的主播，例如，某美食主播通过展示自己特别能吃的特点吸引粉丝，进而向观众推荐自己所吃的食品，进行直播带货。

明白自己要从事的直播类型后，还应该确定擅长的直播方向，即要直播售卖什么样的商品。

（四）定位主播的鲜明人设

只有拥有个性鲜明的主播人设才能吸引更精准、更优质的粉丝群体。主播也应在直播中尽可能根据人设来选择话术、场景、商品等，显示出个人鲜明的风格特色，从而吸引更多的用户。

二、成长期：优化细节，提高质量

当主播逐渐适应直播过程后，就进入了"成长期"阶段，该阶段一般处于开播的第11～30场。

通过充分的前期准备和前10场直播的熟悉，在这一阶段，主播对直播的整个流程和操作比较熟悉了，直播技巧也越来越熟练，对于正在进行的直播方向也有了一定的自我认识，心态也从一开始的迷茫、无措，开始逐渐变得有信心、很坚定。

这时，主播应乘胜追击，努力改善直播中的不足之处，优化直播的各项细节，学会总结与提升。

（一）维持直播个人风格

进入"成长期"，主播需重点关注用户在直播间的停留时长、路转粉比例，这两个数据会影响主播发展的潜力，是用户对直播间内容与主播人设喜爱程度的反映。

平台的流量机制会根据主播的表现引导相应的流量到直播间，这是平台对新手主播的扶持手段之一。因此，主播应维持好自己的主播风格，不要轻易尝试改变，以吸引更多相同类型的观众进入观看，实现"精准吸粉"，以达到高转化率。此外，还需保持每天有规律的开播时间，随意变动开播时间是直播中的大忌。

（二）总结直播的优劣势

主播需要在每场直播结束后进行有针对性的复盘总结，总结直播的优劣势、归纳涨粉点、寻找销量最佳的爆款品、确定下一场的货品等，做好直播计划。在这一阶段，如果直播间数据增长速度放缓，那么主播及其团队就应引起重视，及时调整销售策略，同时一定要做好打长期战的心理准备，保持好心态，才能更从容地迎接挑战。

（三）优化直播细节

进入"成长期"后，主播就需要优化直播间的细节，根据总结出的优劣势，进一步提升直播间的档次等级。比如，根据直播内容来装饰直播间，在直播间的设备、背景、灯光、视频、摆设等细节上进行一定程度的调整和优化，以提高直播间的视觉效果，提升整个直播间的档次等级，可以起到吸引潜在粉丝的作用。

举例来说，带货主播直播售卖商品时，背景装饰最好能与商品相关。主播售卖零食，直播画面就以零食样品为主，凸显商品，如图3-3所示；教育类直播间的背景以浅色调与尽量简洁的书架、产品摆设为主，将观众的视觉重点向前移到主播身上，也更符合主播身份，如图3-4所示。

图 3-3 零食主播的直播间布置

图 3-4 教育类主播的直播间背景

（四）分析用户需求痛点

主播要主动学习分析用户、粉丝群体的特点，了解他们的主要年龄段、职业、喜好等，判断他们的关注点、分析他们的购物心理和动机。以食品直播销售为例，有些会因为商品价格便宜、划算、实惠、性价比高选择购买；有些用户会因为信任主播，相信主播的口味想要尝试而选择购买；有些用户会觉得正好最近想买而决定下单。了解用户的痛点需求后，再挖掘商品的卖点，这样才能使商品最大化地呈现出它的价值，更能触动用户的心，促使他们下单购买。

例如，某主播在直播间销售螺蛳粉，直播背景设置在螺蛳粉制作工厂中，如图3-5所示，工人在主播后方现场包装螺蛳粉，所有场景都通过镜头展示给观众，而主播就在包装车间直接线上销售，卖点就是制作过程全公开、干净卫生、料包内容量多。

图 3-5 螺蛳粉包装现场直播

（五）明确直播间的内容

直播是一个经验积累的过程。"成长期"时，主播应以熟悉直播为主，不过多考虑安排商品，专注于树立及强化主播人设。在此阶段，还需要确定在直播时输出的主要内容，一般以推荐好物为主，或分享个人经验，也可以是帮助粉丝解答问题等。主播根据自己的定位和特点选择几款商品，尝试在直播间推荐，商品的数量要和直播间的直播时长、带货强度保持一致，并呈现同时上涨的趋势。如图3-6所示，主播在进行农产品推荐活动时，她的穿着打扮、言谈举止、售卖的商品等都与"农民"这一人设相一致。

图3-6 主播在直播间进行商品的推荐活动

三、疲惫期：调整心态，度过瓶颈

疲惫期，也可以说是"平台期"，一般会在开播31~60场时出现。主播的直播事业发展在这个阶段达到了瓶颈，主播情绪的最大特征可能是煎熬、痛苦、无助、怀疑、迷茫，很多人也会在这时选择更换平台，甚至退出直播行业，这是新人主播进入直播行业后最痛苦的时期。事实上，无论是私域还是公域直播，任何一个主播都会有这样一个疲惫期，可能是由心理因素和直播间热度变化原因导致的。

首先，主播自身的心理因素是导致瓶颈期的重要因素之一。因为直播是一件相对枯燥的工作，每天需要定时定点开播，又需要每天重复同样的话术，甚至要面对同一群观众。当主播对直播的新鲜感逐渐减弱，日复一日，没有良好的自我调节能力，是很难长期坚持下去的。

其次，粉丝数没有提升或有所下降也是影响主播心理因素之一。直播时与粉丝交流、互动是主播能够在直播时保持热情的关键，而直播内容则是吸引粉丝的有力工具。若长期缺乏新鲜内容，就会导致老粉失去兴趣，新粉的吸引力下降，粉丝数不仅很难提升，甚至可能减少，这会非常影响主播的心态。直播内容多样、个性，有利于保持粉丝的新鲜感，同样也对保持主播的积极性有帮助。

在这一阶段，主播需要调整心态，克服困难，优化直播内容，迎接爆发成长的关键时期，以下提出几点建议。

（一）调整心态，掌握自我调节能力

作为主播，应该明白做直播不是一蹴而就的事情，需要长时间的积累。直播间人气一时低迷，并不代表之后也会一直保持这样的状态，所以无论直播间是否有粉丝观看，粉丝或多或少，都一定要保持热情，坚持做好直播内容，不要让自己的努力付之东流。在这个最痛苦的时期，主播要做的是积极调解自己和团队的身心状态，增强自我调节能力，认真对待每一场直播。

（二）做深特色直播内容

为吸引更多新粉及维护好老粉，主播应明确自己的直播目标和方向，将直播间内容做深，让进到直播间的用户都感受到直播间所提供的价值，努力让自己成为一个优秀合格的大主播。首先，要深入了解主播带货的商品所处的行业，提升自己的专业判断力，不能为了快速获取金钱和粉丝而降低道德底线；其次，主播要始终站在粉丝的角度，充分了解粉丝需求，为粉丝做好商品把关；最后主播在表达观点的同时，需要注意输出积极向上的观点，任何消极负能量的表达都不利于主播个人的发展和商品的推广。

（三）多和成熟主播沟通交流

在这个阶段，更应该始终保持学习的态度。在空余时间可以多去看一些成熟主播的直播，学习并总结他们在直播中的优秀表现，反复和自己的直播表现进行对比，复盘总结自己与成熟主播间的差距。也可以和身边经验丰富的优秀主播多沟通，分享交流一些主播成长经验和心得。在交流的过程中，一定能解开很多疑惑，并取得不少收获，这对新手主播成长非常有借鉴意义。

四、成熟期：不断完善，继续爆发

顺利熬过疲惫期后，主播的成长阶段进入到"成熟期"。俗话说：一个习惯的养成，需要 21 天。而经过前三个阶段的坚持，在这一阶段，主播在直播时可以感受到轻松、自然、放松，习惯了人和直播融为一体的感觉，对于直播也越来越得心应手。这时，新主播仍需要不断地学习、提升自己的主播知识，通过实践不断完善、调整自己的直播风格，与时俱进。

"成熟期"的主播可以从以下 5 个步骤来实现爆发成长。

（一）优化商品供应链

稳定的、高质量的商品供应链是直播稳定、快速发展的基础，"货"在带货直播的各个环节中都有着举足轻重的作用。如果说主播发展的前三个阶段是摸索的过程，那么在"成熟期"，主播就已经基本稳定了自己发展的大方向，明确了选品的种类。这时，主播就可以从货源下手，寻找价格最低、性价比最高的商品，寻找和组建更优质的商品供应链，

完成优质商品供给的同时，逐步实现对优质生产端资源的掌控。

（二）完善售后服务体系

大多数的带货直播间都有商品价格低、质量优、性价比高的特点，售前优势明显。但很多主播并不重视售后服务，将商品售出之后，服务意识和能力就大大降低，这容易使消费者感到"心寒"。因此，这就要求主播进一步完善售后服务体系，遇到粉丝提出问题时，不回避、不推诿，尽力、及时地解决。这不仅能提高直播间口碑，也可以拉近主播与粉丝的关系，有利于增强主播公信力。

（三）更关注自身言行

经历了前三个阶段，主播已经积累了一定的人气，对粉丝的影响也相对深刻。从某种意义上来说，直播间主播的角色相当于一个意见领袖。想要获得用户的追随和认可，就需要主播能正确、清晰地表达自己，控制整场节奏。同时，也要求主播更关注自身言行，时刻注意输出积极向上的观点，任何消极负面的表达都不利于主播个人的发展和商品的推广。

（四）维护好主播人设

进入"成熟期"，主播要注意展现个性特点，根据人设设定形象。所谓"人设"，指的是主播在镜头前打造的人物形象和个性特征。主播若想要长久地发展下去，就应从表达、服装、配饰、妆容等各个方面着手，凸显人物个性，把最好的一面展现给观众。

例如，销售古法红糖食品的主播，如图 3-7 所示，人设定位传统古风的喜好者，从服装、妆容、直播商品等各方面都围绕"传统"二字进行呈现。不同寻常的古风传统装扮与"古法红糖"相得益彰，不仅能给粉丝带去视觉冲击感，也能加深用户对传统食品的良好印象，对主播产生信任、依赖感。

图 3-7 主播的个人形象符合人设

（五）扩展推广渠道

"成熟期"主播除了要熟练掌握直播的各项技巧外，还需要学会借助流量营销、推广自己。通常，流量分为公域流量和私域流量。公域流量一般指各大平台的公共流量，不专属于某个商家。想要利用好这类流量，主播可借助促销、优惠等直播活动或直播标题、封面等视觉手段吸引观众进入直播间，将其转化为私域流量。私域流量一般指朋友圈、公众号等私人社群流量，专属性高、依赖性强、转化率高。主播可在直播中引导粉丝加群，再利用预告、回放、社群互动等运营方式引流、维护流量，达到推广营销的目的。

第二节　主播的道德素养

一、诚信带货，恪守职业道德

直播的内容宽泛、形式自由，但并不意味着什么样的商品都可以在直播间进行售卖，一些明显涉及出售假冒、盗版，或为出售假冒盗版商品提供便利的主播将会被按照直播平台规则及相关法律法规予以严肃处理。"直播带货"引发消费纠纷不断，主播道德素养有待提升如图 3-8 所示。

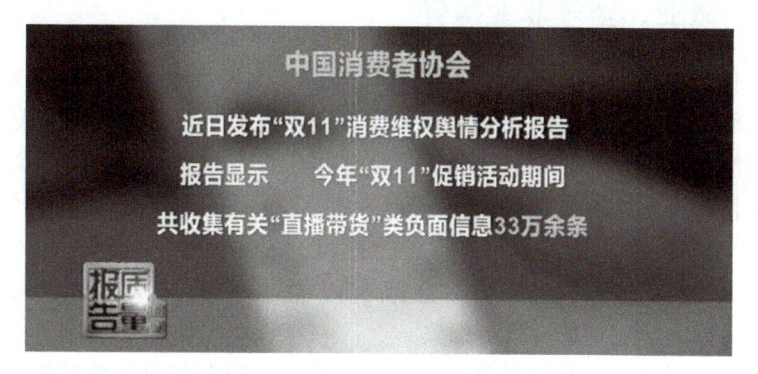

图 3-8　"直播带货"引发消费纠纷不断，主播道德素养有待提升

典型案例

2020 年 8 月，上海市公安局虹口分局侦破了上海首例利用"网红主播直播带货"形式对外销售假冒注册商标商品案。8 月 28 日下午，某服装公司直播间内，知名网红主播廖某正在频繁试穿各类女装产品，数以万计的粉丝正在通过网络围观这场热闹的带货直播。然而，让粉丝们意外的是，前一秒直播间内廖某还在试穿商品，下一秒镜头里却走进了一群便衣警察，伴随着廖某错愕的表情，直播戛然而止。

这到底发生了什么？在直播中，主播廖某会使用一些具有极强指向性的奢侈品品牌或款式的代号来介绍假冒商品，比如用"杨树林"替代品牌"YSL"。展示商品时，商标也会贴上胶带，商品链接的图片上还会做相应的处理。外观虽相似，但这些商品出售的价格只有正品店内的几十甚至几百分之一，显然是挂着奢侈品标签的假冒商品。售假为廖某带来巨额提成收益，相较于带正品货，售假厂商还会额外提供一笔"出场费"。在双重利益的诱惑下，廖某的直播间开始成为假冒奢侈品的销售渠道。而对于粉丝反映的商品问题，廖某则会交给售假商家做退换货处理，有时甚至直接忽略。为逃避监管和追查，直播结束后，廖某的直播团队会删除所有涉及假冒商品的购买链接、回看视频等。但是法网恢恢，最终主播廖某在直播中被警方当场逮捕，涉嫌假冒的3000余件商品被全部缴获。

课程思政园地

出售假冒盗版商品在我国是明令禁止的销售行为。在直播间为此类商品带货，轻则直播间账号会被封禁，重则需要依法承担相应的行政责任及刑事责任，这是以职业生涯甚至是人生为赌注的一场道德博弈。对于粉丝来说，在直播间购物的行为是基于信任，信任商品，更是信任主播。而部分不诚信的主播就利用粉丝的信任为自身谋取不道德的利益，这是对消费者的不负责任。作为一名合格的带货主播，首先需要严格遵守国家法律法规，遵守直播平台的相关规章制度，坚守最基本的职业操守，诚信带货，真诚待人。

二、爱岗敬业，坚守职业操守

几乎每一位新主播在刚开播阶段都会经历类似"无人观看"或"少人观看"的状况，这是由于多方面原因共同造成的结果。那么作为一名主播，在遇到类似情况时，你应该如何应对呢？主播应摆正心态，尽职尽责。当直播间在线人数少，甚至没有观众时，有的主播会产生"反正没人，我说什么都无所谓"的想法，而开始不好好讲解商品，在直播间随意发言，散发"负能量"，这是非常不理智的行为。一些直播平台有回放功能，粉丝通过重播直播内容，很有可能会因当中的负能量脱粉，甚至举报直播间。主播虽释放了心中的压力，账号却可能因此被封禁，得不偿失。

除此之外，主播也应该遵守平台规则及法律规则，禁止在直播时出现各种打擦边球的情况。很多主播可能会对此不以为然，但要知道，打擦边球的情况会严重损害直播间的氛围，甚至导致直播间违规被封。

另外，主播也可能会遇到签约直播的情况，与商家签约专场带货，或与MCN机构签约做专职主播等。这对于主播生涯发展来说是非常好的一条路径，可以集合各方资源助力自我成长，但部分主播合约意识薄弱，缺乏职业操守，与商家排好直播档期后，却又临时因个人原因延迟或取消。一场直播并不只是简单播几小时那么简单，商家需要在直播前完成一系列选品、备货、布场、调期等工作，耗时耗力，主播只是整场活动中的一个小环节。若临时改约，又不能提供有效的解决方案，这对主播自身在业界内的声誉也会产生很大的影响，对未来发展也会产生一定的影响。因此，身为一名合格、成熟的主播，应当遵守合约，不因私事随意爽约；爱岗敬业，认真对待每一场正式直播，打造一个良好的主播形象。

三、心怀正念，传递正向能量

真格基金创始人徐小平曾评价某主播："她的东西，不仅有娱乐性，而且有思想性，有批判性，有正确价值观的东西，我认为她三观非常正。""她不是一般的网红，她是一个有思想深度的表演艺术家。"某主播能收获如此高评价，正取决于她心中"可为却不为"的条条底线。

那么，作为一名主播，应该在直播间传递哪些正能量呢？

（一）直播间里的正能量应具有普适性和激励性

普适性，就是指主播传递的正能量应该是大多数人都适用的，符合"普世价值"。例如，直播间的主题是运动类商品，那么"身体健康"就应该是一个具有普适性的正能量内涵。正能量同时还需要具备激励性，主播可以依靠正能量激励粉丝积极参与到直播中来。例如，如果运动类直播传递的正能量是"身体健康"，那么主播就可以把它解释成不断追求更健康的身体和生活，并为观众粉丝提供接受正能量相应的技巧和方法。

（二）传递爱国情怀，是一个公众人物的责任与义务

主播在公开直播过程中语出惊人，不仅有违职业操守，更让负面效应直线上升。要牢记"哗众"不一定能"取宠"，违法必定受到严惩。尊重国家历史、关注国家发展、关注热点新闻事件，在适当的时候传递正面向上的价值观，是主播需要具备的大局观，严禁主播进行反党反政府或带有侮辱诋毁党和国家的行为。例如，斗鱼主播陈一发儿在直播时偶然出言调侃南京大屠杀事件，被平台点名警告和封杀，该主播事后公开发表了关于此事的道歉声明，如图3-9所示。

（三）不忘初心，用实际行动传递社会正能量

近年来，越来越多的主播选择响应国家号召，参与到各类公益活动中去。主播做公益传递正能量的方式有很多，包括捐物捐款、公益直播、助农带货等。

受到疫情的影响，多地农产品滞销，直播助农的形式帮助不少农民切实解决了难题。广西壮族自治区河池市的某一紫薇花基地因市场滞销，无法支付花农人工费和地租，20万棵紫薇花苗面临枯萎腐烂。热衷公益事业的主播"七姑娘"带领团队，在当地开展"广西&浙江给广西紫薇安个家"直播带货助农、助旅公益爱心活动，实现网络公益营销，助力乡村振兴。活动中，带货主播与巾帼新农人代表向全国粉丝讲述紫薇花的传说，介绍紫薇花农产品并线上进行推介，如图3-10所示，半天时间吸引100000+粉丝在线观看，让全国各地的粉丝都了解紫薇花资源。这些紫薇花受到爱心人士的欢迎，被一株株打包装上大卡车，直销到浙江的新"婆家"。主播们在此次公益助农活动中起到了关键作用，既帮助花农解决了销售难题，又畅通了农产品的销售渠道，让更多社会人士参与到这场爱心公益活动中来。

道歉声明

近日网络上流传的一个关于我 2016 年的视频剪辑，当时的我在直播中发表了关于历史事件的非常错误的言论。

当时是一个唱歌比赛，听到一首日本歌曲，我一时口快，类比为日军来了，请大家快来抗日。这种言论很不合适，造成了对大家的伤害。

这个事情是十分错误的，我不应该拿历史事件开玩笑，我本人也非常后悔和自责。的确是一时口快，从来没想过用这个历史事件伤害大家，真的。

在这里对所有受此影响的社会公众毫无保留和郑重的道歉：真的对不起，也不会再犯错误了。在这里向所有因为我的言论受到伤害的人道歉，同时也对斗鱼平台的观众、对我直播间的观众郑重道歉。确实当时一时间说太快了，确实是错了，对不起。

同时，我 2010-2011 年在微博上的一些愤世嫉俗观点也是很错误的。我在这里向大家道歉。

我一定会从中深刻吸取教训，在今后的日子里，我会加倍注意自己的言行，不会再犯类似错误。

我将在近期自愿接受革命教育，使自己做到真正能懂得和铭记历史，提升自身的觉悟，正确履行作为一名公众人物的社会责任，并且以后会一直如此。我也会持续参加公益活动，用自己的影响力尽力挽回造成的不良后果。请大家时刻监督。

感谢大家对我的监督和指正。
感谢各位关心、支持我的朋友。

陈一发儿

2018 年 7 月 31 日

图 3-9 陈一发儿公开发表道歉声明

图 3-10 主播"七姑娘"给全国粉丝讲述紫薇花的故事，推介紫薇花农产品

四、文明直播，营造友好氛围

在网络直播过程中，部分主播可能会做出一些不文明行为来吸引粉丝，例如，讲黄段子、开粉丝玩笑等行为。这是对直播行业的一种侮辱，于法于理都不合规。

（一）主播应注意表达分寸

主播要和观众像朋友一样平等交流，不应距离太近，这样主播无法发挥引导者的作用；更不可以将心理距离拉得太远，居高临下地说教。如果分寸把握得当，就会出现主播与观众相互激发、感染、交流与共鸣，能增进主播与观众之间的联系；反之，容易让粉丝产生抵触心理，出现感情阻断。另外，主播还应该注意适度沟通，不应过度开观众粉丝的玩笑，注意他们的心理接受程度。

（二）主播应注意用语文明

主播用语低俗、不雅，或骂脏话会容易给人一种素质低下、没有修养的感觉，容易损害主播在观众粉丝心中的形象，造成人设崩塌。一些低俗涉黄言论在直播平台也是禁止的，严重时可能会导致直播间被封。

（三）主播应注意观点文明

直播间的不文明观点大致可以总结为两点。一是贬低别人，拔高自己。"炫"成为这部分主播吸引眼球的首选之法。他们通过怪异不合群或极端的方法，以达到吸引粉丝目光的目的。这种做法往往损人不利己，通过对部分人群的贬低，来证明自己的优点。二是滥用热点，不顾后果。在这部分主播心中，不论"恶名"或"美名"，都能成为他们吸引别人关注的手段。例如，某占座"海归博士"，他因损害公共交通安全在网络上遭到骂声一片，但他却仍不悔改，更是趁机开通直播间进行回应、炒作。当然，网友和平台对这一行为并不买账，直播间仅仅存在了几天就被注销了。

（四）主播应注意行为文明

在镜头前时刻保持微笑，这不仅可以消除主播的紧张情绪，也能给观众以亲切感。同时主播也应该不时地与镜头产生眼神互动，使观众产生存在感、交流感。但要注意不应长时间凝视，否则容易在视觉上产生一种主播很严肃、很凶的错觉。

第三节　主播的心理素养

随着直播行业发展越来越好，不少人跻身入行，但进入该行业后却发现事实与他们所以为的不尽相同，导致目前直播行业存在"进入门槛低，但淘汰率高"的现象。造成这种现象的很大一部分原因是主播的自我认知不够全面，以下将从主播的自我认知、心理素质两个方面进行诠释，以帮助新手主播拥有清晰的自我认知和良好的心理素养。

一、主播的自我认知

有很多新手主播时常会进入头部主播的直播间进行观看和学习，发现这类直播间人气高、互动强、订单多，然而反观自己的直播间，不禁产生这样一系列疑问："我明明每天坚持准点开播，为什么粉丝还是这么少？明明很努力，为什么粉丝就是不买我的账？别人可以做到一夜爆红，怎么我不行？"他们往往很容易对直播产生一些的认知偏差。

（一）偏差的颜值长相认知

新手主播往往会对直播行业中主播的颜值和长相要求有一定的误解，认为首先主播的年龄要小，只有年轻人才能适应直播的快节奏；其次，主播的颜值要高，颜值不高的主播不受用户欢迎。会产生这样的认知偏差，一定程度上是因为人们对于主播这个职业的刻板印象，以及主播对自身不够自信，对于直播行业的认识不够深等，因而产生一种心理暗示。其实，只要鼓起勇气，勇敢地迈出直播第一步，你会发现其实颜值对于主播并没有那么重要。相反地，真诚的表达、朴实的语言、高价值的内容才是直播间更好的"颜值"。

（二）偏差的成功认知

当下，国内的主流媒体以个别头部主播为案例进行大力宣传，鼓励越来越多的人加入直播行业。媒体在宣传时，很容易侧重于主播们获得的成功，而往往将主播成长过程中需要经历的挫折、失败一掠而过，这就容易导致一些主播认为做直播是一件简单、轻松的事，一入行就奔着粉丝千万、开播爆单、一夜暴富的目标。

他们只看到头部主播的成功，而忽视了背后日复一日坚持的付出，没有意识到直播间的高人气和订单都是经过无数场直播练就而成的。对新手主播而言，应该脚踏实地，不断完善自我，珍惜每一个粉丝和订单，认真做好每一个细节，摆正心态、精益求精。

（三）偏差的人气认知

一些新主播认为自己的直播间观众数较少，于是并没有付出大量的时间来进行直播前的各项准备，在直播中的互动不够积极，直播时情绪不高昂，整个人的状态也不够投入，非常随意。

产生这种想法时，主播应该明白：没有这几十个观众的基础，就更不可能有百万、千万的粉丝。没有人会愿意在镜头前感受负能量，听主播抱怨观众人数少、订单量不高。所以，不管直播间到底有几人在线，甚至没有观众时，主播都不可以自暴自弃，应时刻保持最佳状态，做好迎接观众进入的准备，尊重粉丝、尊重直播、尊重自己，让粉丝感受到你的热情与激情，直播间人气自然会越聚越多。要始终坚信：只要在正确的方向上不懈努力，付出终会收获回报。

（四）偏差的直播架构认知

一些主播会认为拥有高大上的设备和装修才是好的直播间，甚至在刚开播时就花费高额的成本对直播间进行装修，购买高规格的直播设备。其实，一部手机和一个直播支架就可以构成最基础的直播设备，就已经能够支撑一场完整的直播。当然，随着直播间规模的扩大，粉丝数量的增加，直播设备也应该根据需求进行适当的增减。但装修和设备也只不过起到"锦上添花"的作用，千万别让它"喧宾夺主"。

二、主播的心理素养

（一）自信乐观

主播心态是影响直播的重要因素之一，主播的不自信、不乐观很有可能会导致直播效果不佳。如果主播缺乏自信，随之而来的便是对直播的各种恐慌——怕播不好，或怕网友不喜欢，这会导致产生各种顾虑，成为主播职业生涯中的绊脚石。所以，想要做好直播，就不应有顾虑，任何的顾虑都只会加速错误的出现。主播只能要求自己少出错，迟出错，而做不到不出错。作为主播，应该时刻保持自信乐观的心态，不怕犯错，关键是要学会如何对待错误。

（二）尽职尽责

每一个新手主播在初期都会经历"无人观看"或者"少人观看"的状况，但此时也需要主播尽职尽责地完成直播。新手主播暂时无法拥有多么专业的直播经验，但一定要有专业的直播精神，要时刻记得，哪怕直播间只有一个观众在，主播也必须用最佳的状态，认真、尽力地去做完本次直播，这是一个专业主播应该要有的职业道德。

（三）不骄不躁

主播在刚开播的新手时期容易受到直播间人气、订单量等因素的影响，导致心态波动明显。比如，涨粉速度快，主播就容易骄傲自满，认为自己与粉丝间已经建立了深厚的感情，对自己过于自信；或没有订单时，主播容易气馁，觉得自己缺乏魅力，失去信心。这些在成长过程中都是正常现象，谁都可能遇到，这就要求主播时刻保持不骄不躁的态度，以平常心应对，淡定自若。

(四)激励自己

作为主播,千万切记不要总拿自己的缺点跟人家的优点比,要学会赏识自己,悦纳自己,勉励自己。若有困难,不妨这样做:记录自己第一次达到个人目标时的体验和经验,坚持写直播日记;罗列自身优点,同时写一两句能激励自己的名言警句或是座右铭,贴在墙上等随处可见的地方,每次直播时都能以此来激励自己。总之,不要强迫自己与大主播进行比较,通过激励的方式增强自己的自信心。

(五)学会宽容

在直播中不免会遇到黑粉,对主播的状态、情绪产生较大的影响,各种低俗的话语会让人不适,甚至可能导致大量粉丝离开。黑粉的出现不可避免,这不是主播可以控制的事,所以一定要学会宽容,绝不在直播时闷闷不乐、斤斤计较。而当自己胸怀宽广时,你就能容纳别的主播,欣赏别人、宽容别人,自己的心境也就能保持乐观,这就是所谓的"退一步海阔天空"。同时,主播也应善待直播间的每个粉丝,深切地理解每个人,用质美价廉的商品和主播的人格魅力让黑粉转化为忠实的粉丝。只有心胸宽广,放眼未来,学会宽容,才能在直播时保持良好的心态,达到更好的直播效果。

第四节 主播的职业技能

一、主播的基本技能

要想成为一名成功主播,不仅要按照流程完成直播,还要能够在直播中植入个人特质,精准发挥主播专业力量。作为主播,需要具备以下几点基本特质。

- 表达能力:勇于表达自己的观点,展示真实、有趣的一面。
- 沟通能力:基本能够顺畅地使用普通话进行直播,提升亲和力,与粉丝进行有效沟通,收获粉丝的信任。
- 专业能力:充分了解商品,能够快速、准确地提炼商品的卖点,具备商品推荐的专业能力。
- 反应能力:基本了解可能出现的各种突发情况,如气氛不佳、情绪失控、硬件事故等,并能够较为从容地应对,掌握突发情况的处理技巧。
- 抗压能力:面对压力,保持积极乐观的心态,客观冷静地处理意外状况。抗压能力也利于更好地进行自我情绪管理,通过积极的方式释放或者转化这些压力,将压力转变为动力。
- 创新能力:在确定个人风格的基础上,学会深层剖析粉丝需求,针对他们的兴趣点及时创新直播内容、直播形式、带货商品等,将风格与带货融合起来,以创意吸引更多粉丝。

二、主播的角色能力

(一)导购员

导购员是主播最基础的角色之一,要求具备一定的表达能力和沟通能力。

1. 从容应对,即兴表达

即兴表达需要很强的知识储备,是一种临时性的、没有任何准备的表达。它不容许表达者深思熟虑,需要即刻对当时的情况做出反应。但在精神高度紧张的环境下,尤其是刚开始直播的新人,即兴表达很容易说错话,或者为了避免尴尬说一些违心的话。在这样的情况下,淡定地应对可以巧妙地化解这个问题。

(1)通俗化表达,让人"听得懂"

主播的表达需要通俗化,让所有观众能理解你要表达的意思,并给观众一种亲切感。尽量少用书面语,多用口语词汇。

例如,一位女装类目的主播在形容一条红裙时,使用"红裙妒杀石榴花地"的诗句来形容其艳丽、纯正的颜色。明白诗句的观众可能可以理解其中的意味,但是大多数观众可能不懂,觉得主播不可接近,导致离开直播间甚至脱粉。若主播使用一些通俗话术来表达,例如,"这条裙子的红非常正""穿上它你就是人群中的焦点"等能易于理解的句子,效果会更好。

(2)善用势态语言,表达情绪

"势态语言"指口头语言外的表达,包括语调、语气、表情、动作等。小动作和微表情会给人截然不同的感受。同样是"我爱你"三个字,如果用深情的语气表达,会让人觉得你是认真的;而用搞怪的语气说,会让人觉得你在开玩笑。

例如,主播在推荐商品时,可以适当地使用一些即兴的肢体语言,不仅可以使介绍的形式更丰富,还能吸引观众的注意力,让他们更加集中观看商品介绍,如图 3-11 所示。

图 3-11 主播使用即兴肢体语言

除了介绍商品,主播也可以在感谢粉丝关注时加上一些比心、剪刀手等手势动作,丰富视觉观感,让观众感受到主播的激情与热情,从而更容易产生信任感,如图 3-12 所示。

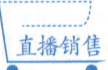

图3-12 主播在直播时做"剪刀手"手势

2. 双向沟通，学会倾听

在进行沟通表达的同时，主播还要学会倾听。倾听不仅能让主播更深入地了解自己的粉丝，还能让粉丝感受到被尊重。

例如，一名推销员在与客户临近签约时，对方却突然变卦。沟通后他才发现是因为自己没有"倾听"。原来，客户在准备签约前曾提到过他引以为傲的独生子，但这名推销员却没有在意，甚至还转过头去用手机和别人讲电话。于是客户一气之下，改变了主意。

由此可以看出，学会倾听用户的心声非常重要。滔滔不绝，不懂得与粉丝进行互动的主播，往往会给人一种自大、独断、不在乎别人看法的感觉。主播想要说服粉丝产生流量变现，就必须先学会倾听，双向沟通，才能进行有效的交流。

（二）采购员

在直播中，商品是至关重要的一个部分。只有选择优质的货源，将品质做好，才能持续连接粉丝与直播间的亲密关系。想要扮演好采购员这一角色，主播需要从以下4个方面着手。

1. 直播间内容适配

选品要与账号定位领域相一致，内容"垂直度"必须要高。在短视频中，"垂直度"指的是所创作的作品必须是关于此账号所选领域的内容。创作内容与领域保持高度一致，垂直度就越高，定位就越准确，账号也就越容易被平台推荐。直播带货选品也是如此。若直播间账号定位的是女装，那么主播带货的商品最好都与女装相关，或是一些女性客户接受度高的商品。主播及团队对这类商品会更加了解和熟悉，也符合粉丝对账号的需求，更有助于提升商品的转化。比如，直播间"玖元久铺"定位为好物推荐、全场低价，所带货商品大多数为生活常用品，定价全场9.9元包邮，与直播间名称"玖元久"的谐音"九元九（9.9）"相符；账号发布的视频及直播内容垂直度也很高，封面一致，定位精准，如图3-13所示。因此，其用户画像也十分清晰，大多为追求低价的用户。

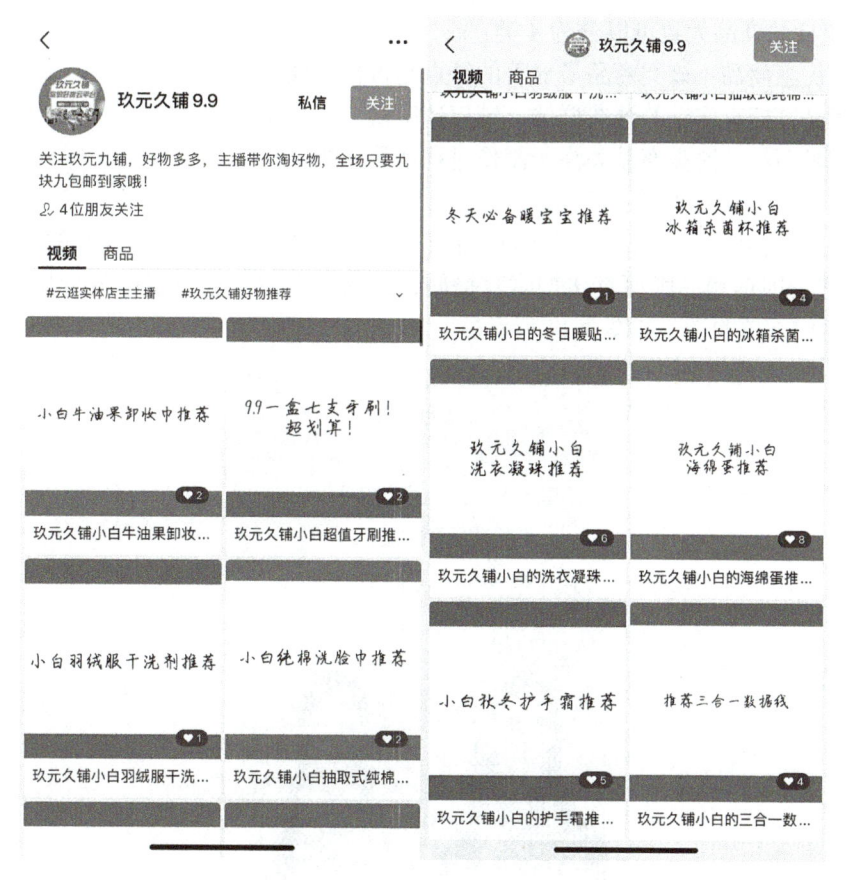

图 3-13　直播间选品与账号定位一致

2. 分析粉丝需求

会选择关注你的粉丝，肯定是对直播间感兴趣或者有需求的人或群体。因此，在直播带货选品时，需要判断粉丝群体的情况，对粉丝的属性和需求进行详细分析。用户画像可以从社会属性、兴趣属性、消费特征及社交数据四个方面进行分析。

- 社会属性：包括性别、年龄、受教育程度、职业、收入水平、身高、体重等基本信息。
- 兴趣属性：包括历史浏览记录、收藏记录、购物偏好等。
- 消费特征：与消费相关的信息，一般以收入水平进行划分。
- 社交数据：包括粉丝的圈子、兴趣爱好、互动行为等。

根据以上四个方面做好用户画像后，主播就可以对粉丝进行精细分类，确定核心人群属性，在选品时可以有针对性地选择粉丝喜欢的商品。

3. 分析商品特点

并不是所有商品都适合采用直播带货的形式，所以主播在选品时也应当考虑商品的特点，结合粉丝的喜好与需求进行挑选，商品要符合受众明确、性价比高的特点，并且要能满足用户需求、具备某种功能。

适合直播的商品大致可以分为 4 类：
- 团购优惠商品：该类商品最显著的特点是价格低廉。
- 快消品：拥有广泛的消费群体，销售速度快。
- 高质量商品：这类商品关注于制作过程透明正规。
- 品牌商品：知名度高、口碑好。

例如，零食品牌"三只松鼠"的直播间"三只松鼠饲养员"有 5.8 万的在线观看量，大多数用户是因信赖品牌而直接搜索直播间，进入观看后又被直播间的低价团购活动吸引，最终达成下单购物，如图 3-14 所示。

图 3-14 "三只松鼠"品牌直播间

4. 把握选品的规律

选择商品时，可以适当考虑上架一些热度高的网红商品。网红热门商品自带流量，会给直播带货带来意想不到的效果，比如上架"李子柒螺蛳粉""阿宽家面皮"等网红商品，既可以增加直播间流量和人气，又可以增加直播间销量。

（三）客服

主播在直播过程中应能够与粉丝进行互动，时刻关注公屏上的弹幕，对其中主要的问题进行及时回复,充当一名合格的客服角色。

例如,2020年4月,湖南省湘阴县县长化身"网红主播",在拼多多直播间介绍湘阴菜籽油等特色农产品,并现场做起了凉拌菜,还介绍当地特色美景。在介绍过程中,有粉丝在公屏上询问"菜籽油是怎么制作的""菜籽油只能做凉拌菜吗"等问题,县长就在评论区选择了部分具有代表性的问题进行了详细回答和讲解,如图3-15所示。直播结束后,4.5升的长康清香冷榨菜籽油、4升的长康绿态压榨菜籽油当日销量超过两万桶。

图3-15 县长主播积极回复用户评论

认真积极地回复问题是对粉丝的一种尊重。当粉丝想要与你互动时,主播也应该对粉丝做出回应。回复粉丝的弹幕可以有效拉近彼此之间的距离,促进了解,让粉丝和主播建立起良好的关系,并且可以让粉丝觉得自己被尊重、被关注,在直播间感到幸福与满足。反之,个性高傲、无视互动的主播会让粉丝感到心寒,从而很可能会离你而去。

那么,主播需要用什么样的表达形式来回复粉丝的提问呢?根据不同的情况,主播可以采用以下4种不同的表达形式。

1. 总分式

想要说服粉丝,主播在表达观点时可以用总分式来论述,通常可以用几个分论点来共同说明一个中心论点。分论点间可以是层递、并列、对比等关系。通过分论点的论证,中心论点会更加牢固、可信。

2. 递进式

递进式指层层深入地进行表达,层层铺垫、循序渐进,慢慢深化主题,其中传递出的情感会更强烈。

若主播想要与观众产生共鸣,也可选择这种表达方式。通过对商品功能、卖点的层层叙述,能够使粉丝观众感受到主播的真诚。在表达时,主播可以根据表达主题,有意识地进行谋划布局,这样才会更有条理。

3. 横向表达式

横向表达式，指主播先把观点条列式地表达出来，再逐一进行详细讲解。这种表达形式，可以清晰地阐述卖点，让观众更全面地了解商品。

主播可以用横向表达式，针对一个主题，用条列式清晰地叙述自己的观点。例如，某主播在介绍商品时的话术是：第一，这款包是本店中的热销款；第二，容量很大，完全满足通勤、上学等日常使用需求；第三，款式百搭，非常好搭配衣服；第四，多种颜色可选，满足多种搭配需求。

4. 纵向表达式

在进行无效沟通时（即观众没有理解主播的表达），主播可以采用纵向表达方式使叙述更清晰，以避免出现词不达意的情况。

纵向表达会有一个特定顺序，通常包括开头、中间和结尾3个层次的内容。比如，销售食品的主播，可以告诉粉丝自己亲身品尝过店铺中售卖的商品，上午吃了坚果麦片，中午吃了酸辣粉，晚上吃了自热火锅，同时在叙述时穿插商品展示并描述自己的"吃后感"，由此构成完整的纵向表达，使观众对于商品更有画面感，甚至购买欲望。

第五节 直播团队精神

直播电商行业日新月异，规则变化速度快，单靠主播个人能力已很难完全处理各种错综复杂的问题，因此组建直播团队是必不可少的。团队是一群相互依赖、相互关联、共同合作的个体，团队成员要协同解决各种复杂问题，进行必要的行动协调，提升团队应变能力和持续的创新能力，依靠团队的力量创造奇迹。因此，直播团队成员应以团队的整体利益为最高利益，围绕共同的目标奋斗不息，发挥大局意识、协作意识、服务意识的团队精神，将团队的力量发挥到极致。

一、团队意识

直播团队和一般群体又有所不同，最大不同在于直播团队是一个有机整体，它更强调通过成员的共同贡献，得到实实在在的集体成果，即直播间的整体直播效果。这个集体成果离不开成员个人业绩的体现，同样个人业绩也不能脱离集体成果单独存在，这就要求团队成员要有统一的奋斗目标和价值观，彼此之间相互信赖，强调合作态度，发挥团队意识。只有这样，才能激发团队的工作动力和奉献精神，为直播注入无穷无尽的能量。

根据出镜与否的工作性质，直播团队可以大致分为主播团队和运营团队两大类。主播团队包括主播、副播、助理、模特等角色，他们需要在镜头面前展示自己，人数相对较少；运营团队包括编导、商品运营、客服人员等角色，他们在屏幕后为主播提供支持，协助一场直播顺利进行，团队规模相对比较庞大。但无论人数多与少，无论工作职责是什么，每一位成员在直播团队中同样重要，缺一不可。应当在完成自己任务的同时，协助其他成员完成力所能及的工作，协同合作达到团队的整体目标。尤其是像主播这样的中心职位，角色职责决定了主播需要对直播的每个环节都有所了解、有所参与，统筹各个环节顺利进行。

二、服务意识

主播与直播团队的其他成员应具备相互服务的意识，不能出现在团队中主播一人独大或其他成员给主播偷偷使绊子的情况。这就要求团队各个成员在相处时应注意以下几点。

（一）尊重他人意见

在一个团队内工作，想要获得伙伴认可，与他们和谐相处，就要在日常交往中为自己获得更多"人缘"，同时也要最大限度地为伙伴着想，尊重、服务他们，所以在言谈中要少用一些感情色彩太强烈的词语。

（二）体谅他人的行为

这其中包含了"体谅对方"与"表达自我"两方面。所谓"体谅"是指设身处地为别人着想，并且体会对方的感受与需要。在经营"人"的事业过程中，当我们想对他人表示体谅与关心，唯有我们自己设身处地为对方着想。由于我们的了解与尊重，对方也相对体谅你的立场与好意，因而做出积极而合适的回应。

（三）坦诚待人

在与直播团队成员沟通相处的过程中，要本着坦诚对人的原则，拓展良好的人际交往局面。首先要时刻保持坦诚待人的态度，其次要让其他成员感受到你的坦诚，这样相处才能够融洽。

三、协作意识

（一）确保主播的主导地位

在一场直播中，主播作为直播间的门面、直播过程最直接的参与者，应该是整场直播的串联人，处于直播的主导地位。同时，主播也是整个团队的中心人物，对直播间的事务负很大的责任，应该对直播间的各项工作起主导作用。

主播这一职业较为特殊，要求具备丰富的商品知识储备、强烈的责任感和使命感，具有创造性的临场发挥才能，所以在一场直播中，其他团队成员应该辅助主播完成他的各项工作,并达到最理想的直播状态。但是即便如此,主播也应该摆正地位,要明白主导并不等同于擅自给其他成员做决定。同样都是直播团队成员,主播的地位和其他人的地位应处于同一位置,没有绝对的优劣之分。针对自己擅长的领域,主播可以适当提出建议,但切忌一意孤行,以居高临下的态度去说教,强迫其他成员按照自己的想法办事。

(二)团队成员分工协作

分工协作是指团队既要分工明确,又要互相沟通、互相协作,达成共同的目标。在一个团队中,各个成员各司其职,可以发挥整体效能,提高工作效率。比如车间的流水线生产模式,就是将一个生产过程划分为很多环节,每个人负责其中一个特定的环节,可以同时进行各自的工作,大大节约了时间成本。团队协作也可以在充分发挥每个人的特长优势的同时,又弥补了个人的不足。每个人都有自己擅长的工作,也有一个人无法独立完成的工作,这就要求团队的成员共同克服劣势,充分发挥各自特长,一起努力达到最佳的直播效果。

这就要求直播成员一定要清楚明白自己在团队中的地位,例如,主播应处于主导地位,为直播间发展出谋划策;团队成员辅助主播完成一系列的直播工作,以达到共同的目标。如图 3-16 所示,主播与副播搭档完成直播,效果更好。但是,既然强调要分工协作,那么团队成员就应该对自己负责的工作领域负责,在专业范围内对直播间的未来发展提出专业建议。比如,直播运营可以通过分析日常直播数据,对主播的话术、直播的创意内容、直播间的气氛处理等问题提出相应建议,而不是将所有的问题都推到主播一人身上。

图 3-16 主播与副播搭档完成直播

项目实训：直播意外情景模拟

[实训目的]
掌握在直播过程中的正确心态；掌握遇到意外情况时的应对方式。
[实训内容及步骤]
本实训以个人为单位进行，根据给定故事情景，结合问题进行思考。

➢ 情景一

小丽是一个兼职带货主播，她白天有一份其他的工作，晚上 20:00—22:00 又变身主播，在镜头前为观众带去各种福利。今天，小丽在开播前半小时突感身体不适，腹痛难忍，她就想着："要不休息一天吧，反正我是新主播，也没几个粉丝，明天再上播也一样，不差这一天。"然后，小丽什么也没做，就睡下了。

请你从小丽自身、直播间的粉丝、商家的角度分别思考，小丽的临时决定会对直播间造成什么样的影响？如果遇到需要临时改变直播计划的情况，应该怎么做？

➢ 情景二

主播大白在直播间正介绍今天的热门商品——网红肉松小面包。他耐心地展示着小面包的包装、口感、口味、价格等产品特性，直播间的粉丝们也热情地和大白互动，询问与该商品有关的问题，直播间气氛非常和谐、轻松。但在这时，一位观众突然在公屏中发言："大家千万别买黑心主播的这款商品，上次我家孩子吃了一个，又吐又拉的，这个面包一定是假冒的三无商品！"这样的言论引起了直播间的一阵混乱，不少粉丝质问大白，要求给一个解释。但同时，也有部分铁杆粉丝站在大白这边，始终维护主播，认为此事可能另有隐情。

请你从主播大白的角度思考，在遇到这样的意外情况时，你应该保持什么心态？你在直播过程中应该做什么样的处理？

本章小结

本章介绍了主播需要掌握的心理素养、职业素养、技能素养与团队素养等基本素养。在主播成长过程中，会遇到各种各样的情况发生，有些可能是能够提前预料到的，也有些是意料之外的，但是只要时刻保持乐观自信、积极向上的心态，坚持诚实守信、爱岗敬业的道德，做到与团队成员团结协作、各司其职，在成长期的各阶段努力克服负面心理障碍，学会以平常心对待各种突发情况，相信你肯定能成长为一名能够独当一面的成功主播！

同步测试

（一）单项选择题
1. 属于萌芽期主播特征的有（　　）。
  A. 对直播操作技巧已非常熟悉　　B. 拥有非常完美的主播人设
  C. 对直播充满新鲜感　　　　　　D. 对直播感到厌倦

2. 关于主播的做法，以下说法中正确的是（　　）。
   A. 直播时可以销售与大牌款式相似的商品，只要隐去商标就没事
   B. 与关系很好的粉丝可以随意开玩笑，不用在意尺度
   C. 在直播间分享自己的日常生活，与粉丝拉近距离
   D. 粉丝是像家人般的存在，所以主播能在直播中随意宣泄自己的情绪

3. 扮演导购员这一角色时，主播应该（　　）。
   A. 要具备良好的表达能力和沟通能力
   B. 要具备挑选优质商品的独到眼光
   C. 要学会把握选品的规律
   D. 要学会如何有效回应用户疑问

4. "首先我们来看，这款保温杯是本店中的明星热销款，月销量10000+；第二，杯体采用304不锈钢材质，耐腐蚀；第三，容量大，600mL；第四，多种颜色可选，专治选择困难症。"以上这段话术中，主播采用了哪一种表达形式（　　）。
   A. 总分式　　　　　　　　　　B. 递进式
   C. 横向表达式　　　　　　　　D. 纵向表达式

5. 以下哪一种是理想的直播团队合作状态？（　　）
   A. 主播领导团队，事事都听他的
   B. 成员互不服气，认为自己最重要
   C. 成员都很全能，在直播的每一环节都要发表意见
   D. 团队互帮互助，发挥各自特长

（二）多项选择题

1. 直播时，以下哪些行为不得出现？（　　）
   A. 发表不尊重或歪曲国家历史的言论
   B. 附上损害国家荣誉和利益的链接
   C. 发表妨碍社会安定、损害社会公共利益、妨碍社会公共秩序或违背社会良好风尚的言论
   D. 与受灾群众连线，为受灾地区带货，帮助当地销售农产品

2. 处于成熟期的主播应该（　　）。
   A. 优化商品供应链，逐步实现对优质生产端资源的掌控
   B. 完善售后服务体系，提高直播间口碑，增强主播公信力
   C. 更关注自身言行，正确、清晰地表达自己，传达正能量观点
   D. 熟悉直播中的口头表达以及直播软件的操作

3. 直播间的内容"垂直度"，主要包括（　　）的垂直。
   A. 直播间场地空间方面
   B. 主播人员方面
   C. 直播参与人员方面
   D. 直播内容方面

4. 想要做好"导购员"角色，主播应该（　　）。

A. 善于挑选直播商品

B. 说话的方式要简单易懂

C. 借助手势、姿势来表达情绪

D. 学会倾听用户的想法

5. 主播小张在开播到第 45 场时，他感到对直播失去了最开始的新鲜感，慢慢地对直播产生了倦怠，这时他应该（　　）。

A. 保持热情，积极调整心态

B. 做深特色直播内容

C. 沉浸在焦虑的情绪中无法自拔

D. 多和成熟主播沟通交流

（三）简答题

1. 主播应该如何调节直播团队成员间的关系？
2. 主播在扮演"客服"角色时，主要职责有哪些？
3. 主播在直播中应该保持什么样的心理状态？

第四章

直播间场景的打造

学习目标

知识目标	技能目标	思政目标
※ 掌握直播间布置的技巧 ※ 掌握直播间布置的原则 ※ 掌握直播间设备的选择方法	※ 能够进行直播设备的操作 ※ 能够进行灯光布置 ※ 能够根据不同主播情况搭建适合的直播间	※ 具备一定的审美能力 ※ 具备较好的创新能力

思维导图

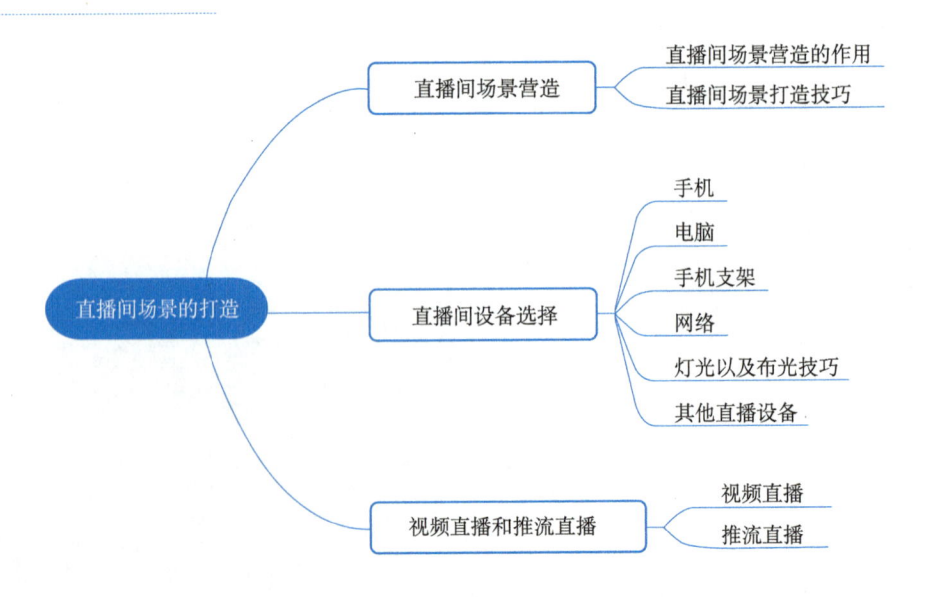

- 直播间场景的打造
  - 直播间场景营造
    - 直播间场景营造的作用
    - 直播间场景打造技巧
  - 直播间设备选择
    - 手机
    - 电脑
    - 手机支架
    - 网络
    - 灯光以及布光技巧
    - 其他直播设备
  - 视频直播和推流直播
    - 视频直播
    - 推流直播

案例引入

2021年12月的疫情使东北哈尔滨又一次陷入关店潮，实体店老板们又一次陷入绝望的等待，实体服装店老板娘朱朱开启自己直播自救路，她在最短时间内打包自己店里库存衣服，回家在卧室直播清库存，一个月时间直播间累计销售额30多万元，直播间销售额增长30%，其中场景营造是直播间销售增长重要的一部分，如图4-1所示。

图 4-1　直播间场景营造

案例解析

简陋的卧室，几个清仓大字，堆满的衣服场景，让所有进到直播间的观众不论是陌生的还是熟悉的，都知道这个直播间在做清仓活动，看到这个场景想要捡漏的用户会在直播间停留。用户进入到一个直播间，主播很陌生，不认识是谁，但是直播间场景让你很喜欢，看到这个场景，就可以感觉到直播间商品是贵的还是便宜的，是简约大气还是温馨舒适。通过场景可以明确知道主播在做什么，卖什么商品，直播间场景营造是直播间第二种语言，好的直播间场景自己本身会说话，会表达，让进到直播间的观众瞬间知道这个主播在做什么。那如何打造一个会说话的直播间，就是本章节学习的重点。

第一节　直播间场景营造

一、直播间场景营造的作用

（一）强化主播人设

在每个直播间，因为主播气质不同、能力不同、性格不同、职业履历不同，造就不同的主播直播风格，这就是主播人设的一部分。不同的布景适合不同类型的主播，换言之，你想把自己打造成什么风格的主播，不仅要在服装上、内容上做文章，还要在布景上下功夫，根据主播人设以及直播间售卖商品品类打造一个适合自己的直播间场景，整洁、温馨、舒服、有感染力的环境，能给主播带来自信，为主播的人设加分，反之，则容易"溜粉"，留不住人。

（二）强化直播间氛围

直播间环境就如同实体店铺装修，是用户进来直播间的第一视觉感受，如果做得不好，将直接影响用户体验，甚至影响直播带货成交。尤其是新手主播在直播间控场能力不够优秀时，需要直播环境衬托，把直播想要传达的观点准确地传达给直播间粉丝，从而产生信任引导成交购买。

（三）增加用户停留时间

如果主播是直播间主角，那么直播间场景可被称为当之无愧的配角，在面对所有陌生客户，客户不知道我们要表达的内容或传递的信息时，直播间场景将会为我们传达所要表达的内容，帮助我们延长用户在直播间的停留时间，给到主播更多表达自己的机会。

直播颜值效果不仅仅是指主播相貌长得好看，而是直播间的整体效果，包括人员相貌、人员着装、直播间布景、灯光等方面，这些综合形成颜值效果。

直播间场景打造是直播间运营中极其重要的一个环节，是直播间销售必不可少的一部分。接下来从厂家直播、实体店铺直播、工作室直播，几个场景详细为大家介绍直播间场景打造技巧。

二、直播间场景打造技巧

（一）厂家直播

1. 厂家直播优势

（1）企业透明化，生产过程让消费者看到，让消费者购买起来更放心，企业接受消费者和社会各界的监督，有助于倒逼企业来加强管理，优化生产流程。

（2）消费者可以直接看到生产过程，间接地为自己品牌做广告。如果一家工厂他每个月的观看流量持续增加，几百人次、几千人次、几万人次、几十万人次、百万人次，那么说明消费者认可直播了，最终能够转化，并且持续复购，品牌效应自然会形成。

（3）工厂直播，拥有货品极大的优势：相比第三方供货，工厂直接开通销售渠道，能给到消费者更具竞争力的商品价格，在货品生产和库存等环节上具备优势。

2. 厂家直播间场景打造技巧

厂家直播间场景打造的核心要点是充分突出自己是厂家的优势。很多人应该都看过这样的段子："宝宝们，我家是源头工厂，所有商品的价格都是出厂价格（批发价），进来关注不要忘记点一个。"之所以很多人愿意宣称自己是源头工厂，是想要给大家传达商品价格便宜，利用这一优势来留住直播间用户，但也有很多人没有工厂却努力营造自己有工厂的假象。

如果自己有工厂，则无须花费太多资金打造豪华直播间，最好的直播场景就是商品生产的地方，场景布置无须刻意雕琢打磨，把手机架进生产车间，直播整个生产车间，进来的每一个观众都可以看到生产车间场景，真实车间就是最好的直播场景。无须做刻意解释，直播间本身就会说话，直播间粉丝会有自己的判断能力。做工厂直播，以工厂车间作为核心，向直播间粉丝准确传达主播就是该工厂的老板、售卖的产品是工厂自己生产的、产品的质量可以保证且价格优惠等信息，不但可以加深观众的信任度，还可以极大地增加直播内容的丰富程度。比如说你有一个鞋子工厂，在直播间要给大家介绍一款新鞋子，可以从鞋子原材料开始直播，告诉大家你是如何选材的、为什么选择这种材质、这种材质有什么好处、鞋子是如何设计的、设计理念是什么样的、有哪些细节的设计、从选材到设计再到成型需要经过几道工序才可以形成一个完整的鞋子。

把这一系列问题在直播间为大家完整呈现，让观众更加真实了解到你的产品的制作过程，让观众买得放心用得舒心，很多观众对鞋子的疑问在直播介绍过程中都已经有了答案，客户担心的问题主播已经做了解答。如果主播在介绍过程中足够用心，让观众感觉厂家做产品足够认真，直播间产品售卖就会轻松容易。还原生产制作最真实的过程，是最好的直播间场景布置，也是厂家直播最有利的先天条件。

在这样的直播场景配置下，主播最好是由公司老板或者公司老板娘担任。直播如果想要做好，就要学会讲故事，把没有感情的产品赋予感情，把没有价值的产品赋予价值，公司老板或者老板娘熟悉公司所有环节、每个产品生产背后的故事，以及了解每台机器的操作，可以更加拓宽直播的丰富程度和直播内容，增加直播间用户的停留时间。

如果你是生产制造企业，那么无论生产的是服装、针织、鞋子、化妆品还是食品等，都可以根据以上操作来布置自己的直播场景，利用自己的先天优势做好直播间场景的布置与打造。

典型案例

家心食品是来自浦江食品工厂老板的直播间，图4-2是在直播制作特产红糖米花的过程画面。作为消费者，我们在购买食品时都会关心加工制作过程是否安全卫生。通过直播间把整个生产制作环境进行全方位展示，用户可以通过直播间直观看到食品生产制作环境和产品生产制造过程。这不仅可以刺激消费者的食欲还可以让消费者买得安心、吃得放心。工厂直播极大缩短产品到达用户手中的时间，用户自己亲眼所见对产品生产制造过程把关，更有利于增加对产品的信任和品牌的形成。

图 4-2　食品工厂直播间

（二）实体店铺直播

1. 实体店铺直播的优势

（1）导购天然的销售能力，更加利于直播控场

实体店铺基本都有业务熟练的导购员，长期的线下导购经验完全能够支撑导购转战直播卖货。他们更加熟悉商品优势，了解商品相关数据，大多数导购亲自体验过商品能更好地将使用心得诉说给顾客，在商品描述中带有生活情境，更能触动顾客购买心理。同时导购更加了解商品受众的需求是什么，能说出顾客更愿意听和更想听的话。所以导购是店铺转直播卖货后担任主播的不二选择，把这些运用到直播间可以事半功倍。

（2）节省时间，提高转化

实体店长期经营线下门店，已经积累了自己的粉丝群体。传统实体店的变现能力是，通过门店导购员的指导，让到店消费者下单，但是这种变现方式过于单一，而且存在局限性，只适用于一对一指导。这样实体店就需要花费足够多的时间、精力，以及人力，才能完成到店消费者的转化。实体店开启直播后，可以利用直播，同时对多位消费者进行转化,不仅省去了烦琐的门店一对一指导步骤,而且还能一次性成交大量的订单。

(3)增加信任,促进成交

持续不间断直播,可以让用户对产品提前种草,不论是用户来到线下实体店还是线上店铺,可以加速用户的下单决策。采取线上直播,方便商家/主播跟用户打成一片,形成一种深厚的信任关系。

店里没生意直接就做不下去,店铺一家家关闭,这是绝大多数实体店铺老板都感同身受的变化,但线上不会因为线下实体店铺生意不好而停止发展,直播不会因为你之前不做线上而限制你。时代在进步,社会在发展,消费主体在改变,消费习惯在变化,直播已经来临不可逆转。

2. 实体店铺直播场景打造技巧

利用实体店铺展现真实购物场景,通过店面风格了解商品部分性质,以及品牌风格,能让用户快速了解是否与目标风格相符,是否继续观看直播。门店场景的展示更能增加用户的信任感,跑得了和尚跑不了庙,这一点是电商直播所无法比拟的。

已经装修好的线下实体店铺就是最好的直播间场景,每一个做线下实体店铺不论是一批二批店铺老板还是零售店导购员,架起手机镜头,以手机为商店,店铺为直播空间,导购化身主播,在直播间开口卖货即可。起步时无须做多么豪华的直播间装修,商品陈列就是自己最好的直播背景墙,不要老是想着搭建直播场景,刻意的搭建会减少真实的感觉,把自己线下真实一面在直播间呈现可以提高观众信任度,直播一定要真实,真实是直播间最有说服力的语言,一定不要为了追求所谓的高大上而把自己最真实的东西丢掉。

百货零食店就以百货零食店铺为场景向大家推荐好吃的零食、好用的百货,服装店就以服装为背景向大家推荐好看的衣服、实用的穿搭技巧,化妆品店就以多样化妆品为背景向大家推荐好用的化妆品、百搭的妆容、永葆青春的秘诀,水果店就以琳琅满目的水果为背景向大家推荐水果的正确吃法、普及水果知识,商品本身附加值延伸是带给客户最好的礼物。

线下实体店老板、导购员就是直播间最好的主播,无须刻意练习如何介绍商品,无须死记硬背商品卖点,做导购员该做的工作,从零起步,坚持做好每场直播,就可以成为直播间成熟的主播,很多导购员、店铺老板大都忽略掉自己的优势把目光集中在自己没有的东西上,认为自己颜值不够,年龄大不可以做主播,直播间进来每一位观众能够被吸引是因为主播的专业知识和技能素养,在你的直播间能够得到别的直播间得不到的,别的主播不能给予的,要记住客户购买是因为信任和专业。

一定要勇于做3件事情:买个支架,架个手机;开始做直播;每天拍视频,做直播。记录是最好的传播,现在没人看没关系,你并没有损失什么,如果有一天别人问你是干什么的?你的经历都是你的宝贵财富。

但并非人人都能轻易接受直播带货,它所带来的成交量更多的是源于一份信任。实体店通过日常店铺销售,累积客户信任度,引导老客户进行直播观看,通过老客拉新的形式,获得新一批基础信任度较高的新客,再经过店铺引流或是直播积累,提高新客信任度。

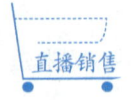

典型案例

"捶糖帮"是来自广西线下实体糖果店铺的直播,如图4-3所示。进到直播间瞬间被店铺精致装修吸引,商品陈列作为直播间背景,即使是陌生客户进入到直播间也可以快速捕捉到直播间售卖的商品是什么,无论是店铺灯光还是商品摆放都可以快速转化成为直播间场景,一台手机一个支架,导购就可以快速切换成主播。如果你也有线下实体店铺,那么无论是服装鞋服首饰店还是美妆日用百货店,都可参考学习以上直播模式,可以用最低成本做直播。

图4-3 实体店铺直播间

(三)工作室直播

1. 工作室直播的优势

对于一些宝妈群体或者刚刚毕业的大学生,他们或许没有实体资产的支撑,但是自己想要做直播,那就可以从工作室直播模式切入。相比厂家直播和实体店铺直播,工作室直播相对轻资产运营,找准自己的定位吸引精准粉丝做深内容即可和相关商品品牌等合作。但是对于工作室直播模式,如果想要将直播短视频做好,内容必须要深入研究才可以拥有自己的特色,团队要求则会相对较少,3~5人即可协同合作。

2. 工作室直播场景打造技巧

相比于厂家直播和店铺直播间布置，工作室直播间布置相对困难。店铺直播和厂家直播主播可以很清楚地定位自己的人设，明确自己直播间商品品类，把线下现有的直接搬到线上即可，工作室直播很多都刚刚起步，如果之前没有任何行业经验，那么前期需要花费很长一段时间探索主播的人设，找适合自己的商品品类，以此来打造适合自己的直播工作室。

比如说你是一名刚刚大学毕业的学生，没有任何工作经验想要直播创业，不知道自己要卖什么商品，不知道自己的客户群体是谁，也没有很多资金把直播间打造得豪华、壮观，此时可以先选择一块白色背景墙，背景墙旁边可以放几盆绿植，先打造一个简易直播间，随着自己直播练习次数的增多，主播直播间状态越来越自然，人设开始定位清晰，也找到适合自己售卖的商品，再开始计划着手装修一个适合自己的直播工作室。

直播工作室装修一定不可以随心所欲，例如，感觉自己喜欢什么风格就把直播工作室随意装修成什么样的风格，直播工作室一定要和主播气质、主播人设、主播商品、售卖风格搭配。

直播场地的大小要根据直播的内容进行调整，大致控制在8～20平方米，个人主播场地标准为8～15平方米，团队直播场地标准为20～40平方米。如果是美妆直播，8平方米的小场地即可，如果是穿搭、服装类的直播，要选择15平方米以上的场地。背景墙最好干净利索，墙的颜色为白色、纯色、浅色最佳。身后尽量少堆放杂物，越干净越好。另外要提前测试场地的隔音和回音情况，隔音不好或者回音太重都会影响直播的正常进行。

做直播间场景设计时背景颜色不宜过多，多色系虽然艳丽，但是容易分散观众的注意力。如果颜色选择不好，画面清晰度就会较低。这也是很多主播对直播间不清晰的一个误区，总以为是灯光或者手机问题，实则背景也是罪魁祸首之一。

很多主播都习惯把窗帘作为背景墙，在窗帘颜色及纹路上要注意：尽量使用浅色、纯色系的颜色，窗帘上的纹路尽量简单，尽量避免使用短、长条形（斑马）以及格子形的窗帘，看久了容易让人产生压迫感。

如果空间较大的话，可以稍作装饰，在身体的左后或右后方进行布置，如放置室内植物盆景、壁画、鱼缸、书架、布偶挂件等。

背景色最忌讳大面积的深色、多色，尤其是深蓝色和黑色，容易产生让人产生压抑感。

如果是要做家居日用百货类直播间，那场景风格要温馨舒适，主播气质温婉可人给观众营造家的感觉；如果是休闲零食那就要干净轻松，主播活泼健谈营造舒适休闲感。

不同直播定位造就不同装修基调，如果没有很大资金投入在装修上，则可以设计直播背景板来打造一个直播间，找一个设计师设计一张图纸，找广告公司做一个直播背景板贴在墙上，用来做直播场景也是可以的，但是背景设计也要和直播定位、商品品类相契合。

我们进到不同直播间总会有不同感觉，有的直播间主播气质和环境特别搭配，让人感觉舒服自然，愿意留在直播间；有的直播间给人感觉格格不入，不愿意在直播间停留，很大原因是因为直播场景和主播气质人设不搭，所以直播场景的打造一定要让人感到舒服自然。

典型案例

图 4-4 所示的是工作室直播间布置，空间在 10 平方米左右，通过 2 个货架来打造一个直播间场景，多样的商品、有序的陈列摆放，营造一个商品多样但不杂乱的直播间。和工厂、实体店铺相比，工作室直播商品会比较多样，但对主播要求也会高，主播要对每款商品亲自试用了解才可以讲出商品卖点，让客户产生购买冲动，工作室直播间信任建立需要时间积累。

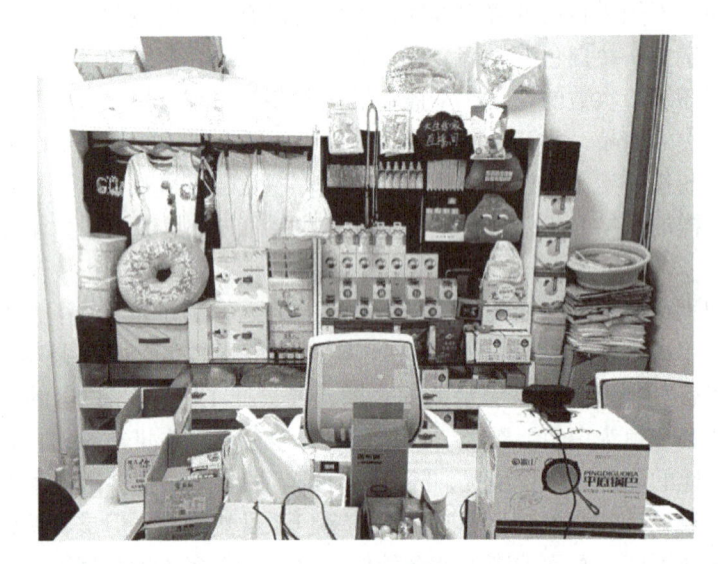

图 4-4 工作室直播间

第二节 直播间设备选择

手机、电脑、网络、直播支架、灯光，这些都是直播间需要配备的基础设备。

一、手机

苹果和安卓手机都支持直播，在直播画质上来说苹果手机的画质会更好看，不建议用美颜相机直播，它会出现对焦问题，但是苹果手机容易发烫，手机过烫会影响直播稳定，在直播过程中要准备好为手机降温，经常用的散热工具有散热贴等。

二、电脑

电脑在直播中起到的是推流直播和处理订单的作用，如果直播想做推流，那就必须有电脑支持，同时订单处理、打印快递单号发货等都需要电脑支持。

三、手机支架

支架主要分为桌面支架、站立支架、外场直播用的稳定器等，如图4-5所示。

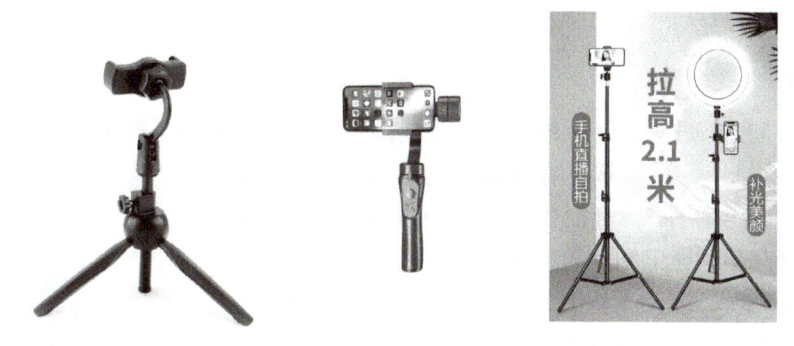

图4-5 手机支架的类型

桌面支架常用于坐播；稳定器用于外场走动直播；站立支架常用于服装直播间，可固定手机镜头，防止抖动。大家可以根据自己直播方式或场景选择适合自己的直播支架。

四、网络

直播对网络的带宽消耗很大，至少需要一条上行速率不低于10Mbps的宽带。如果家中有2个人喜欢玩直播，那么至少也要选择200Mbps宽带。如果需要更大带宽，可以选择企业专线。当观众反映观看直播有点卡时，其原因一般就是网络问题，所以首先要检查网络情况。

五、灯光以及布光技巧

是不是觉得每个直播的主播皮肤都很好，这可不只是因为化妆或是手机美颜的功效，还有灯光的功劳。灯光运用得好可以起到美颜的作用，突出五官的立体感，同时灯光还可以制造气氛、营造风格，有美肤的强大作用，不同的光对一个人甚至一个场景会产生不同影响。

灯光的分类有很多，一方面光源、光照角度、亮度、色温这些类别的不同组合都会产生各不相同的效果和作用；另一方面灯光的摆设和照射方向也有多种，不同角度和不同组合搭配也都会创造出不同的光影效果。

灯光分为主光、辅助光、轮廓光、顶光和背景光。在不同的位置，灯光有不同的叫法，不必纠结用什么灯做什么光，调整灯光的亮度和位置、角度，就能营造出不同效果。

（一）主光

主导光源，它决定着画面的主调。在布光中，只有确定了主光，才有意义去添加辅助光、背景光和轮廓光等，如图4-6所示。

（1）摆放角度。主光应放置在主播的正面，与视频摄像头上的镜头光轴形成0～15°夹角。

（2）呈现效果。从这个方向照射的光充足均匀，使主播的脸部柔和，起到磨皮美白的效果。

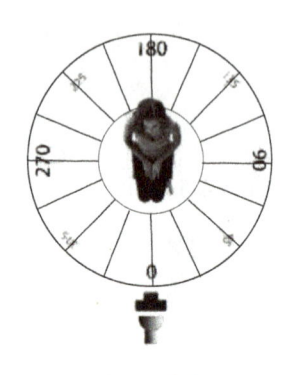

图4-6 主光

（二）辅助光

辅助光即为辅助主光的灯光，为了改善阴影面的层次与影调，在布光时均要加置辅光。在直播中，可以通过调节辅助光增加整体立体感，起到突出侧面轮廓的作用，如图4-7所示。

（1）摆放角度。辅助光从主播左右侧面呈90°照射。

（2）呈现效果。在左前方45°照射的辅助光可以使面部轮廓产生阴影，打造立体质感；从右后方45°照射的辅助光可以使后面一侧的轮廓被打亮，与前侧光产生强烈反差，更利于打造主播整体造型的立体感和质感。

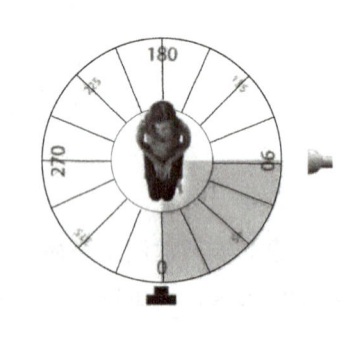

图4-7 辅助光

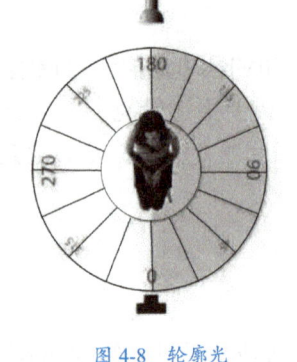

（三）轮廓光

轮廓光又称逆光，在主播的身后位置放置，勾勒出主播轮廓，可以起到突出主体的作用，如图4-8所示。

（1）摆放角度。轮廓光应设置在主播身后的位置，形成逆光效果。

（2）呈现效果。从背后照射出的光线，不仅可以使主播的轮廓分明，更可以将主播从直播间背景中分离出来，突出主体。

图4-8 轮廓光

（四）顶光

顶光是次于主光的光源，从头顶位置照射，给背景和地面增加照明，同时加强瘦脸效果，如图4-9所示。

（1）摆放角度。顶光位置最好不要离主播位置超过两米。

（2）呈现效果。能让主播的颧骨、下巴、鼻子等部位的阴影拉长，从视觉上拉长脸部轮廓达到瘦脸的效果。

（五）背景光

背景光又称为环境光，主要作为背景照明，使直播间的各点照度都尽可能统一，起到让室内光线均匀的作用，但需

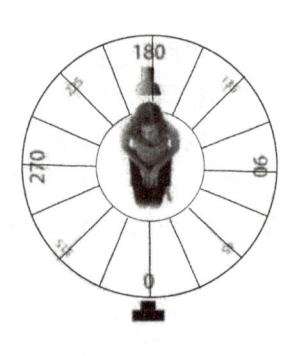

图4-9 顶光

要注意的是，背景光的设置要尽可能简单，切忌喧宾夺主，如图4-10所示。

（1）摆放角度。背景光应采取低光亮多光源的方法布置。

（2）呈现效果。它的作用是均匀室内的光线效果，使主播美肤的同时保留直播间的完美背景。

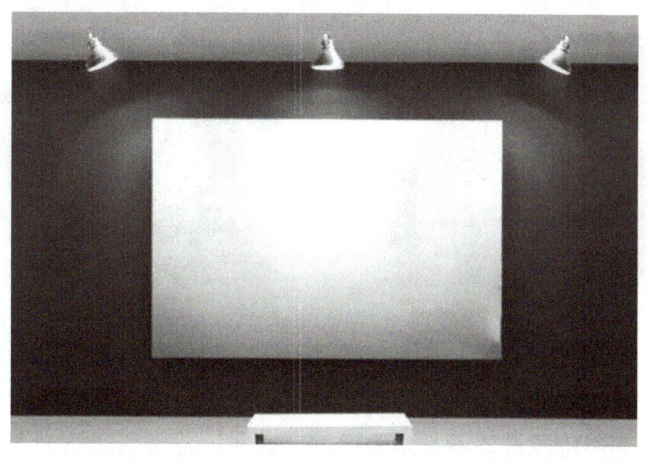

图4-10 背景光

六、其他直播设备

1. 声卡

（1）美化主播声音

声卡可以让声音更有磁性和质感，听起来不那么干巴巴。一些声卡能对声线进行精调，让声音达成我们期望的效果。

（2）节省讲话力气

声卡可以调节人声高中低音，让讲话轻松，如果要唱歌，加上混响更省力。

（3）直播间气氛打造

有了声卡，你可以在直播的时候播放背景音乐或者各种特效音（掌声、笑声），调动直播间气氛，如图4-11所示。

2. 麦克风

麦克风可以加大主播声音传播力度，尤其直播空间大的时候需要借助麦克风，麦克风不是每个人都必须要有的，可以根据自己的直播场地、直播间音量大小自行选择适合自己的麦克风，如图4-12所示。

3. 摄像头

电脑推流直播中用一个质量好的摄像头，可以让画质更清晰好看。电脑自带摄像头可以完成推流，但是因为电脑配置不同，自带摄像头传送画质不确定。如果自己电脑摄像头画质不清晰，可以购买外界摄像头，如图4-13所示。

4. 摄像机

专业摄像机直播的视频清晰度高、对焦准、色温色差均衡、画质更加稳定，调音台可更专业地处理声音并融入背景音乐，提升整体声音收听效果，摄像机的镜头可以全场景展现，如图 4-14 所示。

图 4-11　声卡　　　　图 4-12　麦克风　　　　图 4-13　摄像头　　　　图 4-14　摄像机

以上提到的这些设备，不是必须都具备才可以做直播的，起步阶段一个支架、一部手机就可以开始做，起步阶段设备不是最重要的。这些设备必须团队配合才可以完成，当自己不断成熟，可以掌控这些设备时可以慢慢增加设备数量，但一定要记住，适合的设备最重要。

你或许是一个工厂、实体店老板，或者是刚刚成立自己工作室的创业者，不论处在哪个阶段，希望大家都可以利用自己的优势，学会打造适合自己的直播间场景。直播间场景打造仅仅只是开始，未来直播间内容创造更加考验我们的脑力。直播场景打造在未来漫长直播生涯中只是开始，希望每个人都可以有一个舒服的、适合自己直播创造的地方。

第三节　视频直播和推流直播

一、视频直播

（一）什么是视频直播

视频直播在技术层的解释是：视频直播服务是基于领先的内容接入、分发网络和大规模分布式实时转码技术打造的音视频直播平台，提供便捷接入、高清流畅、低延迟、高并发的音视频直播服务。

（二）如何进行视频直播操作

视频直播是在直播中经常使用的一个操作，也是大多数人都熟悉的操作，视频直播需要用到的主要设备就是手机，手机下载直播软件比如抖音、快手、淘宝、腾讯直播、视频号等，单击对应的直播按钮即可操作。

以视频号手机操作案例为示范演示：打开微信单击"发现"按钮，如图4-15所示，单击"视频号"进入，再单击右上角人型按钮，如图4-16所示。

图 4-15　微信"发现"按钮　　　　　图 4-16　右上角人型按钮

单击"发起直播"，选择直播，输入标题，上传封面，选择分类即可开播，如图4-17所示。

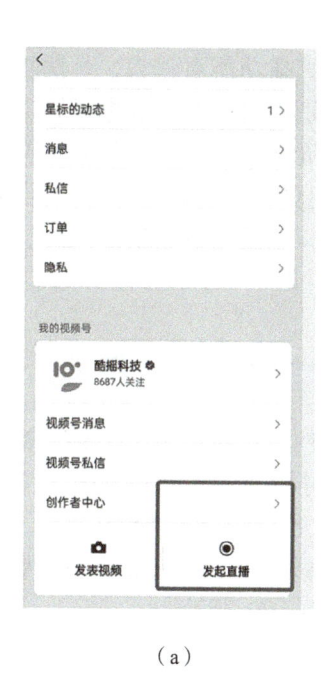

(a)　　　　　　　　(b)　　　　　　　　(c)

图 4-17　开播步骤

二、推流直播

（一）什么是推流

推流，是指用户将现场的语音视频信号传到网络的过程。服务器在接收到语音视频流之后，平台将进行流分发与流播放，传输到观众的收看端直播操作。

为了保证直播的顺利进行，需要有专门的直播技术人员（导播老师）在后台进行支持，推流大多数借助的软件是方便且功能强大的开源流媒体系统——Open Broadcaster Software（简称OBS）。

OBS是一款用于高效捕获、合成、编码、录制和流式视频内容的软件，可作为导播台处理各种输入信号，将本地流通过RTMP协议推送至如B站、淘宝、抖音、视频号等不同直播平台。为保证观看质量，推流参数标准为：分辨率1280px×720px，帧率25FPS，码率1.8bit/s，GOP 1S。

（二）推流直播的作用

（1）推流让直播画面更精致。有时候我们刷到别人的直播，可能会疑惑："为什么他的直播画面这么高清，而我的直播画面就很模糊？"其实这些高清的直播间，就是用的推流直播。推流直接借助软件、硬件，可以连接到单反相机、摄像机来进行直播，让直播的效果更好。

（2）推流让直播功能更强大，玩法更多样。很多人问，别人直播间在放电影，甚至放实时监控拍的宠物，这是怎么做到的呢？这些也是用推流直播做到的，推流具有实时监控转播等功能，甚至可以直播放电影，如图4-18所示。

图4-18 推流直播

（三）获取推流信息的步骤

以视频号为例，具体步骤可以通过视频号网址申请推流链接。

步骤一：按照要求填写申请信息，审核通过以后即可做推流，获取推流码，如图4-19、图4-20、图4-21所示。

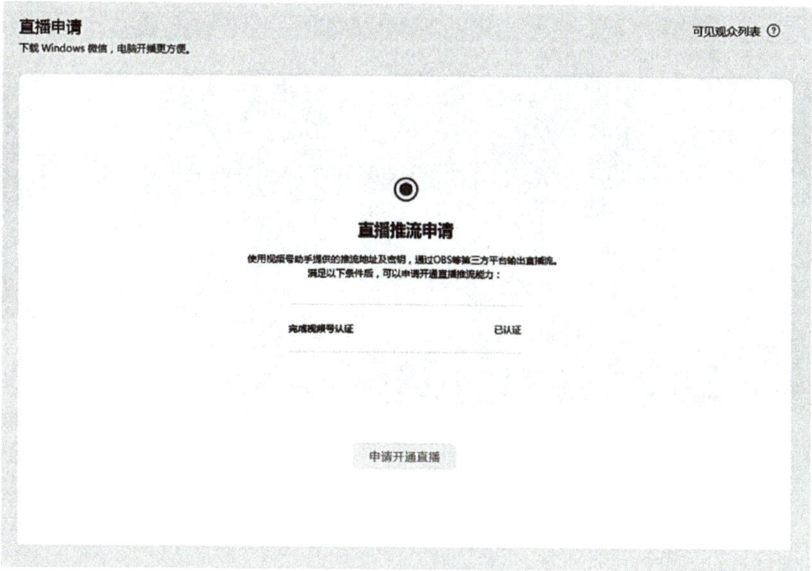

第四章　直播间场景的打造

图 4-19　直播推流申请界面

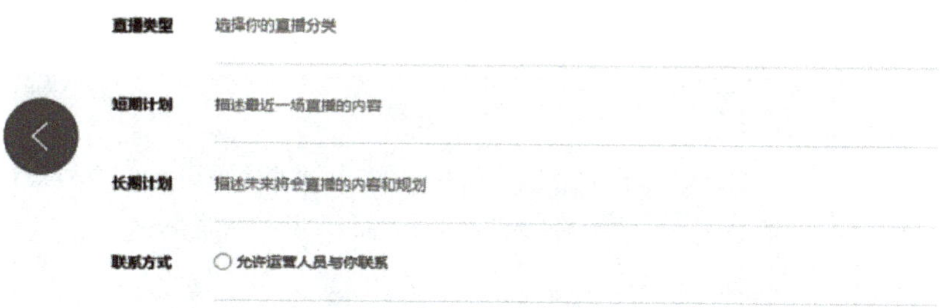

图 4-20　填写申请界面

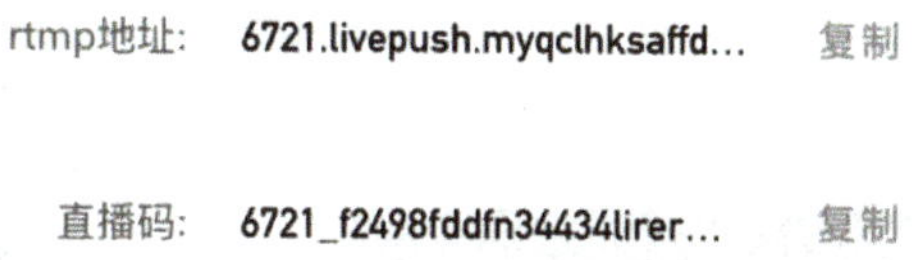

图 4-21　获取 RTMP 地址与直播码

步骤二：下载安装 OBS 直播推流软件。

步骤三：打开 OBS，单击"去设置"。

步骤四：如图 4-22 所示，单击"开始串流"。如图 4-23 所示，在打开的界面中服务选择"自定义"。服务器处填写 RTMP 地址，串流秘钥处填写直播码，无误后确认即可。

步骤五：右键单击首页"来源"下方的空白处，添加直播内容来源。如需播放专业设备内容，请选择"视频捕捉设备"，并配置相应的直播设备。如需播放屏幕内容，请选择"显示捕获"获取，如图 4-24 所示。

步骤六：单击右下角"开始推流"后，在 App 内单击开始直播即可正式直播，如图 4-25 所示。

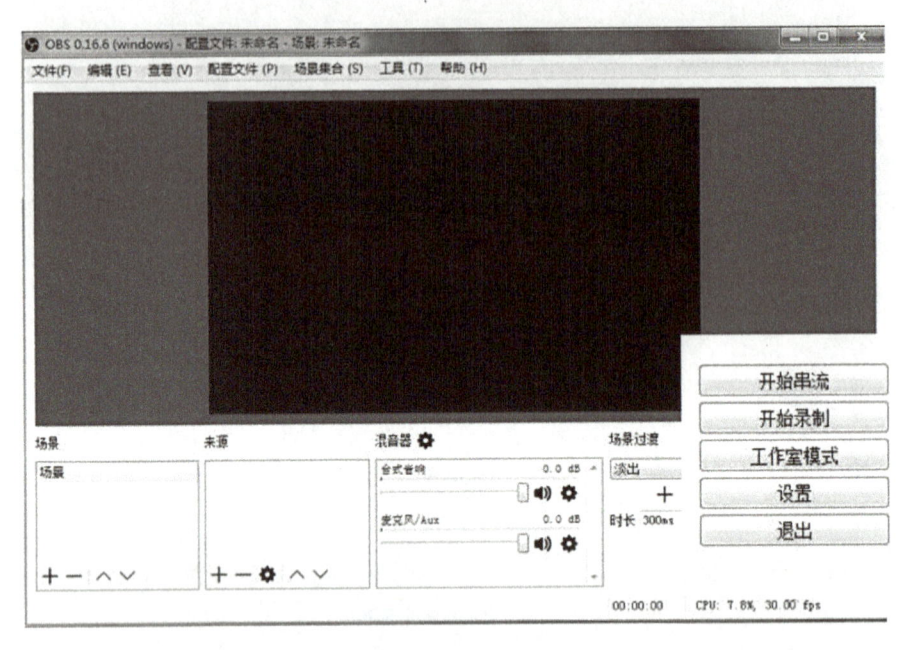

图 4-22 OBS 设置界面

图 4-23 串流设置界面

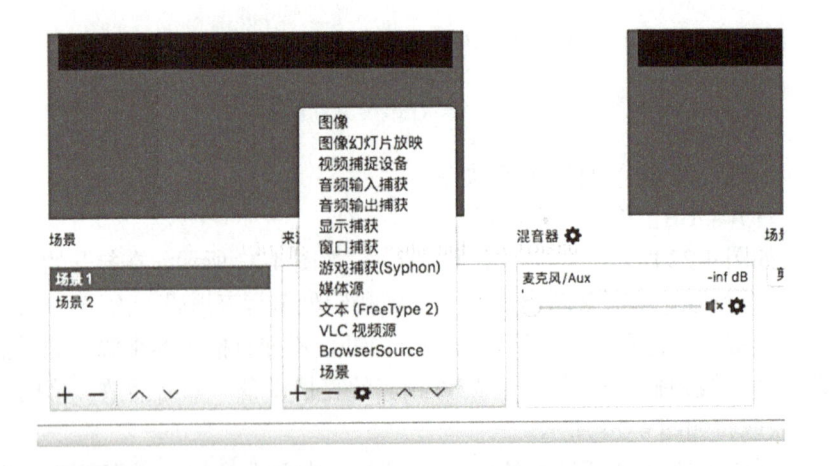

图 4-24 直播内容来源设置界面

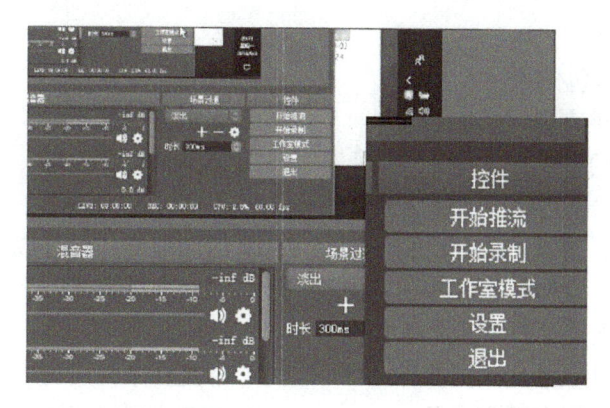

图 4-25 开始推流界面

以上推流的操作是借助视频号案例的举例操作，其他直播平台操作和视频号平台操作基本相似，大家可以根据自己的平台需求操作。

本章小结

本章主要介绍直播间场景打造，第一节从工厂、实体店铺、工作室三种典型直播间布置展开，阐述直播间打造注意事项，以及如何利用自己的优势打造适合自己的直播间；第二节介绍直播间布置需要的设备，每款设备在直播间的作用，以及灯光使用；第三节介绍推流直播和视频直播的区别，以及如何进行推流直播。通过以上介绍希望大家可以明白什么是直播间场景打造，为什么做直播间场景打造，如何进行直播间场景打造，从而打造一个适合自己的直播间。

同步测试

（一）单项选择题

1. 以下不属于直播间场景打造原因的是（ ）。
   A. 强化主播人设　　　　　　　　　B. 增加用户停留时间
   C. 强化直播间氛围　　　　　　　　D. 让直播间网络更流畅
2. 主光源在直播间的作用是（ ）。
   A. 使主播脸部更柔和，起到磨皮美白效果
   B. 增加立体感，突出侧面轮廓
   C. 突出主体，轮廓分明
   D. 增加照明，瘦脸
3. 户外直播需要用什么样的直播支架（ ）。
   A. 桌面支架　　　B. 站立支架　　　C. 手持稳定器　　　D. 无人机
4. 以下哪个不是推流直播必要的直播设备（ ）。
   A. 电脑　　　　　B. 摄像头　　　　C. 支架　　　　　　D. 声卡
5. 以下哪个属于厂家直播间打造核心（ ）。
   A. 商品陈列　　　B. 产品源头　　　C. 主播颜值　　　　D. 灯光使用

（二）多项选择题

1. 厂家直播优势包括（　　）。
   A. 产品展示更直观　　　　　　　　B. 方便客户监督
   C. 产品品牌的形成　　　　　　　　D. 产品价格更实惠
2. 以下哪几项属于直播给实体店铺赋能（　　）。
   A. 节省时间，提高转化　　　　　　B. 增加信任，促进成交
   C. 多维宣传，实体拓客　　　　　　D. 增加店铺曝光
3. 推流直播和视频直播的区别是（　　）。
   A. 推流直播让直播玩法更多样　　　B. 推流让画面更清晰
   C. 推流让直播间有更多流量　　　　D. 推流直播网络要求更高
4. 直播间场景打造需要和什么相关（　　）。
   A. 主播形象气质　　　　　　　　　B. 售卖产品种类
   C. 客户粉丝画像　　　　　　　　　D. 产品品牌理念
5. 推流直播需要设备包括（　　）。
   A. 手机　　　　B. 电脑　　　　C. 摄像头　　　　D. 支架

（三）简答题

1. 为什么要做直播间场景打造？
2. 直播间场景打造有几种类型？
3. 直播间场景营造灯光的作用是什么？

项目实训：直播间场景打造

[实训目的]
1. 学会场景打造
2. 模拟建设直播场景营造

[实训内容及步骤]
以小组为单位，小组设计模拟一个直播场景

直播定位	
主播形象	
粉丝定位	
直播间主色调	
场景设计方案	

第五章

直播活动策划

学习目标

知识目标	技能目标	思政目标
※ 掌握直播活动的基本分类 ※ 掌握直播活动策划的共性要素 ※ 掌握直播活动策划的一般步骤	※ 能够精准定位直播活动 ※ 能够撰写直播活动脚本 ※ 能够组织直播活动团队	※ 具备快速确定直播活动主题的能力 ※ 具备精准用户画像与选品的能力 ※ 具备熟练掌握活动策划各要素的能力

思维导图

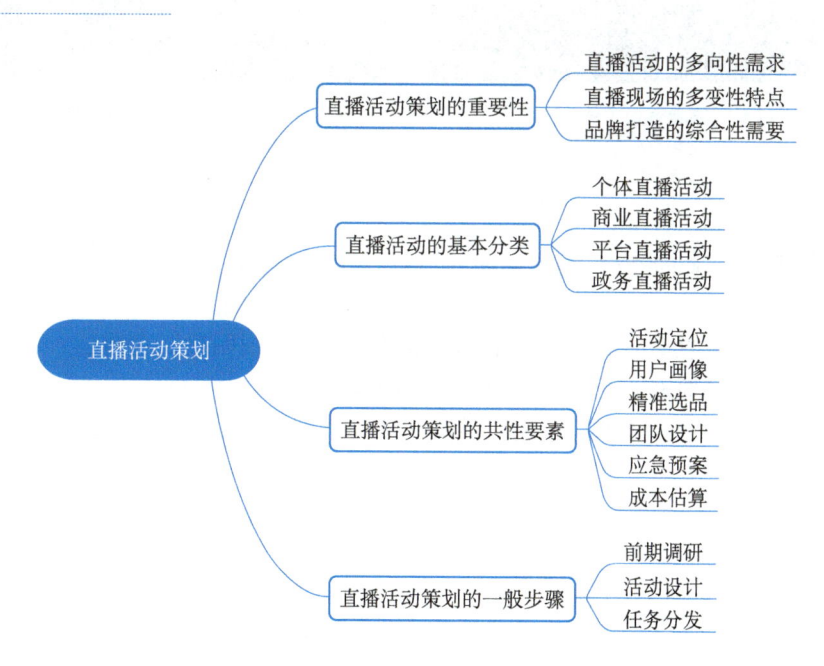

直播活动策划
- 直播活动策划的重要性
  - 直播活动的多向性需求
  - 直播现场的多变性特点
  - 品牌打造的综合性需要
- 直播活动的基本分类
  - 个体直播活动
  - 商业直播活动
  - 平台直播活动
  - 政务直播活动
- 直播活动策划的共性要素
  - 活动定位
  - 用户画像
  - 精准选品
  - 团队设计
  - 应急预案
  - 成本估算
- 直播活动策划的一般步骤
  - 前期调研
  - 活动设计
  - 任务分发

案例导入

2020年6月12日下午，由金华市妇联、兰溪市政府主办，兰溪市妇联、兰溪市农业农村局、马涧镇政府承办的2020年"兰溪杨梅"云上品牌展在马涧镇国际杨梅研究中心举行。

金华市妇联党组书记、主席严小俊和兰溪市委副书记林纪平走进直播间，变身"主播"，与"金华女儿"影视明星曹曦文、腾讯直播"酷摇二姐"同台，为兰溪杨梅"云吆喝"，如图5-1和图5-2所示。3个小时户外直播，吸引150万人在线观看，卖掉杨梅36630千克，总金额60多万元。

图5-1 直播画面1

图5-2 直播画面2

案例解析

此案例为政务类直播活动的典型案例。政务领导、影视明星、直播达人、杨梅基地等多方合力，为兰溪杨梅进行了一场叫好又叫座的直播活动。

这样的政务直播活动该如何策划？需要注意哪些细节？团队分工如何组织？直播流程要怎样设计？

第一节 直播活动策划的重要性

"凡事预则立，不预则废"，直播活动尤其如此。一场直播活动，需要的不仅是主播直播过程的完成，更要应对复杂的商品选品、团队分工、突发状况和线上流量、围观留言等千变万化的状态。因此，直播活动案前策划的完备与否，将决定整场活动的成败，甚至直接影响主播和直播间今后的生存与发展。

"凡直播，必预案"，是直播活动必须遵循的原则。以下将通过三个方面阐述直播活动案前策划的重要性。

一、直播活动的多向性需求

直播活动的核心是直播，但其本质是基于直播间线上互动的买卖行为。无论是直播间的日常运营活动，还是针对特殊节点、特殊群体、特殊平台或特殊形式的特定直播活动，都需满足多方面的需求，才能实现直播活动效果的最大化。如果不进行提前策划，将势必有所遗漏，直接影响直播效果。

这些方面主要包括：

（1）用户。这里的用户包含两个方面。一是代表直播间的"卖方"用户，是直播活动的发起者。一场直播活动，首先需要满足的是"卖方"的需求。二是直播活动的目标群体即"买方"用户，如果直播活动不能满足买方的需要，那么直播就不能吸引流量，即使吸引了流量也无法实现真金白银的变现转化。

（2）定位。直播活动的定位需求主要包括以下三个方面：

• 主题定位。是活动，就一定有主题。主题的精准选定，直接关系到对目标群体的吸引力。

• 平台定位。不同的平台，具有不同的特性。需针对其不同的平台特点，制订不同的直播策略。

• 商品定位。同一主题的直播活动，选品策略和营销策略可以有多种。需要综合主题、平台、主播特点等进行细致精准的划分设计。

（3）执行。无论直播活动的规模大小，基本上都需要团队协同配合。主播、摄像、场工、后台、设计、文案、售后等角色，都需要经过系统的谋划分工，才能保证直播活动顺利进行。

二、直播现场的多变性特点

直播活动线上实时互动的特性，决定了直播现场将面对各种各样的变化，因此，充分考虑这些变化，提出应对预案，将保证直播活动的顺利进行。

• 流量变化。流量是确保直播变现的关键，而流量恰恰是直播进程中最大的变数。一场好的直播活动，需要根据流量的不同阶段，提供对应的营销策略，实现流量的提升和转化。

• 互动变化。直播活动是与用户实时互动的。用户的留言、与主播的互动，直接反映直播效果动态变化情况。因此，在直播之前就需根据活动设定，对可能出现的互动变化进行考量并制订引导方案。

• 其他突发状况。直播活动基于移动互联网技术，与之相关的移动信号、手机电池、现场电源灯光等硬件布置、平台稳定性、主播个人身体情况等，均需提前综合考量，制订相应预案，否则一旦出现突发状况，极有可能导致整场活动前功尽弃。

三、品牌打造的综合性需要

主播人设和直播间调性的一致性，是直播间运营者的核心资源。任何一场直播活动，不管主题、商品、平台等如何变化，都应尽量不脱离主播和直播间整体调性设定的范畴，影响直播品牌的发展，这就需要我们对每一场直播活动在此前提下进行细致的策划。

与此同时，在每次直播活动中，为用户制订完备的策划预案，做到用户、主播、团队等心中有数，确保直播活动的顺利完成，也是塑造直播团队品牌形象的重要步骤。

第二节　直播活动的基本分类

根据直播活动的主体不同，可以将其划分为个体直播活动、商业直播活动、平台直播活动、政务直播活动等几大类。了解这些分类，有助于我们根据不同分类的特点策划不同的直播活动。

一、个体直播活动

个体直播活动指基于个体直播间营销需求进行的直播活动。

相较于其他直播活动，个体直播活动最具个性特征。主播人设与直播间定位紧密关联，往往具有一致性。比如直播间主营美妆，则主播的人设可以是美妆达人。

个体直播活动的主题、定位、目标群体等相对更单纯集中，受干扰因素较少。除日常营销外，主播进行的公益活动、助农等，均由主播个人设定即可。

主播人设、直播间定位等前后文均有详述，此处不再展开赘述。

二、商业直播活动

商业直播活动是指针对特定商家开展的直播活动，可以是单场直播，也可以是系列直播；可以针对单一商家商品，也可以是多个商家商品联播。它具有品牌明确、效果导向等特点。

（一）商家节庆直播

节庆经济已成为当前商品经济市场重要形式之一。每逢重要的节假日如情人节、妇女节、儿童节、端午节、中秋节等，商家都要进行一定规模的促销活动。

第五章　直播活动策划

除公共节假日外，也包括特定商家品牌开业庆、周年庆或特制节庆如会员日、消费者回馈日等。

此类直播活动需要结合节庆主题，营造节庆气氛，瞄准特定群体，进行针对性极强的直播策划。好的节庆主题直播活动，可以较好地刺激消费者的消费欲望，提升商家与消费者的互动频率，增强消费者品牌黏性。

（二）品牌宣传直播

品牌宣传包括地域品牌宣传、企业品牌宣传、文化品牌宣传等。

任何商品均需要进行品牌宣传。相比电视广告、户外广告等"驻点"宣传，品牌宣传直播可以更近距离地拉近消费者与企业文化、价值理念、商品的距离，让消费者更加清晰地了解商品的特点、样式、价格。

品牌宣传直播，需要我们细致地了解品牌和商品的各项信息，制订直播营销策略，尽量多地吸引流量，达到品牌宣传效果最大化。

三、平台直播活动

电商平台运营都会利用各类不同节点和营销手段，举办不同的主题活动，吸引用户的注意力，提高网店的流量，增加平台经营者的销售额和用户与平台的黏性，如图5-3所示。

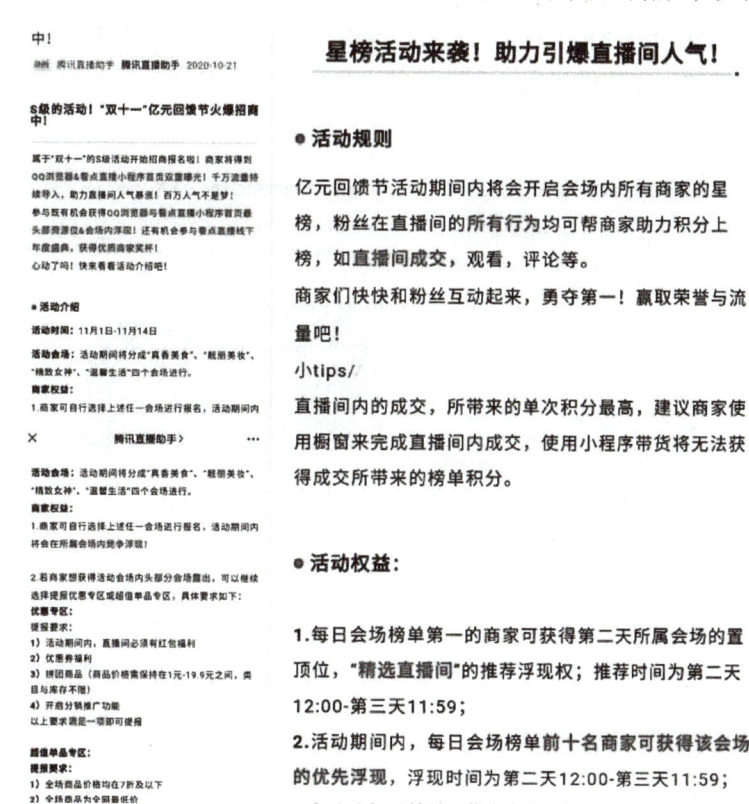

图5-3　腾讯直播"双十一"推出直播活动

比如我们熟悉的"双十一""双十二""618"等，已成为全国性、现象级的消费者狂欢日。

直播运营者要高度重视此类活动，充分结合平台活动主题、平台特性和要求，制订对策，利用难得的公域流量机会实现引流。从某种意义上说，能否在平台直播活动中脱颖而出，甚至成为决定该直播运营者能否快速站稳脚跟和提升规模的决定性因素。

四、政务直播活动

2020年以来，在新冠病毒感染疫情导致线下消费严重削弱的背景下，全国持续掀起带货直播热潮。特别是各级政府部门和国家级媒体的强势介入和助推，让其迅速成为地方助力发展、商家营销和百姓消费的"标配"。

相较于一般的商业性直播活动，政务直播活动具有极大的不同。

（1）政府部门主导。政务直播活动一般由某一政府部门或多部门联合发起，直播活动经费主要由发起单位承担，实现政府对产业或商户的扶持，刺激产业发展和消费。

（2）地域品牌宣传。此类直播活动，往往基于某一特定地域产业或地域品牌，以提升地域品牌知名度和影响力为主要目标，除了商品信息，还要综合考虑该地域文化、产业、地理等综合因素。

（3）公益惠民为主。其公益、惠民的目的往往排在商品本身销量之前，让更多人关注该地域、该品牌、该群体，被提到直播活动的首要位置，同时需要制订配套的媒体宣传方案。

例如，金华特殊学校建校70周年之际，特殊学校天使们用他们无声语言为大家介绍手工制作产品，通过直播让更多人了解他们的世界，让更多人看到这群特殊孩子们的坚韧与坚强，如图5-4所示。

图5-4 金华市特殊学校的公益直播

第三节　直播活动策划的共性要素

尽管直播活动的类别众多，但依然存在许多共性原则。掌握这些共性，可以帮助直播运营者快速应对各类直播活动策划，举一反三找准着力点。

一、活动定位

直播活动类型不同、商品品类不同、时间节点不同，意味着活动的主题、直播形式、目标群体均不同，需要制订不同的直播策略。

因此，明确直播活动定位，是策划直播活动的前置条件，是开展直播活动的基础。

如节庆性的商业活动直播，就需重点寻找商家商品与节庆内涵的契合点，在营造浓郁的节庆氛围中推销对应的商品。

如公益性的政务活动直播，就要首先考量政务部门的直播需求，根据其需求制订对应的活动流程和商品营销方案。

二、用户画像

一场直播活动的效果如何，最终的考量标准是流量和转化率，两者均来自粉丝。只有粉丝"买单"，活动才算成功。这就要求直播运营者要清楚直播活动要吸引的目标群体是谁、商品与用户的契合度如何，因此要根据不同粉丝的年龄、性别、职业、消费习惯等制订对应的策略。

同一件商品，年轻人与老年人的话题是不同的，男人与女人的关注点是不同的，上班族与创业者的消费心理是不同的。例如，一款电饭煲，年轻人更在乎的是功能便捷、外形好看，跟她们讲解商品功能时，需要突出外观和便捷性；而宝妈们，则更在乎的是材质的环保、煮出来的米饭口感好。

不同的目标群体，决定了你的引导话术、宣传文案、活动背景设计、直播风格都不同。如果直播宣传和用户画像不匹配，那直播就是在答非所问，商品销量和品牌宣传也不会做得好，因为你所说的不是你的用户所关心的。

用户画像的精准定位需要做好如下几步：

（1）直播间数据分析。因为主播人设和直播间定位的相对固定，所以可以根据直播间故有数据，对观看人群特性进行分析归类，包括年龄、性别、消费习惯等。

（2）商品数据分析。不同的商品，因其特质的不同，会有不同的消费群体。在选品前，可对特定商品进行调查，最便捷的方式是向商家了解该款商品的设计理念、过往销售情况、消费群体情况等。

（3）平台数据分析。不同的电商直播平台，其本身的目标群体均有一定的差异。如腾讯直播、视频号直播，主要针对的是以用户为核心的社交群体；淘宝直播对商品的标签、热度等要求更高；抖音、快手直播更需要讲好故事等。

三、精准选品

在带货直播中,"七分在选品,三分靠内容"。有时候选品的好坏决定了带货直播内容产出爆发力的大小,也直接关系到利润多少。

因此,选择一个正确的好商品是直播活动策划至关重要的一步,在商品选择过程中要选好以下几项商品:

(1)引流款,又称钩子款。提前增加客户关注度、直播间流量、直播间订阅量,实现更好引流效果的商品称为引流款。

引流款的选择,可以通过后台数据查找,确定每天比较受欢迎的几款商品作为引流款。需要注意的是,引流款商品在直播活动期间价格必须比正常售卖时低,才可以激发用户的关注和购买欲望。

如果没有数据参考,则可以根据实时直播活动进行设置。比如一场大型农产品带货直播,可以选择当前市场最热门或优惠力度最大的商品作为引流款,如图5-5所示。

图5-5 在金华"巾帼双英再出发"直播助农活动中,酷摇二姐选择9.9元6个火龙果作为活动引流款

引流款的一个重要原则是:人人都需要,无须多大思考空间即可下单商品。如果一个商品是新品或是绝大多数人还不了解的商品,则必定不适合用以引流。引流款比较常设置的几个价格为1元或者9.9元。

(2)主推款,是直播活动需主要推广的商品,也是直播间销量的主力核心利润款。直播活动时设置一个或者两个主推款,也就是爆款的商品,能有效带动整个直播活动的浏览量和访客量。围绕爆款做营销搭配可以提高其他商品的销量,这样动销率就会提高,店铺权重就会整体上升,电商平台就会给你更多的展现机会,以此刺激更多流量。

主推款的选择首先需要符合市场需求,可查看市场数据、同行竞店数据再结合销售情况来判断，选出一款最贴合市场需求的宝贝，确定选款之后再来制订推广计划。

在主推款直播活动价格制定方面，必须和同行之间有明显的价格优势，才能在推广过程中对于转化起到极大促进作用。

（3）福利款。引流款的作用是直播之前提前放出引流以增加直播间观众活跃度，福利款则是在直播过程中宠粉所用，利用福利款带动直播间氛围和与用户的互动量，以此来增加直播活跃度。

福利款对直播活动的意义是显而易见的。很多用户会因为拿到引流款而提前离开直播间，所以需要用福利款不定时地刺激用户，让其惊喜不断，增加直播活动过程中用户的黏性。

比如说：新来的用户，直播间扣 1 点关注，截图抽中的可以用最低优惠价得到此商品，以此来留住直播用户，同时增加直播关注度。

在选品上，可以尝试用即将上市的新商品做福利款，这样可以提前预测市场对新商品的认知，获得市场反馈。

（4）三款联动。在直播过程中，引流款、福利款、主推款三种类型商品要交叉使用，相互配合。开场可以利用提前预告商品引爆直播间气氛，同时在这个过程中要不断"种草"你要主推的商品，提前引起观众兴趣。热度最高潮时，介绍主推款，因为这时主播和观众之间的信任已经建立。如果看到直播间热度下降，可以上福利款刺激，再度拉起直播间热度。

需要始终牢记的是，福利款、引流款均是为主推款服务的。

课程思政

一定要确保商品质量，质量有瑕疵或退货率高的商品，是绝不能设定为活动商品的。

四、团队设计

任何一场直播活动，都需要一个团队以主播为核心，分工协作、权责明晰才能完成。在团队设计中，以下角色是不可或缺的：

（1）活动总监。负责活动整体的策划、组织、把关，直播活动策划方案最终由活动总监进行设计和出稿。

（2）商品对接。负责直播活动所有和商品有关的事项，包括与活动主办方的对接、与商家的对接和选品的确定，需要了解所有商品的特点，制订价格方案。

（3）设计团队。包括直播文案、宣传文案的写作和活动海报的设计。

（4）场控团队。包括现场布置人员、摄影摄像人员、主播协助人员、商品提供人员等。除负责布置和摄影摄像外，他们需要根据主播的直播进程，负责及时提醒互动、提供商品、协助操作、报告商品动态等。

（5）后台团队。包括店铺上品操作员、客服人员、互动活动截图人员、平台技术保障人员、售后服务客服等。如果是电商平台活动、政务直播活动，还需设置现场与主办方实时沟通人员。

在直播活动策划中，要充分考虑以上所有岗位的人员配置和任务分工，确保团队各司其职，从而保证直播活动的顺利开展。

五、应急预案

直播活动的即时性和复杂性，决定了在直播过程中难免会遇到突发状况。在直播活动策划时，应充分考虑主要突发状况发生的可能性，提前制订相应的预案，确保直播安全。

（1）电子器材备份。电子器材是直播活动的窗口，是观众的眼睛。但是电子商品存在不稳定性，如突然损坏、电源耗尽等，因此，在提前充分调试的基础上，应有手机、摄像机或笔记本电脑等的器材备份。

（2）移动信号保证。直播前应充分调试不同移动信号稳定性，在陌生地点一般不推荐使用 WiFi 信号。移动信号应调试移动、联通、电信等不同供应商的稳定性，选择最稳定的信号源，并备份不同的供应商电话卡和信号放大装置。另外在户外时，不选择信号弱的位置。

（3）主要岗位 AB 岗。应保证直播活动中重要岗位的 AB 岗，如后台上品人员、摄制人员等重要岗位，应确保不间断有人在岗。

（4）活动商品备货。应充分考虑活动商品的包装、特性，如直播活动中有拆包、蒸煮商品等行为，应确保某件商品在展示过程中"翻车"后马上有新商品递上。

（5）平台活动对接。在参加电商平台举办的直播活动中，应提前充分了解活动规则和要求，提前与主办方做好沟通。一旦发生直播中断等事故，确保可以第一时间与主办方取得联系，对直播活动进行补救。

（6）户外直播活动。在户外直播活动中，除需考虑以上所有紧急情况外，还需考虑天气情况，如下雨该如何应对；考虑地形情况，如主播不小心受伤该如何应对；考虑交通情况，避免因堵车、修路等延误直播。

六、成本估算

不同的直播活动，需要付出的成本和想要取得的效果都是不同的，需要根据需求制订相应的成本方案。如个体直播活动，主要考虑商品销售利润问题；电商平台活动直播，需要考虑直播引流、平台推荐规则等成本支出；商业直播活动和政务直播活动，需要综合考虑成本付出后，才能给主办方提供报价方案。

第四节　直播活动策划的一般步骤

了解了直播活动的分类和共性要素，你已有足够的能力进行一场直播活动的策划了。本节主要介绍直播活动策划的一般步骤。

一、前期调研

在正式进行策划之前,需要对直播活动进行充分的调研。调研的内容和主要目标是:
(1)确定直播活动的类别。
(2)确定直播活动的主体。
(3)了解直播活动的主题与商品特性、价格。
(4)定位直播活动的目标群体。
(5)熟悉直播活动的场地。
(6)确定直播活动的时间节点。
以上内容在前面章节均有阐述,在此不再赘述。

课程思政

在调研的过程中,需要牢记一条"红线":与活动相关的商品和活动形式,绝对不能与国家相关法律法规相抵触,如不得进行医疗商品直播、不允许出现抽烟、血腥等镜头。

二、活动设计

(一)制订直播活动方案

任何一场直播活动的直接目的都是"带货"。这个"货",既可以是实打实的商品,也可以是一个品牌,还可能是一项政策。因此,根据前期调研,确定直播活动主题和定位后,制订产品营销方案,是直播活动策划的核心内容。

如果直播活动的侧重点是把商品销售出去,那么商品营销方案的核心是做好选品、价格设计和商品之间的关联搭配。因为如果不能让用户在直播中熟悉了解商品,那么用户的购买率将大大降低。

如果直播活动的侧重点是在品牌宣传,那营销重点应该落在如何把直播影响力扩大,如何发动媒体平台、朋友圈等全方位力量让直播话题不断发酵传播,以此让本来不认识、不了解这个品牌的人,因为直播而对该品牌产生兴趣和购买欲望。

在具体的操作上,可以依据如下步骤进行设计。

1. 制定直播主题

直播主题,也就是你打算给观众看什么、怎样传递有价值的内容?只有观众想看的、有价值的内容,才能留住观众,从而引导转化变现。

比如直播主题是"夏季新品",观众想看服装搭配,那直播内容就应该围绕着夏季服装搭配,只有你的搭配是好看的,观众才会愿意下单购买。

确定好直播主题后,还要根据主题确定宣传口号和直播标题。不同的直播平台,对直播标题的字数、内容要求也是不同的。但核心要件是一样的:一个好的标题,应包含商品关键信息、平台热词、活动力度等。

2. 确定直播时间和时长

直播时间的设定，关系到目标群体的精准引入。除了根据主题选择日期外，如节庆活动，只能选择节日前后，还需考虑当天直播的时间点。

例如，晚上八点前后，是所有直播活动的观看高峰。如果直播活动只能设定在工作日的白天，则午间 11 点—13 点，是最佳时间，此时上班族正处于午饭和午休的间隙，有较充足的时间观看直播。比如目标群体是宝妈，则晚上 9 点后是黄金时间，此时宝妈已经哄睡完孩子，有了充裕的精力观看自己感兴趣的直播。

直播时长的设定同样关系到流量。无论直播时长是半小时、1 小时还是 3 小时，3 分钟左右的时间内均需要准备一个爆点，既可以是福利款互动，也可以是主推款活动，只有不断设计商品爆点，才能确保每一个在不同时间点进入直播间的用户都能看到他感兴趣的内容。

3. 确定商品选款

详见第五章第三节第三项。

4. 确定直播场地

根据活动主题和主办方需求来决定直播活动是放在室内还是在室外。

如果直播活动放在室内，则需要考虑面积、场地装修和电源、网络等硬件保障；需考虑灯光，需要的是冷光还是暖光，光线需要多强才能凸显产品优势等问题；需考虑背景和布景协调性等内容。

如果是室外，则需确定直播路线怎么走，每个点需要如何与商品结合进行介绍等在室外直播。需要切记的是，必须进行移动信号测试。

5. 确定主播搭配

结合直播主题和直播目的，确定此次直播需要什么类型的主播，是甜美可爱型的、气质温婉型的、温柔大方型的，还是知识渊博型的、专业解说型的。

主播形式是采取单主播形式，还是采取主播+商家的组合。在政务直播活动中，还要考虑主播+官员+明星+商家的搭配形式和出场顺序。

6. 设计流程板块

设计直播流程板块有一个重要的切入方式：从消费者角度出发，换位思考消费者喜欢什么、怎么和消费者互动能够把围观者变成粉丝，形成转化。没有吸引客户的点，客户很快就会走开。直播脚本简样如图 5-6 所示。

总的原则是一定要根据商品特性和直播时长进行综合考量，设计板块。

比如说一场直播活动总时长为 3 小时，要考虑主播能够在直播间控场多长时间？直播多久不至于让观众感到疲惫？根据时长把每一个阶段分成不同的模块。例如，开播前的 10 分钟或者 30 分钟，主要用来互动还是才艺展示，或者直接开始上商品？多久送一次福利，多久上一次商品，多久做一次互动？每一个环节占用多长时间？这些都要做好规划，以免在直播过程中出现商品解说和商品上架时间错乱，错过发放福利的时间导致观众流失等情况发生。

直播脚本--					
直播主题		冬季护肤小课堂			
直播目标		吸粉目标：	销售目标：		
道具准备					
产品准备		赠品：护手霜	福利款：润润面膜		主讲款：小安瓶
直播时间		2019年12月4日晚8：00--10：00			
时间段	流程安排	主播	直播助理	后台/客服	价格福利
8：00-8:10		互动、聊天	截图抽奖	收集中奖信息	
8：:10-8:30		分享主题01：冬季护肤注意事项			
8：30--8:40		解疑答惑、互动	引导刷礼物、互动		
8:40--9:00		分享主题02：冬季护肤补油也很重要			
9：00--9:20		商品试用并讲解01	商品配合展示	准备商品链接	
9:20		福利赠送	直播间截图	抽奖统计	
9：20--9:40		商品试用并讲解02	商品配合展示	准备商品链接	
9：40--10:00		商品试用并讲解03	商品配合展示	准备商品链接	
10:00		下场次直播预告			

图 5-6 直播脚本简样

7. 设计互动形式

直播过程中离不开互动，只有不断与粉丝互动，才能增加用户黏性，拉住其离开直播间的“脚步”。

互动的形式主要包括以下几种：

（1）互动问答（留言截屏、设定名额）。

（2）抽奖（扣 1 或留言某一特定文字）。

（3）抢福利（设定上品时间，抢完为止）。

需要注意的是，无论哪种互动形式，一定要提前讲解好规则并严格执行，否则将引起纠纷，对直播产生严重干扰。

8. 设计直播间话术

直播间开播话术是什么，转发话术是什么，推福利话术是什么，需要和主播沟通确定；直播间获奖观众福利如何领取，领取步骤是什么要在直播脚本内呈现。

同时，提前设置直播间管理员，引导粉丝互动评论；设置点赞频率，营造直播间热度；设置前往购买频率，引导粉丝抢购下单。遇到带节奏和恶意连线等突发情况，让他们做好直播间的场控，及时调整和活跃直播间的氛围。

此外，还可以适当安排一些工作人员用自己的私人账号进入直播间，带带氛围，刷刷礼物，避免直播间冷场的情况发生。

（二）制订宣发引流方案

为直播活动设计直播流程的同时，做好宣发引流方案是不可或缺的。前者是在直播间内进行引流，确保直播顺利进行，后者则是在直播间外主动引导外部流量进入。

无论是个体直播活动，还是商业类、平台类、政务类直播活动，都应当设计配套的宣发内容。

按直播阶段划分，可以设计以下三个阶段：

（1）直播前。每场直播活动，都应提前进行预热，可以是提前1天，也可以是提前数天，甚至是数月。在预热期，可以借助不同平台和形式，滚动推出，不断提升活动热度。

（2）直播中。在直播过程中，可以结合直播内容板块的动态变化，不断向外部推送动态信息。

（3）直播后。直播完成了，但引流不应该立即停止。此时恰恰是结合直播情况延续、扩大直播间影响力的重要时机。除了推送直播效果内容外，可以设计一些售后福利内容，让已经购买的用户回购，或帮助你继续转发，如扫码入群送福利、留言评论送福利、转发送福利等。

根据直播的动态变化，可以借助不同的平台进行宣传推广：

（1）朋友圈。这里的朋友圈，不仅仅指微信朋友圈，还包括你组织的社群，如微信群、钉钉群，店铺平台推送功能等。在直播前后的各个阶段，不断推送动态的内容，还可以设计相应的一些转发福利、拼团福利、团长功能，让更多的人不断转发，实现量级增长。

（2）自媒体平台。依托你拥有的微信公众号、视频号、抖音号等，不断推送动态内容。如直播过程中出现爆点，可快速截取该部分视频，通过视频号、抖音号推送。

（3）官方媒体。一些大型的直播活动，特别是政务类直播活动，一定要充分利用官方媒体的宣发优势，在直播前后的各个阶段，滚动递进地进行宣传和引流。

在宣发形式上，应当利用好现有的所有便捷传播载体：

（1）图文。在直播的不同阶段，推出相应的图文文章。重要节点性文章可提前准备，如直播前的预热文章，可以是一篇，也可以是多篇，从不同角度、不同热点进行切入设计。动态性图文，可以找准爆点，一句话、一段话结合一两张图片，快速推送。需要注意的是，不管是什么阶段推出的图文，都应对整体活动入口进行推介。如每篇稿件后都放置直播活动入口海报，识别二维码即可进入。

（2）海报。不同的直播阶段，设计不同的海报。从不同的切入点呈现，如主播、商品卖点、福利热点等，在不同的阶段进行投放。每张海报同样需要提供活动入口，如直播二维码。

（3）短视频。在技术能力允许的情况下，可以制作对应短视频进行全平台分发。如预热阶段，可制作宣传短视频。短视频制作同样可以选择不同的切入点，多角度、全方位进行展示。

（4）互动网页。在条件允许的情况下，可制作H5、易企秀等互动型移动网页，加强宣传效果。如活动开始前，制作电子邀请函，增加传播。

三、任务分发

一场好的直播活动策划，一直到任务分发、直播开始，才算策划阶段的正式完成。所有的策划，只有落到实处，才能起到效果。

在任务分发阶段，至少要做到以下几个方面：

（1）主播预演。活动开始前，应与主播对照策划方案，要逐项对照，包括直播流程、互动环节、商品信息、团队分工等内容。主播是整场直播的发动机和牵引器，必须让主播对整场活动所有环节做到心中有数。

（2）商家对照。要与商家就直播环节提前做好沟通，让商家了解直播中与其对应的所有商品信息，包括价格、福利、互动时段等信息。直播中原则上不搞"突袭"，保证商家的利益。

（3）团队分工。根据策划方案，召开团队会议，对每一项任务进行分派，责任必须落实到人，并确定质量标准、完成时间。

需要谨记的是，策划落实不是开一次会就能解决的。需要根据实情的变化，建立沟通解决机制，分阶段、有目的地实时开展，保证直播活动的圆满完成。

本章小结

本章强调了直播活动策划的重要性，介绍了直播活动的基本分类，并通过直播活动策划的共性要素、直播活动策划的一般步骤两个方面，对直播活动策划中需注意的重点共性问题进行了较为详细的阐述。

通过本章的学习，我们可以了解到，作为一项依托移动互联网技术，并带有强烈商业属性的特殊线上互动活动，直播活动的策划需要充分考虑直播主题定位、商家和商品特性、直播间和主播特性、团队和场地特性、用户和网络传播特性、器材特性和突发状况等各个层面，同时还要根据这些特性，巧妙设计直播互动过程中的选品、流程、内容等各个环节，只有这样，才能策划出一场既收获用户流量，又实现现金转化，同时提升直播间和主播人气的直播活动。

同步测试

（一）单选题

1. 直播活动的核心是（　　）。
   A. 主播　　　　　B. 商品　　　　　C. 活动　　　　　D. 直播
2. 直播活动的（　　）特性，决定了直播现场将面对各种各样的变化。
   A. 商品多样性　　B. 现场复杂性　　C. 用户多样性　　D. 实时互动性
3. 确保直播变现的关键是（　　）。
   A. 主播　　　　　B. 商品　　　　　C. 流量　　　　　D. 用户
4. 在直播选品中，引流款选择的原则最重要的是（　　）。
   A. 新商品　　　　B. 老商品　　　　C. 最便宜的商品　D. 人人都需要的商品
5. 在设计直播流程板块时，有一个重要的切入方式是（　　）。
   A. 换位思考，从消费者角度出发
   B. 坚持风格，从主播人设出发
   C. 金主至上，商家需求最重要
   D. 相信数据，一切遵从数据分析

（二）多选题

1. 直播活动的定位需求主要包括（　　）。
   A. 主题定位　　　B. 平台定位　　　C. 商品定位　　　D. 主播定位

2. 直播活动中的用户是指（　　）。
   A. 直播间的使用者　　　　　　　　B. 直播活动的发起者
   C. 购买直播商品的买家　　　　　　D. 观看直播活动的人
3. 直播活动的基本分类是（　　）。
   A. 个体直播活动　　　　　　　　　B. 商业直播活动
   C. 平台直播活动　　　　　　　　　D. 政务直播活动
4. 用户画像的精准定位可通过哪些手段获得（　　）。
   A. 直播间数据分析　　　　　　　　B. 街头随访数据分析
   C. 商品数据分析　　　　　　　　　D. 平台数据分析
5. 在直播活动中，选品的基本构架是选好（　　）。
   A. 引流款　　　　B. 主推款　　　　C. 赚钱款　　　　D. 福利款

(三) 简答题
1. 相较于一般的商业性直播活动，政务直播活动的特点是什么？
2. 请说明直播活动策划的共性要素有哪些，并进行简要阐述。
3. 请简要阐述直播活动策划的一般步骤。

项目实训

2022年3月，浙江省某侨乡文旅局准备以带货直播的形式，推介"侨家乐"品牌民宿。首期选取1家"侨家乐"民宿进行直播，该民宿位于国家5A级景区旁，同时还有樱桃正值成熟期，当地要求对民宿直播的同时，也对景区和樱桃进行推介。

请根据本章知识点，制订出该场直播活动的策划方案。

第六章

日常直播活动的执行

学习目标

知识目标	技能目标	思政目标
※ 掌握直播活动前中后需要做的准备工作 ※ 掌握直播活动中的一些话术、套路 ※ 掌握直播复盘的一些基本操作	※ 能够知道如何给直播间预热、引流 ※ 能够结合实操设计一些直播中的套路 ※ 能够做到直播活动中的客户留存与裂变	※ 具备团队协作能力 ※ 具备沟通与表达能力

思维导图

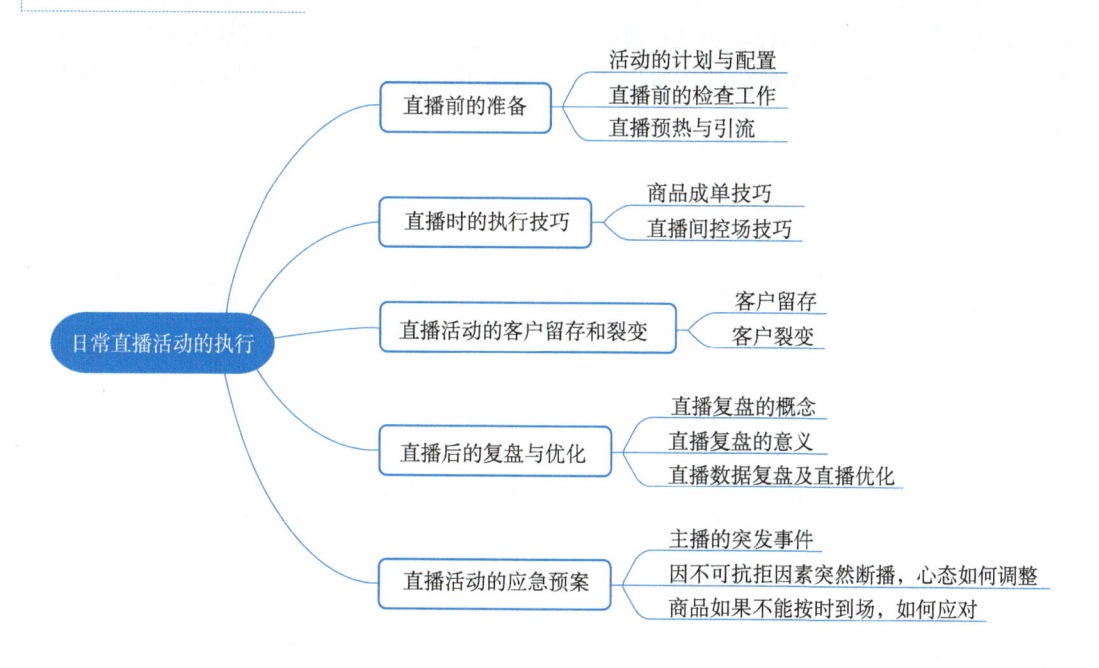

日常直播活动的执行
- 直播前的准备
  - 活动的计划与配置
  - 直播前的检查工作
  - 直播预热与引流
- 直播时的执行技巧
  - 商品成单技巧
  - 直播间控场技巧
- 直播活动的客户留存和裂变
  - 客户留存
  - 客户裂变
- 直播后的复盘与优化
  - 直播复盘的概念
  - 直播复盘的意义
  - 直播数据复盘及直播优化
- 直播活动的应急预案
  - 主播的突发事件
  - 因不可抗拒因素突然断播，心态如何调整
  - 商品如果不能按时到场，如何应对

案例引入

2020年明星直播热闹非凡，带货销量屡创奇迹，但翻车案例不在少数。曾经，"直播销售不过亿，不好意思发战绩"，一份份战报让行业为之沸腾，品牌方纷纷将名气大小不一的明星请进直播间，但很快就被直播带货刷量的黑色产业链狠狠地教育了一方。直播间堆满了比真人还真的"机器粉"，以及购买第二天批量退款的"刷单党"，让商家追悔莫及。

某日，某明星开启直播带货，此次他选择的是卖酒。他身后的场景里堆满了酒水商品，边上的美女主播也拿着一瓶酒做详细介绍，该明星非常配合地夸奖着商品，现场十分卖力。然而众网友对此却并不买账，有网友表示"小店卖得都比你便宜。"几十分钟过去了，竟然没有一个人下单。该明星也尴尬地创下了明星直播带货的新纪录。

扎堆涌入直播间的明星艺人，并非人人都能将流量转化为销量，所以直播这个行业正在浪上，需要我们抓准时机，但是并不是所有人都能够成为一个好的主播的。

第一节 直播前的准备

一、活动的计划与配置

直播的标题、封面、内容是用户选择进入直播间的第一步，它能让感兴趣的用户在众多直播间里第一眼就找到你。因为一眼的功夫也就1~3秒，在诸多直播间里你的内容能够脱颖而出自然吸引一大批粉丝，所以看似非常简单的元素，需要我们好好斟酌，使其在众多直播间当中闪光。

（一）封面

正如用户逛淘宝一样，在搜索出来的商品中，第一个映入用户眼帘的是封面图，其次是价格、标题。直播也一样，所以封面的设计是至关重要的。

1. 符合平台要求

（1）画面清晰。首先画面清晰是设计封面最基础也是必须达到的一个标准，如果画面不清晰，会让观众觉得直播不正规，或者就是商家不重视这场直播。一般建议图片分辨率达1600像素×900像素。图像清晰度对粉丝的观感认知度十分重要，图6-1就是一张摄影作品清晰度的对比，通过图片我们就能发现从一张清晰的图片中获取的内容更多，同时也能知道图片中的主体内容。所以在制作封面图的时候，首要条件就是图片一定要清晰，在符合平台像素条件的时候，以最大程度展示更加清晰的图片。

图 6-1　照片清晰对比图

（2）尺寸大小。图片的尺寸要符合平台的大小要求，比如主播在照相馆拍摄的照片的大小可能不适合该平台的照片尺寸要求，为了让图片的重点更加突出，则需要对图片的尺寸进行裁剪。一般平台都有自己的尺寸要求，如图 6-2 所示的就是京东直播对封面图的要求。

* 首页封面图：　上传图片

　　　　　　　　建议图片上传尺寸为800*600，大小不超过2M，

* 直播间封面图：　上传图片

　　　　　　　　　建议图片上传尺寸为800*800，大小不超过2M，

图 6-2　京东直播对封面图的要求

（3）遵守平台规则。不同的平台对照片有不同的要求，像淘宝直播对封面图就有比较多的要求，比如不能加标题文字、不能使用拼接图、不能加水印、不能用表情包、不能侵犯明星肖像权等，这些在平台上也会有相关说明，建议上传了之后，自己在平台上再预览一下效果。

2. 文字简洁

封面上尽量保持无文字，防止与标题、内容相冲突，如果一定要加上文字，则文字必须简单明了，控制在 5 个字左右，因为封面中的文字并不是重点，而是一个辅助。信息过多会导致注意力分散，并且杂乱无章，让人没有观看的欲望。除此之外就是文字的打磨，有趣、有重点、有新鲜感的文案，可以吸引更多人。

3. 突出重点

封面的设计必须要有重点，要让观众简单明了地知道直播的内容，一旦没有重点，观众将无法得知直播的主题是什么。

（1）色调。选取一个合适的色调，色彩明亮突出。封面色彩尽量色调统一，最好不要超过三种以上的色调，要能产生视觉效果。

（2）主题。把主题放在中心位置，最好加入主播照片 / 清晰的人物照片进行设计，能

够吸引喜欢主播的人。同时也可以使用全身照,人物在照片里一般要占到三分之一乃至二分之一的位置,用四肢构筑动作突出身材,可以参考一些模特的拍照姿势。

(二)标题

一个标题的好坏直接决定可以吸引多少的观众,一个好标题的阅读量,经常可以做到一般标题的 1.3 倍以上,如果一场直播原先平均场观有 100 个人,一个好的标题可以额外带来 30% 的观众。对于一场直播来说,标题的重要性也是不可忽略的。除了商品和图片能够吸引住人之外,最关键的就是标题,标题当中可以涵盖很多的内容,所以如何撰写标题也是十分重要的。下面将会讲述三个简单实用的撰写标题的技巧,能够在一定程度上让直播的标题更添光彩。

1. 在标题中增加符号

符号是标题使用中的万用法则,也是一个最简单的加分项。一个简简单单的符号不仅容易用得上,还往往能够给人一种强烈的感官刺激,一般"?""!""……"等符号都能引起用户的强烈情绪并带入,用户对于这类符号也会相对敏感。就拿最简单的例子来说明,"抖音又出新功能!快看你的更新了吗?"如果这句话的标点换成句号,"抖音又出新功能,快看你有没有更新。"将这两句话进行对比,能够明显感受到使用"!"能表达强烈的情绪,给予用户强烈的感官刺激。标题能够带来的作用很明显,除了能够吸引观众,还能使受众更加精准。图 6-3 所示的是某公众号的一篇推文的标题,整个标题短短几个字就用了 4 个感叹号,尤其是前面的三个感叹号,突出了这篇推文最核心也是最为重点吸引人的内容,即免单,让人有无限的冲动点进去了解到底怎么样可以免单。

免单福利!!!交个朋友官方群专享,最高免单 1000 元!

图 6-3 符号类标题

2. 在标题中增加数字

数字容易给人信息含量高、专业度强的感觉,且自身具有敏感性,给人带来直观感受更容易引起好奇心,激发用户点开并一探究竟的欲望,图 6-4 所示的标题中就运用了数字。尤其当直播有很强优惠力度的时候,利用数字能够使标题清晰明了并且带来视觉冲击。这一类标题虽然利用了数字,但是不要急着报价,而是告诉用户商品的最大亮点"人气旺、销量高",功能强或是媲美大牌,制造一定的悬念;同时写明具体低价政策,利用数字进行一个辅助,写出价格对比差异,具体而不笼统,造成强烈的反差,这样一来更能吸引用户。比如有一个直播间的标题是"大妈妆前 50 妆后 28",很明显这是一个做护肤美容的直播间,通过数字,进行一个对比,让用户好奇这是怎样做到的,尤其对于女性来说,衰老是不可控制的,所以这样的标题很能够吸引女性,且受众也是十分精准的。

美味517！限时3天！7折起！

图 6-4　数字类标题

3. 使用第一人称

使用第一、第二人称视角往往显得更真实，也更容易增加用户代入感，仿佛说的就是自己。当用户看到和自己类似的经历、共同的喜好、遇到的相同问题等，就会更容易产生共鸣，从而增加代入感并进而点进去。第一人称可以迅速拉近与观众的距离，"我"比"她"更亲切，"本姑娘"比"我"更抓人，还要放下身架，让用户从标题里感受到你热情似火。

这三种方法看似简单，但是运用得好，能够让标题更加"俏皮"、更加吸引人。同时把直播主题的关键词写在标题的最前面，让人一眼就关注到。比如卖衣服，可以重点写衣服的风格，类似少女风等。当然标题不宜过长，一般在8~15个字。另外直播标题不宜出现与打折、不实宣传有关的词汇，比如秒杀、清仓、甩卖、万能、绝无仅有、销量冠军、独一无二等宣传信息，一旦触及这些，会被监管导致直播无法正常进行下去。如果标题内容与实际直播内容相差太远的话，容易失去真实性，且主播的信用会受到影响。因此撰写标题要谨记：简洁明了，有吸引力，有可传播话题，有明确受众对象。

（三）内容

直播内容是对主播以及直播的主题除了封面和标题之外更加详细的说明。内容的撰写有三个通用公式。第一个公式：简介=目标人群+问题+解决方案。这个公式也是借助人性，能够很好解决用户的需求，直击痛点。第二个公式：简介=在某个时间段中得到什么结果。在快生活节奏的今天，人们不喜欢浪费时间，更喜欢直截了当，直接告诉他能得到什么比磨磨叽叽还不知道能得到什么的更好。第三个公式：尊敬的人/一群人+独家/新信息。人们喜欢听他们钦佩和尊敬的人的有趣的细节。这个内容使用了一些非常强大的词汇，包括震惊和秘密。如果对他们所引用的人有点感兴趣，好奇心会驱使他们去看一看。有了这几个万能公式之后，在撰写内容的时候会更加方便、更加得心应手。同时在内容中一定要包含以下四个内容，如图6-5所示。

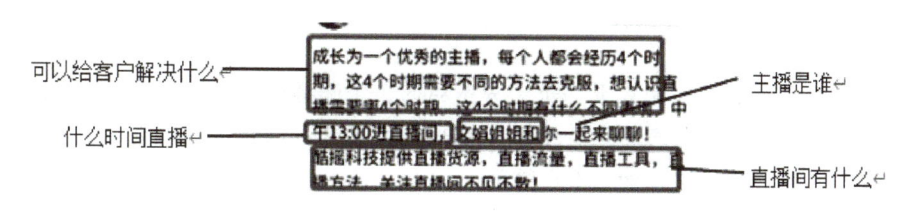

图 6-5　直播内容

1. 主播是谁

主播是一场直播的核心人物，一定要在内容中体现出来，因为有一部分观众是为了主播而来的，同时这里也可以介绍邀请的嘉宾，以更加吸引人，并且能够让观众准时来到直播间。比如说现在大主播非常喜欢邀请明星来到直播间，那么在他直播的预告中，会通过微博等方式告知观众，能够吸引到不少粉丝，并为偶像买单。

2. 什么时间直播

时间是必须出现在直播内容当中的，因为告知时间才能让观众知道直播时间，同时固定的直播时间也能够稳定一定的粉丝，若直播时间无法固定，那么可能会流失一定的观众。一旦有一个固定的直播时间，他们可以不用时时守着手机等着直播，而是定时来到直播间。

3. 直播间有什么

"直播间有什么"和"直播主题"是不一样的但又是分不开的，"直播间有什么"是这一场直播中主播会带来什么，具体到一场直播而不是一个笼统的概念，所以这一场直播会有什么商品或者内容在此可以较为详细地说明出来，从而吸引对这一场直播感兴趣的粉丝或者是新粉丝，他们可以从中得知在这一场直播当中他们可以得到什么。比如卖零食的直播，在内容中写上一个品牌，则观众就能清晰明了地知道这一场直播的商品全都是这一品牌的，那么就会吸引这一品牌的观众，如果在直播当中优惠力度大，那么就可以引导他们下单。

4. 可以给客户解决什么

"可以给客户解决什么"就是所有直播的整个核心的主题，就是这个直播是做什么的。如果你是教学类的直播，那么你的直播是一系列的，就像电视连续剧一样，一块一块内容接着来，那么可以把整个内容的梗概体现在直播内容上，连续剧式吸引老粉一直观看下去，不会造成流量的流失。如果内容是分散式的，那么流量流动性会很大，并且观众定位不精准，成单量可能不会很大。

所以直播内容要尊重目标群体，同时要加上独家信息。将这一份内容写得有趣一些，会特别吸引人。但是要值得注意的是，在简介中不允许填写直播平台之外的账户信息，无论如何都要牢牢遵守平台的规则。

典型案例

在腾讯视频号内很多账号首页都是十分美观的，像酷播学堂这个账号，可以在视频号上看到它的封面里面的简介内容也是十分精准地符合账号的人设，同时每个视频的封面都很统一，让人觉得十分舒适，如图6-6所示。

图 6-6　视频封面统一

二、直播前的检查工作

在直播前一定要做好检查工作，保证直播的顺利进行，不出现一些基本的错误。所以一场直播开始之前，一定要先检查一下直播前的各项准备工作，避免到正式直播时出现各种情况，而现场时间又很紧张，在操作直播时会更加手忙脚乱。

（一）检查设备与网络

设备与网络是最为基础的一部分，在前面的章节当中已经提及应该如何做好直播前的这几项工作，在本章中将会说明直播前如何去检查这几项准备工作，一旦硬件上出现问题，除了事先做好应急准备之外，一定要避免这类事件的发生。

1. 设备

（1）手机。首先确认手机的功能是否都正常运行，同时检查电量，并检查适配直播手机的充电器，防止电量过低。除此之外要检查是否有散热器，因为手机长时间运转的话，会导致手机发热发烫，所以要准备好1~2个散热器，以免到时候散热器无法正常运行。其次检查手机支架是否能正常使用，如果支架出现问题，就会在一定程度上影响主播正常直播。最后还要准备好另一部手机，万一直播手机出现问题，可以使用备用机接替。

（2）灯光。图6-7所示的是基本的灯光布置示意图。在开播前，检查灯光是否能正常使用，防止灯管损坏等情况，除此之外，还要检查灯的摆放是否正确妥当，主播的脸部是否已经均匀被照射等。

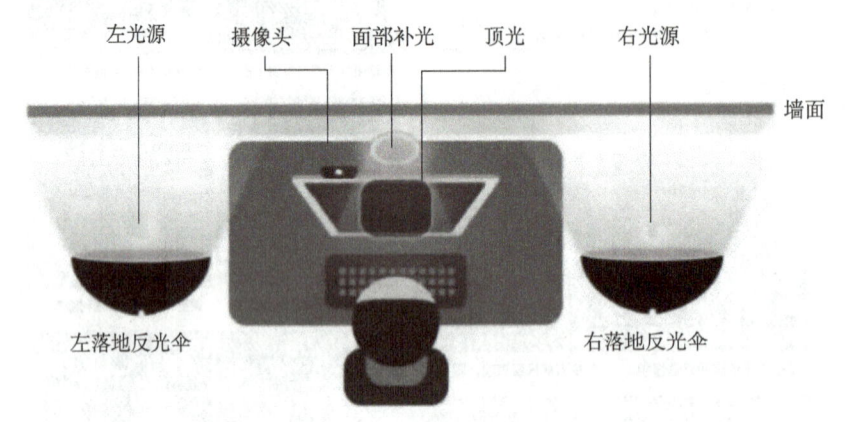

图6-7 基本的灯光布置示意图

2. 网络

最后要通过在线测速网站，测试自己的网络的上传速度。上传速度数值越大说明数据上传越快，直播画质越清晰流畅，保证直播间的网络上传速度在10～20Mbit/s之间。

（二）直播团队人员

1. 主播

首先在开播前，一定要确定主播是否到位，如果不到位，要提前做好应急准备，关于这一点，在后面会详细说明。其次主播是不允许迟到的，所以主播起码要在直播前一个小时到场。同时团队的其他成员也要关注好主播的情绪与心态，一旦有不对劲的地方，及时进行调整，保证在开播的时候使主播能以最好的状态呈现在镜头面前。在正式开始前的半小时，主播需要再次仔细检查直播流程，并和运营人员进行二次确认。同时也要检查每个环节的素材是否能用，比如音乐、视频能否够播放。在开播前几分钟，试播一下，再次确认设备与网络。

除此之外，主播还需要提前准备一些当天的直播话题、歌单、道具等，然后调试滤镜、美颜、音效这些基本要素。如果是新主播的话，则需要直播一段时间去寻找适应自己的直播间风格和直播时间段；老主播则需要提升自己的直播内容和直播间的一个氛围运用。

2. 副播

在开播前要调整好副播的心态与情绪，同样也要保证副播处于一个良好状态。同时副播还要帮助主播去确认货品、样品以及道具的准备是否就位。

3. 运营人员

在直播开始前，运营人员可以投放短视频进行宣传预热，比如短视频是小剧场或问答的形式，就需要运营人员进行思考规划，同时对每次投放的数据进行监测。除此之外在开播前一定要确保直播预告已经发布，同时直播的封面、标题、内容和策划都已经完成。还要注意主播和副播的心情，不向他们散发负能量，反而要时常鼓励主播，给他们带来信心和美好的心情。

4. 客服

在直播开始前客服同样也需要知道这场直播的内容以及一些优惠活动，给用户答疑解惑，更加方便用户通过客服询问来了解直播。尤其是在淘宝中可以提前给询问的用户提供一些直播预告链接等。另外客服需要收集、了解用户信息，与用户建立关系；在线回答用户的各类咨询问题；必要时可以在直播前收集用户对即将开始的直播的一些看法与建议，及时反馈给团队，进行一些微调。

（三）商品上架准备

除了以上内容之外，线上店铺和商品就是需要运营提前做的内容，要保证好线上店铺能够正常运行，同时商品经过核对已经上架，并且核对数量与库存，防止卖错数量。除此之外还有样品，一定要提前向商品部索取样品，防止在直播中无实物展示。

1. 商品的上架

经过前期的选品环节后，根据已经策划好的直播流程，来确定商品上架的顺序以及在直播间购物车栏内的排列顺序，还要设定秒杀价格，等待直播开始的时候就可以直接改价上架，能够让观众在第一时间不出差错地抢到自己心仪的商品。同时根据直播活动的策划，设计优惠券或者抽奖环节，这一系列操作都要提前演练过，防止在直播当中出现操作问题。

2. 商品实物

在直播当中一定要有商品的实物，不能无实物展示，这样对消费者来说既没有信用可言，没有任何说服力，也不能进行试用，若没有实物，和看照片没有什么区别。所以样品一定要准备好，为了防止丢失，起码准备两个，在开播前也要对样品进行试用，防止直播时翻车。

典型案例

"227事件"爆发后,多个品牌选择避开风头。但OLAY却选择在这个时候用实际行动声援自家代言人,连发两条关于某明星的微博,同时,OLAY淘宝直播间里主播的一番话更添了一把火。"我觉得他们不重要啊,他们就一点点人,一点点黑粉,能形成什么样的气候呢?"另外主播还现场连线老总,老总也力挺该明星,表示会继续合作。网友表示:"是亿点点,不是一点点"。于是,这"一点点人"的力量展开了对OLAY的猛烈"进攻"。自此,一场向OLAY要求补开纸质发票的行动就开始了。

补开发票意味着需要重新做账并补税,一笔一笔核对,过程非常烦琐。而且,近两年增值税税率调整了多次,给历史订单开票还需要找旧税率。另外还需要寄送服务的纸质发票,这是属于消费者的合法权利,如果不给寄送,网友就有理由怀疑品牌偷税漏税,并且向税务机关举报。经不住网友的群起而攻之,品牌客服已经由不做回复转变成拉黑消费者。最后这件事以品牌方在微博道歉才不了了之。这就说明了在直播前整个团队要做好统一并且相互之间要提醒什么该做什么不该做,团队中每个人的分工也都是十分明确的,避免在直播中出现一些翻车现象。

知识拓展

根据《网络直播营销管理办法》的规定,对主播等人的身份有了明确的定义:在直播营销平台上注册账号或者通过自建网站等其他网络服务,开设直播间从事网络直播营销活动的个人、法人和其他组织是"直播运营者"身份;在网络直播营销中直接向社会公众开展营销的个人是"直播营销人员"身份;为直播营销人员从事网络直播营销活动提供策划、运营、经纪、培训等的专门机构是"直播营销人员服务机构"身份。因此,自然人带货主播的身份可能是"直播运营者"和"直播营销人员"。《网络直播营销管理办法》规定其法律责任包括应当遵守法律法规和国家有关规定,遵循社会公序良俗,真实、准确、全面地发布商品或服务信息,不得发布虚假或者引人误解的信息,欺骗、误导用户,否则给他人造成损害的应承担相应民事责任。

三、直播预热与引流

很多人会问"为什么陈赫、罗永浩这些人首场直播就能有几十万、几百万人观看,他们也不是专业做直播的,而我做直播几个小时连一百个人都没有?"这是因为这些人本身就有很高的知名度,受关注程度高。在这样的基础上,加上直播前的大力宣传预热,直播间受关注的程度也就更高。这样有光环加持的主播都要做直播预热来吸引人气,作为新手主播的你,就更要好好策划直播预热方案,为直播间吸引人气了。所以一场成功的直播离不开直播活动前的预热和引流。

（一）直播前的预热通道

在直播前需要有直播预告，首先是为了告诉粉丝这一场直播将会做什么、卖什么。其次还可以增加场观人数，吸引对本次直播商品感兴趣的观众。直播前预热可以吸引更多的粉丝进入直播间，才能更大程度地进行宣传。像短视频平台直播的主播都会在直播之前，就发布短视频提前预热，吸引很多想要购买的观众。

1. 直播预热通道

（1）短视频预热

在抖音和快手这两个短视频平台，进行短视频预热是非常重要的。视频预告是直播前期预热工作的最重要环节，告知用户什么时候开始直播，将信息传递出去。比如开播前3小时发布抖音短视频：当你开播时，将会有更多的粉丝以及新粉丝进入直播间。某直播大咖在直播预热视频中，会将直播时间和直播内容呈现在视频里，在视频的结尾处，还设置悬念，吸引用户来直播间一探究竟。发布预热短视频时，有以下几种形式，可以提升直播预热视频的吸引力，来吸引更多用户进入直播间。

① 纯直播预告短视频。这类直播预告短视频主要是为了让粉丝知道开播时间，直接真人出镜告诉粉丝开播时间和内容即可。这样一来，既可以吸引对直播内容感兴趣的人，也可以吸引关注直播的人。如果想吸引未关注的观众，就需要留点悬念，勾起观众的好奇心，进入直播间。

② 给诱饵式预告短视频。对于陌生观众来说，如果直播预热短视频中没有强大的诱惑力，是很难让他们进入直播间的，所以可以在视频中放诱饵去"诱惑"观众。当然这个诱饵的诱惑性一定要大，比如直播间会抽奖，奖品是某品牌包包、手机、护肤品甚至是车等。有了这样的诱饵，视频不需要太长，15秒内即够，就足以吊足观众的胃口，勾起观众的好奇心，让他们定点进入直播间。但是这当中一定要保证诱饵的真实性，不能为了吸引观众而发布虚假信息。

③ 视频植入预告。视频植入预告类似于广告植入，就是在日常发布的视频当中插入直播预告，让用户在不知不觉中就记住了直播的时间和内容，然后在直播的时候进入直播间。最好在视频最后定格直播预告海报，直观地告诉观众开播时间和内容，让观众清晰明了。

④ 拍直播片段短视频。这种方法类似于花絮，就像很多电视剧、电影播放前后会给出一些小花絮，让观众对成片感兴趣。拍直播片段短视频也一样，比如可以分享一下选品的花絮或者理货的花絮等，又或者是日常的主播运营私下的搞笑有意思的日常生活情景。当然如果上一场直播中就有好玩的事情，就可以截取下来发布短视频，为下一场直播造势引流。当然在本场直播当中，同样也可以让运营拍摄花絮，直接发布，并配文"随视频进"。这样一来可以在直播中吸引观众。

（2）图文预热

① 公众号预告。对于微信公众号，可以利用客服消息＋模板消息＋粉丝分组等玩法，实现直播前的活动预热。不少企业都会通过微信公众号来进行宣传推广，微信公众号中留存的粉丝也是企业私域流量中的重要部分。而在和直播间绑定后，用户可以通过公众号菜

单栏上绑定的直播间进行跳转，同时还能通过直播间的推送通知，将直播推送给公众号的用户，从而激活公众号中的私域流量。

首先就是客服群发图文的直播活动预告，只要关注了公众号的粉丝都能够收到这个消息；其次，直播之前发模板消息通知，把粉丝吸引到直播间，但是这个功能特别注重时效性，一般都会选择在开播前一天内选择一个时间发放。

公众号推文的内容也是多样化的，可以只突出一个重点进行撰写，比如这场直播是一场品牌专场，则这篇推文就可以将重点放在品牌上面，突出品牌的优势，再辅助几款热门商品或王牌商品进行宣传，但是在宣传中又要注重神秘感，尤其是价格，保持神秘才能吸引顾客，最后就是强调直播时间以及进入直播间的方式，做到这些这篇推文也就差不多完成了。如果这场直播是回馈粉丝的专场，那么在同样强调直播时间和进入直播间的方式外，就可以突出福利这一块，用优惠来吸引顾客，此时要展示优惠力度大的商品，图片＋卖点＋隐藏式价格（即价格当中一位数字用"？"代替）作为商品的介绍。不同类型的直播在公众号预告的时候方法也是多样的，可以寻找对标账号进行学习，最后进行创新，形成自己的一个特色，同时在推文中强调本场直播的重点。

② 朋友圈文案。朋友圈的宣传相对于公众号来说更加注重私域流量，通过其他平台的转换人群，最后进行私域流量的宣传。一个优秀的主播，在其直播间内，私域流量的占比往往高于公域流量。同时，私域流量的粉丝下单的比例也更高。在抖音直播中，一些做得比较好的直播间，观众粉丝占比能达到近40%；而直播间内的电商转化率，粉丝是非粉丝的15倍以上。首先粉丝要足够信任你，当然这需要提前建立好信任度，然后可以把粉丝转移至微信，就可以通过朋友圈来进行直播的宣传与预热。关于朋友圈文案的撰写，可以参考这几类文案方式：一是商品介绍型，直接挑明主推款或者某品类进行介绍；二是简单粗暴型，直接阐述直播时间、直播播什么、会带来什么福利等；三是抽奖型预告文案，这类偏向于福利力度大的，比如：关注＋转发评论点赞，抽5位随机送一款神秘小惊喜。

（3）社群互动

现在的私域流量都是通过把他们身边的朋友拉到一个福利群里面来实现的，他们之间已经形成了很好的信任感，粉丝的黏性就会很强。为了实现传播量的最大化，一般都会将直播预告提前2天以上，让大家提前关注。

社群互动最重要的就是要有统一的目的性，不能有太多的目标。比如说此次的直播群，主题就是关于学习的，那么社群互动的目的就是帮助大家提高成绩，和推广商品没有一点关系。所以一开始的聚焦是非常重要的，这和自媒体发展的趋势是一样的，越来越垂直化，专门解决某个问题而设立的社群，更能产生认同感，粉丝也能够垂直化。所以一旦社群互动能够做到极致，粉丝黏性就会很强，那么每次直播带货的销售额就会相对稳定。经常举行一系列活动可以增加社群的参与感和新鲜感，再一次增加粉丝的黏性。同时在粉丝群要及时发布和转发与直播相关的推文和视频，主播也可亲自在粉丝群与粉丝沟通交流，同时可以询问粉丝对于即将到来的直播有何意见和建议，可以根据粉丝建议，在开播前做一些相关的小变动，无形之中拉近了粉丝与主播之间的距离，增加了粉丝的忠诚度和黏性，后续实现老粉丝带动新粉丝；同时还能对直播进行预热，让粉丝对这场直播充满期待。

（二）直播中的引流方式

1. 转发、分享直播

在直播进行当中可以"诱导"观众进行转发、分享直播。比如在快手中，有一个功能是加入粉丝团，对于粉丝团成员有一个升级的机制，其中有一项指标就是转发、分享直播。同时还可以设置其他活动引导观众去转发、分享直播，比如设置抽奖环节，抽奖的条件就是转发朋友圈。

2. 赠送礼物、红包

主播可以给观众发红包，观众也可以给其他观众发红包，图6-8所示的就是一场直播，主播正在给观众发红包。主播给观众发红包时，红包的金额直接从账户余额中扣除。观众也可以直接给现场其他观众发送红包，可以直接使用微信支付发送红包。发送红包后，观看直播的观众都可以抢直播红包。比如在快手中，当直播间有人送穿云箭的时候，就会有提示，隔壁收到了穿云箭，这样一来，可以吸引很多人抢红包，然后留人的本事就完全靠主播自己了，所以要在那几秒留住观众。因此赠送礼物、红包是一个简单粗暴的引流方式，可以使用自己的小号给直播号刷红包、送礼物。

图6-8　红包

3. 付费引流方式

当然除了这些免费的引流方式之外，还有依靠平台的流量的付费引流方式，但是相对于其他引流方式来说其效果不是很好，观众的定位也不会那么精准，所以付费引流方式要选择合适的时机去使用，比如在场上观众较多时，可以通过向平台付费引流将直播间人气再推向一个高潮。

淘宝直播中的后台，在那里可以看到流量宝典。流量宝典里有直播通及超级推荐，以超级推荐为例，它是淘宝直播官方的一个信息流推广方式，充值宝直播会把这场直播推荐给随机顾客，引导随机顾客进去观看，剩下的就看如何转化了。抖音最常用的就是DOU+，直接加热直播间，让直播间顺利出现在推荐页，增加曝光，从而给直播间引流。还有一种官方的引流直播间的工具——FEED直投直播间。首先需要创建广告组，选择推广目的，再搭建广告计划和投放范围，只有当投放范围设置为默认，才可以进行直播引流投放；然后选择投放目标和投放内容，选择直播间，再填上一些相关数据之后就可以了。快手平台则与抖音相似，付费引流工具是"小火苗"，操作也与抖音的相似，都是简单直接加热直播间。

典型案例

"高考亮剑"命题趋势分析会是新东方中小学全科教育一年一度的大型讲座盛典，吸引了数十万学生家长观看。本次直播全程同步到爱奇艺、优酷、一点资讯等多家平台，实现了广泛的受众覆盖。同时邀请到语文、英语、数学三大重点科目的专家名师对命题进行解读，还特别邀请高考学业规划讲师，为考生进行专业的学业规划和高考志愿填报指导。新东方在公众号、官网、App等渠道上火力全开，通过海报、推文、专属页面宣传本次直播，实现私域精准引流。在直播间，还设置了"扫码咨询"和"福利领取"，设置"高考大礼包"吸引用户扫码。在"福利领取"页面中嵌入新东方的产品介绍页，引导用户点击了解服务。

知识拓展

直播可以划分为两类：基于公域流量的直播模式和基于私域流量的直播模式。所谓公域流量（商域流量）直播，就是依托第三方平台的直播。企业、品牌自己没有建立相关的用户链接，没有自己的私域流量池，需要借助第三方的流量资源完成直播。譬如董明珠的两次直播都借助了第三方抖音、快手平台的帮助。目前大多数的网红直播、明星直播都属于这一类的直播方式。还有一种公域流量直播形式，一些网红，借助第三方平台，经过不断的直播努力，逐步形成了自己基于平台的私域流量池，在公域流量的基础上，逐步转化为自己的私域流量。所谓私域流量直播，就是企业、品牌已经建立相关的用户链接，或者用App、小程序，或者用微信群的方式建立了用户链接，形成了基于链接的私域流量池。在这样的基础上，企业的直播就可以形成基于自己的私域流量池的直播形式。譬如像步步高，这几年借助小程序、微信群建立起来了顾客链接，通过数字化链接形成2000万数字化会员，从而形成了自己的以私域流量为主导的直播模式。

第二节　直播时的执行技巧

经过预热和引流带来了一些流量，接下来就要靠主播自己的本事来留下观众，并引导观众买单。作为新人主播，一定要不停地说，不停地模仿，不停地创新。

一、商品成单技巧

一场直播活动，最吸引人的莫过于直播间的优惠活动了。优惠力度越大，吸引的观众越多，直播间的人气就越高，成单率就越高。所以一场直播要设计哪些活动，可以在直播前撰写在直播策划方案当中，这样一来，直播的时候就不会手忙脚乱而导致忘了去设置一些福利活动，要牢牢利用好观众的心理，没有人会不喜欢便宜的东西。

1. 秒杀

对于9.9、19.9这样的秒杀活动，相信人们都已经是司空见惯的了，特别是新人主播在直播当中秒杀活动设置相对频繁，这样有利于促进前期的直播间转化成交的数据。这种秒杀的方式，可以营造商品的稀缺性和紧迫感，极大带动成交转化。秒杀时间段一般要选择顾客空闲的时间段，选品一般选择高价值或秒杀力度较大的单品，这样才能吸引更多人观看直播，提升人气，促成转化。因此秒杀的价格一定要有吸引力，而不是随便什么商品都可以设置成秒杀的商品的，同时也要遵守平台的规则。

2. 抽奖

直播抽奖是活跃直播间氛围、加强粉丝互动的一个绝佳方式。首先抽奖的产品必须要吸引人，才能让更多人参与到活动中来；其次要掌握好抽奖的节奏，在免费送的过程中要把握好抽奖的节奏，要找到一个合适的时机；最后就是要变换商品，在赠送活动结束以后，要立马切换到卖货的过程中。这种切换比较难把握，非常考验主播的控场能力，因为一场抽奖活动结束，场观很容易减少，这个时候不仅要看主播的心态还要看主播的留人手段，大部分人都是为了抽奖而来的，如果自己没有抽中，有很大的概率是直接离开直播间的。所以抽奖之后衔接的商品是至关重要的，关系到能不能留下观众，当然这些都是需要前期好好策划的。图6-9所示的就是直播间抽奖的页面。

直播抽奖的形式有：①让用户刷屏，主播通过截屏的方式随机选取用户赠送奖品；②口播抽奖或者做出实质抽奖行为；③用答题的方式，让用户在评论区回答，然后截屏或者最先回答对等方式送出奖品；④通过时间点来设置抽奖，开场抽奖，抽奖的规则是直播间人数或者点赞数达

图6-9　直播间抽奖页面

到某数值，即可开始抽奖。这样做的目的就是让直播间已有的观众帮助我们进行转发，从而快速增加直播间的人气。开场抽奖的奖品福利一定要有足够的诱惑力，这样才能吸引用户留在直播间并帮你增加人气；⑤整点抽奖，将抽奖的环节贯穿到整个直播过程中，目的就是让观众持续关注直播间，保证直播间的人气。整点抽奖的奖品可以比开场抽奖的奖品稍微平价一些，品牌可以是当下比较流行的小众品牌。每一次的奖品必须都不一样，这样才能吸引更多的用户持续关注直播，避免观众在抽到奖品之后就离开了。如果每一次奖品都不一样，那给到用户的诱惑也不一样。

3. 限时购

限时购就是告诉观众现在的优惠是限时的，如果错过，商品会涨价，给予观众一种压迫感，并且在心理上就会觉得限时的东西比其他不限时的更好。告诉观众不多的限量名额又遭其他观众提前预订，所剩更少，会激发他的紧迫感，促使他马上下单。限时购其实就是打造商品或者优惠的稀缺性，利用饥饿营销心理去促使消费者完成购买。设置享受优惠的身份门槛，会让观众感觉到机会难得，力度较大，从而更想马上下单。如果人人都能抢到，观众就不会冲动消费，可能会理性地评估一下这个商品是否值得买或者价格是否是最低价。而用限时限量的方法能够让观众冲动消费，引导他们马上下单。

4. 拼团

拼团+直播的形式最常见的就是在拼多多这一平台上，拼团可以获得更大的优惠。直播有很强的互动性，可以和观众直接互动沟通。拼团又是拉新的利器，并且商品的裂变成本极低，将拼团与直播相结合，为店铺引流拉新。

二、直播间控场技巧

直播间控场能力也是主播需要掌握的一个能力。首先一场直播的开场是至关重要的，可以奠定整场直播的基调，因此需要控场，掌握直播的主动性。在这里分享几种常用的开播话术，大家可以在此基础上进行创新，并不断练习，最终找到最适合自己的开播话术。

- 欢迎大家来到我的直播间，我是一名新手主播，请支持我20分钟，停留20分钟送300个亲密值！
- 欢迎新进来的宝宝，我每天8点到10点都会在这个直播间里跟大家分享有关直播带货的干货。
- 关注我，加入我的粉丝团，立刻活跃你的账号，增加你账号的权重，让你发布作品的时候，更加容易上热门。
- 刚进来的小伙伴，可以等一下后面的朋友，没有点关注的，给主播点点关注。
- 给主播点点关注，在我头像的旁边有一个加入粉丝团的图标，你看见了吗？点击一下，加入我的粉丝团。
- 大家好，我是一名新主播，今天是我直播的第X天，谢谢大家支持。
- 大家好，我是一名新主播，还有很多不懂的地方，如果有什么地方做得不够的希望你们多多见谅，如果有喜欢听的歌可以打在公屏上，会唱的话我就给你唱，不会的我就去学，感谢大家的支持。
- 欢迎XX来到宝宝的直播间，喜欢主播的点个关注哦！
- 欢迎XX进入直播间，这位老铁/姐妹的名字有意思/很好听，是有什么故事吗？
- 欢迎XX进来捧场，看名字应该是老乡/喜欢旅游/玩XX游戏的，是吗？

1. 直播开场白

除了这些话术之外，直播开场白也可以用以下这些小技巧。

（1）提问式开场

开场时可以先打个招呼，然后通过提问的方式和观众进行互动聊天，拉近主播与观众的距离，产生亲切感，提升互动，但是切忌不要抓着一个粉丝进行互动聊天，要善于去发现适合聊天的粉丝，比如一些老粉丝或者在公屏上活跃的粉丝，通过他们去带动直播间。

（2）讲经历、故事式暖场

如果不知道说什么，不妨从自己的经历开始说，不用介绍深刻惨痛的经历，身边发生的小事都可以作为开场话题，但有观众与你之前的经历一定是相似的。迫不得已的时候可以适当"卖惨"，引发同情，但是要慎用，别人来你直播间不是听你卖惨的，可以通过别的方式来讲述你的故事。

（3）任务式开场

给粉丝发布一个好玩的小任务，让粉丝参与到直播聊天中来，目的就是让所有观众都互动起来，比如在公屏上发言，给优惠券或者小礼品等。

（4）福利式开场

福利式开场是非常有效的开场活跃气氛的方法，比如开场就可以来一波抽奖，并且诱导他们去转发、分享直播。

除此之外还要注意，主播一定要积极地回答问题，很多粉丝会通过公屏提问，如果主播不去理会，则会流失观众。因此商品问题要及时回答，如果来不及，截图保存稍后回答。回答问题要有耐心，不要看不起粉丝，鄙视提问者。当然对于一些骚扰和流氓问题，可以选择性过滤。尤其是在遇到黑粉的时候，主播千万不要跟黑粉互骂，黑粉就像一个群体，越反抗越盯住你不放，反而会迅速聚拢扩大，最后成了一波军队。只要你装作没看见，稳住内心的波动，黑粉在无限挑衅后发现无法激怒你自然觉得没趣会消散了。

2. 直播过程中的话术

在直播过程当中还要掌握以下几种话术。

（1）转发话术

转发话术即引导观众去分享直播，这当中就需要利用一些活动去辅助，比如设置一个抽奖环节，那么抽奖的条件就是转发直播，这时主播就需要不停地去提醒观众都参与到这个活动当中来，例如，"我们的中奖概率是很高的，抽奖的条件却是很低的，只要动动小手转发一下我们的直播就可以啦"。

（2）福利话术

多为直播间粉丝准备福利、抽奖、秒杀等活动，让粉丝在直播间中能够有利可图。直播的开头可以预告粉丝，几点钟将有抽奖活动；在直播过程中也要贯穿着各种福利，例如，一元秒杀、限量1折促销等，让粉丝在直播间里走不动道。话术参考：直播间的宝宝们，20点我们将来波抽奖，还没关注的宝宝们记得加个关注，加入粉丝团还可以找客服小姐姐领优惠券哦！

（3）引导话术

首先需要熟记一些常规引导台词。比如"关注主播不迷路""刚进来的小伙伴没有关注主播的可以点亮关注"等，主播要将这些引导台词随时挂在嘴边。因为在直播的时候随时都会有人进入直播间，主播不能放弃任何一个让粉丝关注账号的机会。另外，很关键的一点就是关注、点赞、加粉丝团。大概5~10分钟可以提醒大家一次。参考话术有：10分钟后我们有限量秒杀活动，但仅限关注主播和加粉丝团的宝宝参与，还没有点关注的快快加入啦！

有些主播的直播间，隔段时间就会跳出来一个窗口，要求关注主播，如果将其关闭，过不了多长时间还会跳出来，直到你关注为止。还有一些主播的直播间会在屏幕上加以引导，比如每天多少人关注主播发红包、抽奖等。"小伙伴们动动手指为我们点赞哦，点赞到10万为止，主播手上这套价值不菲的护肤套装抽奖免费送给你们哦！"主播可以口头加以提示，还没关注主播的观众，请尽快点下关注主播，这个优势在于给人一种被重视的感觉，很容易让粉丝停留下来。

（4）互动留人话术

普通直播间的主播想要留人促进转化，就要靠一些人格魅力了。与粉丝积极互动，时刻保持直播间热度也是一个关键。互动包括很多方面，比如直播间内关注、评论、点击购物车、送礼物、加入粉丝团、点赞，都是重要的考核指标。下面分享几种简单易上手的互动技巧：

①提问式，比如，这款眼影有宝宝用过吗？怎么样？

如果提问的商品不是自家的，谨记不要去拉踩别家的商品，不仅容易招黑，还容易被同行举报，主播自己不做任何评价。

②选择式，比如，喜欢红色款的宝宝扣1，喜欢黑色款宝宝扣2。

这样一来还可以了解自己直播间粉丝的喜好，可以做一些记录，之后在选品的时候可以选择他们更喜欢的商品。

③刷屏式，比如，想参加抽奖的宝宝评论真好看。

刷公屏可以营造直播间热闹的气氛，如果一个新观众刚进入直播间，看到安静的公屏，大概率是不会留下来的，因为人都有从众的心理，没有人的直播间他为何要留下。

课程思政

直播中严禁出现以下用语，否则容易被封播封号：

（1）严禁使用不文明用语。

（2）严禁使用疑似欺骗用户的词语。

（3）严禁使用刺激消费词语。

（4）严禁使用淫秽、色情、赌博、迷信、恐怖、暴力、丑恶用语。

（5）严禁使用民族、种族、性别歧视用语。

（6）严禁使用化妆品虚假宣传用语。
（7）严禁使用医疗用语（普通商品，不含特殊用途化妆品、保健食品、医疗器械）。

知识拓展

对于新人来说，冷场是很正常的，毕竟刚开始做直播的时候粉丝相对来说是比较少的，场观也不会很好看，而且也缺少直播的一些经营，所以避免冷场是新人最应该注意的。冷场时可以跟粉丝聊一些话题，给比较熟悉的用户一些问候之类的，或者问一下他们喜欢听什么歌曲，给他们唱唱歌，聊一些家常，而且还可以找一些自己的亲朋好友来直播间，让他们凑凑热闹，刷一点小礼物，分享一下直播间，带一带直播间的节奏，若直播间没什么人气则效果不太好，并且还留不住人。要多说一些贴近生活方面的话题，以及最近比较热门的话题，毕竟热门的话题大家相对都会有关注的，每个人说一句自己的观点，怎么也不可能冷场的。比如说穿衣服的窍门，穿什么合适；可以跟粉丝做一些小游戏之类的；问候大家都是做什么工作的；聊聊，最近新上映的电影，观后感怎么样；甚至可以夸张一点问"有人在吗？我这边是不是卡顿了，都看不到你们说话了"。

第三节　直播活动的客户留存和裂变

在直播当中最为重要的就是客户，有客户就意味着你有销售额，没客户就没销售额。在前几节当中提及了很多内容，包括前期怎么去吸引粉丝、直播的时候怎么用话术去留住顾客，所以在这一节内容当中我们将会具体讲述一下直播活动中的客户留存与裂变。

一、客户留存

其实能够把客户留下来可以通过两个方面来说明：第一就是从产品的角度来说，产品无论是线上还是线下都是摆在第一位的，产品过硬才是王道，产品若差则永远不会吸引到更多人；第二就是从直播团队来说，团队的运营也是能够把客户留存下来的，包括团队的策划以及主播的话术。

1. 商品

无论是线上还是线下，最为重要的都是商品的选择以及质量问题。因为只有商品有创新或者深受大家喜欢，才能有源源不断的客户；同时还有商品的质量，质量必须过关，拥有好评和口碑才能实现回头客甚至是实现老带新的方式。结合客户的喜好，选出粉丝喜欢的商品，所以在每次直播之后我们需要复盘。通过复盘了解直播间的客户的性别、年龄、地区的分布，然后根据各个商品的销售额得知绝大部分的客户的喜好类型，在之后的选品中可以有针对性地进行选择，所以商品永远都是摆在第一位的。

2. 给鼓励

这一部分是由直播团队策划的内容，通过一些小技巧或者一些福利留下客户。给鼓励分为三类。第一类是夸奖粉丝，当我们去线下门店的时候，销售员为了让客户购买就会去夸奖客户，比如一对母女去商场买衣服，这时销售员就会两个连着夸，夸女儿长得好看、身材好，妈妈也好看把女儿生得这么好看，在换上新衣服的时候就会夸这衣服怎么适合、怎么显出客人气质衬肤色，这就是线下夸奖"粉丝"的方式。有人会问："在直播间主播又看不到粉丝，该怎么操作呢？"，其实这时需要考验主播的细心程度，主播不会只做直播这么一件事，主播还要了解自己的粉丝，比如直播间的观众都是上了年纪的女性，那么就要针对她们推荐直播间里面的相关商品。还有些人可能会问："我都不知道他们长什么样，万一夸反了怎么办？"，在短视频平台上面可以进入粉丝的主页，从中能够知道粉丝的相关信息，如若不是短视频平台的话，在把粉丝引流到社群的时候，可以通过日常的沟通在认识的基础上给予鼓励。

第二类是鼓励粉丝，与粉丝的沟通其实还有一种方式就是在直播间进行连麦，这也是鼓励粉丝的一种方式，有些粉丝在一定程度上是十分害羞的，不敢在社交平台上发言，因此在和粉丝连麦时，主播不要总试图捍卫主动权，甚至担心主播风头会被对方抢走。主播应认真地倾听粉丝的回答，并从中找到推动直播的细节因素，等待粉丝回答完毕后开展互动。在此过程中，主播在直播间切忌轻易打断粉丝的话语，以免显得缺乏尊重，或削弱互动氛围。主播要鼓励他们发言、说自己想说的内容，同时还要鼓励他们购买，你要结合夸奖去鼓励他们，告诉他们如何买。比如一些女生可能对于穿裙子这件事情一直都没有什么自信，但是作为主播一定要去鼓励她们，告诉她们穿起来也可以很美丽。

第三类是认同粉丝，认同粉丝和上面两类也是分不开的，所以有一句老话说得好就是"顾客就是上帝"，所以我们不论怎样，都要认同粉丝，不能和粉丝抬杠，要永远和善地对待你的粉丝。

3. 下危机

下危机其实也是利用了人们的一个心理，比如这次商品直播间只有这么一次，错过这一次了，之后就不会再有了。同时这次的优惠价格以后也不会再有了，机不可失，时不再来，并且在数量上是有限的，不会再加量了，犹豫徘徊就很有可能卖光了，所以要巧用人们的心理，在潜意识里告诉观众错过这一次活动，以后都不会享有该优惠了，并且控制数量，物以稀为贵，这次不买就吃亏了。通过这种危机感来告诉观众赶紧下单，同时也能告诉观众在我们直播间经常会有活动，而且活动的商品是不同的，要经常光顾我们的直播间，每次都有惊喜，以此来实现客户留存。

4. 挖需求

挖需求，顾名思义就是发掘出用户的需求，可以从两个方面来说，第一个是使用场景来让用户觉得他需要这个商品。通常来说，感同身受是最能接近用户的方法，给用户营造场景，带他入戏。所以"多场景"可以刺激用户的购买欲，让用户想象到一天下来，他可以一次又一次地使用商品，不断获得幸福和快感，成为他生活中经常用的、离不开的好物件。第二个是可以帮用户解决相关问题、带来方便，就是购买了这个商品之后，能通过这个商品干什么，商品的功能越多就会让用户觉得这个商品性价比很高，他买了之后是不亏的，花很少的钱能够买到很实惠并且功能齐全的商品。一般来说生活用品是每家每户都是必须要买的商品，但是对于这类商品就需要用这种方式去告诉粉丝，自己家里原来的那个商品其实很浪费，没有直播间的商品功能性多并且更加省力，所以就可以利用这个商品能够帮助用户解决什么问题来引导用户去买，并且觉得这个主播的直播间是个不错的选择，非常人性化，能够为用户考虑。

5. 限时限购

限时限购的潜台词就是数量有限、时间有限、价格有限，在某种程度上和"下危机"没有什么太大的区别，在这里就不进行赘述了。

6. 连单销售

连单销售就是做好所有的服务，要做回头客而不是只做一个用户，从前期的服务，耐心回答用户的问题以及尽量满足他们的要求，再到中期能够很好地解决好他们的需求，认真耐心做好每一个用户，树立一个良好的口碑，最后就可以做到以老带新，让老用户宣传在直播间购买的商品，从而让新用户觉得这些都是值得购买的，就像滚雪球一样，把粉丝越滚越多。

二、用户裂变

首先我们要了解我们的用户，只有了解了才能抓住用户的需求，才能让用户对我们的活动感兴趣，推广我们的活动，购买我们的商品。

1. 分销模式

当年的微商遍布所有人的朋友圈，凭借的就是分销模式，采用像"传销"一样的模式来让朋友介绍他的朋友们，但是商品的混乱和市场的调控让微商的疯狂模式逐渐退出，但是它独特的分销模式却被不断地改良并加以应用。因此在一场活动中，使用分销模式来实现裂变比你想象的更加迅猛，推广一场活动，员工发起活动给用户A，用户A分享给自己的用户B，只要用户B点击浏览了这场活动，员工A就能获得现金奖励，不断推广从而不断获得奖励，用户B也能分享自己的推广海报给用户C，用户C产生有效浏览，用户B也可以获得现金奖励。无限裂变，只要你转发推广，你就有奖励，这样的模式才能彻底地打破线下推广的各层壁垒，杜绝员工推广给用户B推广后就面临中途断裂的尴尬局面。把用户变成推广人员，无限裂变，无限推广。如果只有一个分销裂变当然不够，助力、秒杀、拼团这几种模式不仅能够锁定精准客户，还能加剧裂变，最大限度吸引用户进行拉新裂变，这三种方式在上面的章节中已有详细说明。

2. 社群裂变

除此之外还有通过社群的方式来实现裂变。假如我们邀请的人分享的转化率是50%，那么10个人中就有5个人来进行分享；5个人分享后，基本能覆盖到300人（朋友圈的有效时长也就2~3小时，每个人可以覆盖到的人数为50~60人）；这300人里有10人添加微信，那这样的裂变就是不会断的。在直播开始前，直播团队成员在群内多次推送直播的相关消息，提醒用户准时观看直播。通过发放红包吸引用户看群，再引导用户回复相应内容，营造出直播火爆的氛围，从而提高用户的期待值与参与度。不管直播前的气氛炒得有多火热，社群内还是会存在"沉睡用户"的，为了激活沉睡用户，吸引他们进入直播间，直播团队成员通过图片、视频等形式在群内同步直播内容，对用户的吸引力更强，有效调动成员的热情，并主动观看直播。在直播过程中，运营和副播可以引导大家进行互动和分享，主播每隔固定时间就可以发红包，以此做诱饵，引发互动分享。直播间不仅产品有优惠价格，还有各种福利彩蛋轮番上场，直播间抽奖幸运送不停。

3. 老带新裂变

老带新裂变的方式其实和社群裂变的底层逻辑是一样的：选好诱饵，设计好流程，制定好转化话术和页面。在裂变之前，需要选择诱饵。比如用户最喜欢的是什么商品，并进行选择，然后通过用户分享几个人可以得到这个商品的形式，就可以实现老带新，不仅推广了直播活动，还获得了新的用户。

典型案例

"口红一哥"李佳琦5分钟卖15000支口红的战绩，在数据后台分析，有一个非常有意思的现象。前面3分钟成交寥寥无几，95%以上的成交是集中在最后的2分钟的。那么前面的3分钟李佳琦都在干什么呢？前3分钟都是在不停地渗透情怀，不停地聊一些能够获取粉丝信任产生共鸣的话题。销售人员之间流传着这样一句话，"销售任何商品都先要销售自己，客户不认可你，就不会认可你的商品，相反如果客户认可你的人，那你今天卖口红可以卖得很不错，改天你卖短袖也能卖得很不错"。二八定律告诉我们，需要花费80%的时间去做准备，用20%的时间去达成结果。这样你会觉得结果的达成并没有那么困难，因为你用80%的时间去建立了良好的信任，为结果奠定了基础。李佳琦一个男生，为什么能够把口红卖得那么好？在大众的观念里，男生是不用口红的，既然没有性别优势，那他是靠什么战胜那么多美妆博主的呢？原因还是在于服务好，让粉丝认可你的专业能力，加上贴心的服务，不管你是男的还是女的，粉丝都会信赖你。

知识拓展

如何打造优质社群

1. 设立社群门槛，粉丝更忠诚

很多社群的管理者，都想着做裂变拉新，希望社群里的流量越大越好。一般而言主播的粉丝群运营会比较克制，会给粉丝群设置门槛，只有达到要求的粉丝才能进群。给微信群设置门槛，粉丝会觉得自己得投入很多精力和成本才能进群，入群后参与活动会更积极。对于运营者来说，也可以保证群成员更加精准、忠诚度更高。管理员也可以把不同等级的粉丝导到不同的粉丝群里，方便后续更加精细地运营。

2. 进群仪式，打造认同感

粉丝进群之后，需要让用户知道自己为什么要待在这个群里。新用户入群后，机器人会自动回复入群须知，告诉用户这个粉丝群能干什么。除此之外，群管理员还会要求大家在自己的群昵称里备注自己的属性。用户有了相似的需求，认同感会更强，就容易有共同话题，之后无论是官方来做话题策划，还是用户自发的话题讨论，都会简单很多。

3. 签到积分，提高活跃度

群里还有个签到功能。每天到了签到的时候，粉丝群里就可以一下子活跃了起来。每天上午的固定时间，机器人都会在群里提醒群成员打卡。粉丝打卡获得相应积分之后，就可以去商城里兑换奖品。整个相当于一个小小的积分体系。通过这样的激励引导，让很多本来不太活跃的用户，每天有动力来群里看看发言内容。

4. 忠实粉丝，引导内容

群里的活跃度起来之后，社群基本能做到"自主运行了"。但为了维持群里的内容不偏离社群定位，有时候还需要靠忠实粉丝来引导发言。

5. 及时解决需求，保证用户体验

其实想要把社群做好，最根本在于解决粉丝的需求问题。为了能又好又快地解决粉丝需求，可以给粉丝群里配置机器人。群里的用户可以通过"@机器人＋关键词"的方式，自己解决售后投诉、直播反馈等大部分的通用问题，非常方便。

第四节　直播后的复盘与优化

一场直播的结束，不管是成功还是失败，都不是真的结束，而是下一场直播的开始，对于直播团队来说工作还在继续中，需要对整个直播进行复盘，发现问题，解决问题，不断提升。

相关链接

国内有企业家认为："复盘很重要。想想做成一件事有哪些是偶然因素，别以为是自己的本事。尤其是失败后，要血淋淋地解剖自己，不留任何情面地总结自己的不足。这样，你的能力自然会不断提高。"

一、直播复盘的概念

最早的"复盘"一词，是围棋术语，也称"复局"，指对局完毕后，复演该盘棋的记录，以检查对局中招法的优劣与得失关键。直播复盘，就是在直播结束后对整场直播的流程、团队成员的表现、直播数据等进行分析，回顾、反思和探究，找出原因，找到规律，从而指导我们解决问题，帮助我们提升直播能力。本节主要从直播数据出发进行复盘，找出数据背后反映的真正问题，提出解决方法。

二、直播复盘的意义

1. 理顺直播间工作流程

通过每次的复盘，以直播数据分析为基础，保持优势，找到失误环节，进行改正，不停地摸索最适合主播、商品、粉丝和直播间的技巧和方式，理顺直播间各个步骤，形成成熟的、有特色的直播间工作流程。

2. 提高直播间各项能力

在分析直播数据的基础上，找到不达标数据所反映的问题，分析其形成的根本原因，从人、货、场三个方面提出具体的解决办法，提高直播间各项能力，包括主播和直播团队的综合业务能力、商品的选品能力、供应链整合能力、直播间运营能力等。

3. 避免直播间各种失误

在直播复盘时，团队经过讨论和自我反省会发现直播中各个方面不妥的地方，对这些不妥做好复盘记录，在下次直播时进行改正和优化。直播时会遇到各种突发事件，复盘时对突发事件处理的情况进行总结，讨论化解的方案，在以后遇到类似突发问题时，整个直播间都能快速地应变，把失误降到最低。

三、直播数据复盘及直播优化

直播复盘的环节需要整个团队的共同参与，根据数据分析哪一块内容可以有所改良、哪一块内容可以继续保持并优化，但是部分内容是需要每个成员重点去研究的。

（一）主副播复盘的重点

1. 观看人气

观看人气是直播平台考察直播间的一个重要数据，分为总观看人气、综合人气、回放观看人气。各个直播平台的观看人气的算法、控制条件都不尽相同，只能靠多次复盘，各种数据的分析，猜测观看人气的增长方法。主副播需要分析在哪个时间段观看的人数是最多的，且需要回忆在这个时间段为什么人数最多，保留好的内容。对人数不多的时间段要思考为什么没有人气。

2. 观看人次

观看人次是正常直播的累计观看人次，观看人次是个基数，只有这个数据上来了，才会有后面的新增关注、互动人数、商品的转化率等。

首先，观看人次和直播账号的粉丝有关，因此在直播时一定要引导观众关注主播；其次，商品要有自己的特点，直播间的商品要有一定的吸引力和诱惑力；再次，利用多种渠道分享直播预告，比如朋友圈、微信群、微博、电商店铺等；最后，和粉丝积极互动，增加用户的活跃度，直播间的黏性，利用现有粉丝分享直播间。

3. 同时最高在线人数

同时最高在线人数非常满意时，复盘时就要从直播预告宣称、商品促销、直播互动活动、主播表现等方面分析，找到这次直播引起同时最高在线人数众多的各种亮点，并进行总结，在以后的直播中进行强化。

（二）场控复盘的重点

1. 新增关注

新增关注，是在这场直播中，新关注直播间的人数，这是在增加直播间的忠实粉丝，关注直播间可以方便他们找回直播间，也可以收到直播间直播预告，并增加直播间人气。新增关注数量不理想的话，在复盘的时候，就要分析是不是商品对于消费者没有吸引力、直播间的整体氛围不好、主播的直播话术有没有反复强调新增关注、有没有对关注直播间的粉丝进行有针对性的互动活动等。

2. 互动人数

互动人数反映的是这场直播粉丝的活跃程度，直播间活跃度高，粉丝互动积极，人气才高。在腾讯直播间，互动人数/观看人次大于3%算基本合格。复盘时如果互动人数/观看人次低于3%，那就要对直播时的互动活动进行优化。主播通过抛出讨论话题、引导粉丝在公屏上输入某特定文字、发放优惠券、进行抽奖、连麦粉丝、连麦PK等手段，活跃直播间氛围，增加互动人数。

（三）运营复盘的重点

1. 人均观看时长

人均观看时长是反映问题的指标数据，在腾讯直播间人均观看时长大于3分钟就算基本合格。在复盘时，如果数据指标不合格，就要优化内容，从用户痛点或需求出发，深度挖掘时事话题，开放自带内容属性的特色品类；打破传统，开放多种直播形式，让直播间活起来；整点开售、整点发红包、点赞到达一定数量开售等各种办法吸引用户停留。

2. 直播间转化率

直播间转化率=（产生购买行为的客户人数/直播间的观看人次）×100%。直播间转化率大于万分之三就算基本合格，比如在腾讯视频号中这个指标在进行复盘时要结合酷摇小店后台的订单数据进行分析。直播间转化率不高的话要对以下几点进行优化：从人货匹配上去自查，主播的气场、人设要和商品相匹配，这种商品要符合直播间粉丝的需要；主播巧妙地讲解商品的特性，实景演示使用效果，充分地为粉丝种草；通过促销、限量销售、限时秒杀等营销活动，促进购买，提高转化率。

3. 客单价

客单价=商品平均单价×每一客户平均购买商品个数，也就是一名客户在直播时购买所有商品的费用，客单价越高，产生购买行为的客户人数越多，销售总额越高，所以这是提高直播间销售额的一个重要因素。在复盘时客单价不理想的话，要进行以下优化：

（1）搭配关联。主播在直播间展示商品时，要对商品进行关联销售，比如：羽绒服展示要内搭毛衣，下搭裤子；护肤品展示，水乳精华成套使用效果更好；化妆品展示，要全套彩妆搭配等。

（2）满额或满件使用优惠券、立减、送赠、加购。有两种活动，一种基于金额的"满"，一种基于件数的"满"。"满"的金额设置，要切合商品平均价格实际，不可过高，也不可过低。满件优惠设置既要有吸引力，又要算好成本。

（3）N件优惠（减送打折）。例如口红，女生肯定不止喜欢一种颜色的口红，则可以采用第2件半价，第三件0元的策略，这样会比较迅速累积销量。

典型案例

在一个销售假睫毛的直播间，主播一边在给买家演示假睫毛的嫁接流程，一边介绍这款商品的特点：柔软，不扎眼，容易操作，轻松粘贴到合适位置。这时假睫毛总是不能稳固地粘贴在真睫毛上，主播凭借自己的经验立刻向直播间的买家解释：因为粘贴工具——镊子上有了胶水，黏住了假睫毛，咱们把镊子擦干净就好了。这就轻松化解了买家对这款假睫毛操作简易型的怀疑。

在直播过程中，有买家在直播间发言说假睫毛太硬，主播以自己对商品的了解，立刻反问"你是从我家买的假睫毛吗"，得到买家"从别人家购买的假睫毛太硬"的回答，不仅化解了问题，还强调了自己商品的质量。

此次直播结束后，直播团队进行了复盘，针对遇到的问题，提出主播在使用镊子前要提前擦干净，并在直播过程中增加抚触假睫毛的动作，以显示本直播间假睫毛的柔软。

> **知识拓展**

GRAI 复盘法

复盘细节分为四个步骤进行推演：G（goal，目标定位）、R（result，结果检验）、A（analysis，原因分析）、I（insight，规律总结）。

1. 目标定位

复盘的时候，要问清楚，当初自己做这样一件事的目标是什么，对于比较复杂的事，还可以分解为几个小目标。

2. 结果检验

把目标弄清晰之后，接着我们就进行结果检验。结果检验是以目标为基础的，我们要做的就是比较自己目前所做的与目标有何差距，列出做得好的地方与不足之处。

3. 原因分析

进行原因分析的时候，需要分主客观因素，分析事情成功和失败的根本原因。

4. 规律总结

规律总结，就是总结我们上面分析原因得出的结论，有什么规律，需要实施哪些新举措，继续哪些措施，需停止哪一些。

第五节　直播活动的应急预案

对于一场大型活动直播，有很多不确定性因素，如网络问题、直播设备稳定性问题等。尽管在直播前进行了演练，但在直播过程中，还是会出现莫名其妙的问题。每一场直播都不能确保顺利进行，总会碰到一些你不可预测的事情，所以为了能够让直播更好地进行下去，需要提前对直播活动进行应急预案的策划。

一、主播的突发事件

主播是一场直播的核心人物，首先就要考虑主播的一些突发的情况。比如有一场直播，离直播开始还不到半个小时，但主播还没有来，此时就要做好一个备选方案，也就是需要有另一个主播来替代本场主播。首要考虑的就是直播团队当中的副播，因为副播对这个直播间也会相对熟悉，知道这些观众粉丝的特性，同时平常也在这个直播间，一些套路也都是非常清楚的，所以相对于另外直播间的主播来说，副播更加适合。还有就是如果主播因为身体原因在直播当中中途离开的话，需要另一个主播进行顶替，同时还要和直播间的观众进行解释，不然如果一个直播间突然换了一个他们已经熟悉并且适应的主播，首先他们在心理上多少会有些抗拒，所以要先好好安抚直播间的粉丝，同时对于场观的下降要及时调整好心态，以一个平静的心态去积极面对。可以在适当的时候发放一些福利，让直播间的观众选择去相信主播。

二、因不可抗拒因素突然断播，心态如何调整

断播对于一场直播来说是非常致命的一个问题，首先要赶紧换个设备进行重新直播，同时主播的心态也要及时进行调整，在这个时候场观人数肯定会下降，同时直播的节奏也会被打乱，再加上公屏上肯定有观众会一直问为什么刚刚卡掉了，所以断播对于主播来说是一项严峻的考验，最为重要的就是心态的调整。断播后，对于主播整个人的状态会产生明显的变化，所以一定要让自己保持一个兴奋的状态，并且不要受断播的影响，相信自己重新直播之后一定可以达到之前场观的人数，所以不要气馁。其次就是面对公屏上的询问，象征性回答几句就可以了，千万别被粉丝带着走，然后尽快回到自己的直播节奏中来，同时需要团队的协作，使直播间重新热闹起来。所以作为主播首先一定要自信，然后要学会暗示自己，学会自我满足，能卖出去货的主播才是一个好主播。最后断播时难免会遇上黑粉，对于黑粉我们要进行冷处理，你不去理黑粉他就嚣张不起来，要时刻保持一个积极向上的状态。

三、商品如果不能按时到场，如何应对

直播比较急的时候难免会遇上临开播但是商品还没能及时到达直播现场的情况，面对这种情况，首先要赶紧联系商品部的工作人员，询问本场直播中的商品能不能到场，如果能够到场的话，就调整商品的顺序，把缺少的这一款商品往后推移。如果在这场直播当中这款商品不能到达的话，则考虑附近能不能够买到一样的商品，如果能够买到，就马上安排人去购买，同时及时调整商品的顺序。如果既送不到也买不过来的话，就要考虑这款商品能不能上这场直播，需要考虑的因素有两个：一个是主播的带货能力，如果本场的主播能够支撑起在没有商品的情况下都能够卖出去的话，则不需要将商品下架；第二个因素就是商品本身，商品是否一定要展示。因为要防止有人举报直播间进行虚假销售，所以要考虑这两个因素，只要不满足其中一个条件，就要把商品及时下架，如果两个条件都满足就可以继续按照策划的脚本进行售卖。同时下播之后，一定要进行复盘，分析这次商品问题到底是哪一个环节出现了问题，以后不允许再出现这种情况。

随着直播形式和内容的发展，很有可能出现更多主播和运营都无法提前预料和准备的突发状况。对主播和运营而言，每场直播机会只有一次，无法剪辑或推倒重来，最重要的还是从一次次现场中磨炼临场反应和危机处理能力。毕竟，直播没有暂停键。

典型案例

2019年10月28日，有媒体晒出某明星在某网站直播卖货的动态，曾经的"芒果一姐"当起了主播，极力推销各种各样的商品，出乎意料的是，人气颇高的该明星带货水平却很一般。该明星直播时推销了一款四千多块的貂毛大衣，但销量并不乐观，直播前后店铺销量数额都始终维持在26件。也就是说，直播期间这个貂毛大衣一件也没卖出去，空有162万人在线观看。此外，该明星还推销了一款奶粉，价位相对于貂毛大衣来说非常便

宜，但直播期间也只卖出去了 77 罐。

同样直播翻车的还有高端奢侈品品牌。由于新冠疫情的原因，该品牌销售额大幅度降低。面对疫情给企业带来的危机，该品牌不得不转变营销战略，尝试直播带货。3月26日，该品牌在小红书上进行了新品的直播首秀。这次首秀并不理想，甚至给观众留下了低端的印象。虽然该品牌这次的直播请来了主播程晓玥和明星坐镇，但是该明星穿了一身该奢侈品的睡衣，并不能展现她的身材优势，而且在镜头里看过去有种乡土气息。再者，当天直播间灯光暗淡，背景粗糙、简陋，甚至用一根绳就直接代替了衣架。整体布置和该奢侈品低调奢华的定位完全不符。观看体验差，让观众不敢相信自己是在看奢侈品的直播，一下子没有了购买欲望。该品牌的这次直播只吸引了 1.5 万人观看，可谓惨淡收场。

知识拓展

新主播直播冷场，没人说话时应怎么做

（1）跟观众玩猜字谜，先口述字谜，让他们猜。如果他们及时跟你互动，那么你就达到效果了。如果还是没什么人跟你互动，那么你可以用开玩笑的方法吐槽大家小笨蛋之类的，然后自己再说出答案。注意字谜一定要新颖有趣，买猜字谜的书或者直接百度搜索都能满足你的要求。

（2）发红包，每次直播时不定时地给大家发发红包（记得要在上一次直播时预告、直播期间不时提醒大家几点发红包）、首次进直播间有红包、点关注有红包。虽然有人说这些粉丝都是冲着红包来的，但是新主播很需要提高人气，这个方法的确短期内可以提高粉丝量和互动量，互动量上来了自然有更多的人跟风而来。刚开始进行一些投资也是必要的。

（3）疑问结尾，指的是经常说话时，以一些疑问的话题、语气结束，让观众能继续跟你聊下去，不要自己把话题说死了别人不知道怎么搭话。

（4）像一个老师一样去备课，想好你每次直播中互动要做什么、话题要聊什么，然后顺便想好，如果有突发情况的话，你应该怎么办。就像电视节目一样，每期都会给你的观众新鲜感。这样他们就会一直来看你的节目了。曾经就有新的主播，她们一开始直播的时候会把那些段子抄在纸上，然后在直播的时候读出来。这种方法虽然有点生硬，但也不失为一种办法。平时多积累一些段子、新闻、笑话等都可以。

（5）在直播过程中可以添加各种丰富的表情和动作。比如说那些剪刀手、比爱心，包括那些吐舌头的可爱之类的表情。要知道人都是视觉动物，你要让你的那些观众受到视觉冲击。

本章小结

本章讲述了很多在平常直播时能够用到的一些实操性的内容，从直播前的准备到直播中的话术的设计再到直播后的复盘，都进行比较完整的介绍，新手主播可以根据本章节的内容对直播执行有一个初步的了解。希望各位读者能够结合本章节的内容在平常的直播当中运用到这些内容。直播不易，不是一场两场就能成功的，前期的起步会比较难，但是只要坚持下去，一定能成功。任何行业都需要下一番功夫，世上没有捷径可以走，要一直脚踏实地，现在直播这一行业正是火热的时候，所以一定要好好抓住时机，寻找一些突破口，学习一些技巧，少走一些弯路。

同步测试

（一）单项选择题

1. 当原先定好的主播不能准时到达了，你应该怎么做？（　　）
   A. 取消直播　　　　　　　　　　　B. 换一个新主播
   C. 由副播或有经验的主播顶上　　　D. 把原先定好的主播叫回来
2. 哪种标题更适合直播的标题？（　　）
   A. 正在直播中……　　　　　　　　B. 直播间送福利，速进……
   C. 工厂特卖，优惠最后一天　　　　D. 新人主播求关注
3. 直播时主播和观众粉丝出现了矛盾，在解决问题时主播一定要（　　）。
   A. 亲自参与解决　　　　　　　　　B. 邀请第三人介入解决
   C. 交给第三方解决　　　　　　　　D. 邀请粉丝参与解决
4. 在设计直播封面图时，需要注意的问题不包括（　　）。
   A. 展现固定信息　　　　　　　　　B. 干净、整洁
   C. 使用拼图　　　　　　　　　　　D. 展示直播间特色
5. 下列主播的直播话术中，不正确的有（　　）。
   A. 大家好，这里是××的直播间，欢迎大家的到来！
   B. 谢谢大家的礼物！有钱的捧个钱场，继续给主播送点礼物！
   C. 时间不早了，我要下播了，谢谢大家的陪伴，明天同一时间再见！
   D. 觉得我的直播不错的，记得点一下关注

（二）多项选择题

1. 直播前应做好哪些检查工作？（　　）
   A. 主播是否到位　　　　　　　　　B. 商品是否已经上架
   C. 公司成员是否已经到齐　　　　　D. 直播间是否已经布置好
2. 以下哪些是直播间可以设置的福利环节？（　　）
   A. 秒杀　　　　B. 抽奖　　　　C. 限时购　　　　D. 拍卖
3. 直播前怎么预热？（　　）
   A. 发短视频　　B. 图文展示　　C. 发朋友圈　　　D. 发社群
4. 客户留存的方式有哪些？（　　）
   A. 给鼓励　　　B. 限时限购　　C. 挖需求　　　　D. 连单销售
5. 运营复盘的重点有哪些？（　　）
   A. 同时在线观看人数　　　　　　　B. 直播间转化率
   C. 总观看量　　　　　　　　　　　D. 客单价

（三）简答题

1. 直播过程中遇到黑粉时，应该怎么做？
2. 直播前需要做什么能够给直播带来一定流量？

3. 直播后为什么需要复盘，怎样复盘更好？

项目实训：任选一个平台进行一场完整的直播

[实训目的]

能够深入了解本章节的内容，根据本章节的内容一步一步来进行直播。

[实训条件]

无

[实训内容及步骤]

1. 任选一个平台，注册账号

2. 设计好封面、标题、内容简介

3. 做好开播前的准备工作

4. 设计直播前的预告与引流

5. 开播时运用话术与执行

6. 做好直播活动中的客户留存与裂变

7. 直播后做好复盘工作

[实训提示]

要敢于尝试，直播不难，只要肯花心思，一定能做好。

第七章

直播电商店铺运营

学习目标

知识目标	技能目标	思政目标
※ 了解各直播平台变现依托的电商平台 ※ 掌握电商店铺装修的步骤和图片要求 ※ 掌握各阶段客服的基本素质要求	※ 能够开设和管理直播电商店铺 ※ 能够设计详情页 ※ 能够处理订单和正确发货 ※ 能够掌握各个阶段客服的基本技能	※ 具备数据分析能力，在众多数据中提取有效的信息 ※ 具备同理心，和买家换位思考，尊重所有买家 ※ 具备工匠精神，以人为本，爱岗敬业

思维导图

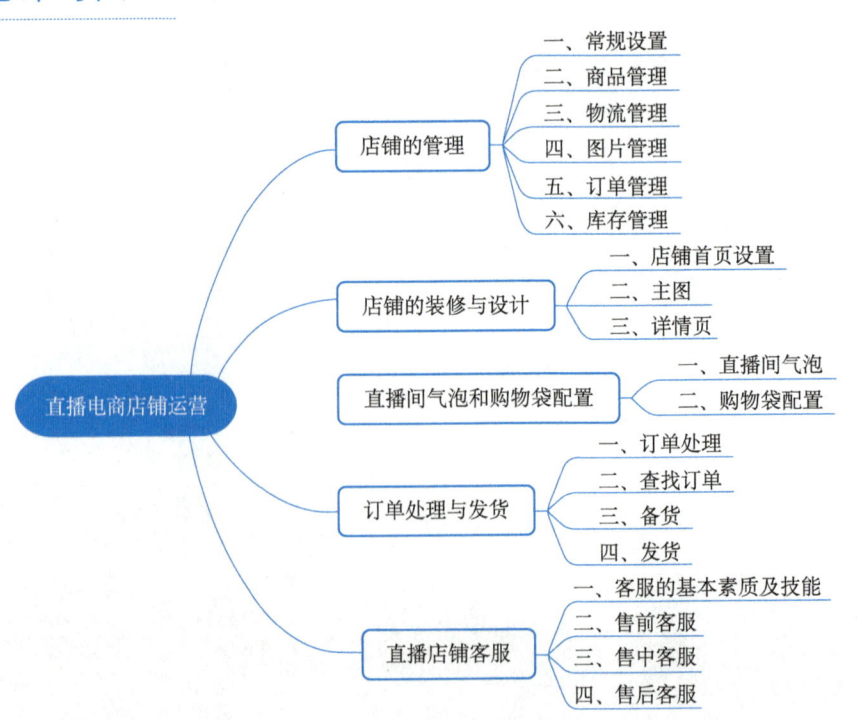

直播电商店铺运营
- 店铺的管理
  - 一、常规设置
  - 二、商品管理
  - 三、物流管理
  - 四、图片管理
  - 五、订单管理
  - 六、库存管理
- 店铺的装修与设计
  - 一、店铺首页设置
  - 二、主图
  - 三、详情页
- 直播间气泡和购物袋配置
  - 一、直播间气泡
  - 二、购物袋配置
- 订单处理与发货
  - 一、订单处理
  - 二、查找订单
  - 三、备货
  - 四、发货
- 直播店铺客服
  - 一、客服的基本素质及技能
  - 二、售前客服
  - 三、售中客服
  - 四、售后客服

案例引入　她读：小程序直播带货第一案例

2019年4月20日，微信社交电商服务平台正式接入"腾讯直播"工具开发接口，联合时尚类头部自媒体"她读"，在微信生态内打造了首个小程序直播电商案例。在2小时直播中，在线观看人数达11951次，订单数1228笔，转化率达18.32%。此次直播活动由App和小程序两端共同协作完成。公众号主发起直播从App端进行，可生成小程序卡片或小程序码内嵌在公众号推文中；用户可一键点击腾讯直播小程序进行预约、观看以及互动。此次"她读"的试水，堪称小程序直播第一案例，"腾讯直播"的推出，让公众号的内容承载形式趋向多元化，为内容变现拓宽了边界，自媒体开始尝试新的变现场景——小程序电商直播。

直播作为新媒体时代的主流行业，已经成为电商行业吸引流量、营销推广的一种重要手段。一种重要的直播盈利模式就是以电商模式为代表的粉丝经济模式，拥有一定粉丝基础的自媒体可以在视频中插入商品链接引导粉丝购买。近两年，淘宝、抖音、腾讯等各类平台都相继开始对直播进行布局，直播中流量变现的商品链接多来自淘宝店铺、抖音小店、酷摇小店等。这些电商店铺的开设、装修、商品上传、客服与订单处理都是直播带货整个流程的重要环节，直播电商店铺运营做好了，直播的流量才能高效变现，反过来又会作用于直播流量、直播效果。

第一节　店铺的管理

无论直播带货依托的是哪个平台的店铺，电商店铺在开设之初都要以店铺持有人现已拥有的邮箱或者手机号进行注册。在注册的过程中，C2C（Consumer to Consumer，消费者对消费者）类型的店铺要通过上传身份证等方法对电商店铺持有人的身份进行认证；B2C（Business to Consumer，企业对消费者）类型的店铺还要求上传企业营业执照等证件进行企业认证。

电商店铺开设后，日常维护和管理是一件非常重要、不得不做的工作，需要店主投入大量的时间和精力。电商店铺常规设置好店铺基本信息后，日常管理需要重视，不仅需要店主不断地上架新品增加店铺活跃度，还要根据浏览量调整商品的主图、价格和描述。产品卖出去了，要对订单进行管理，及时发货，处理退换货，随时处理各种纠纷等。

一、常规设置

常规设置是电商店铺最基本的一个设置，像实体店铺一样，电商店铺也需要有自己的店名、招牌、介绍等，常规设置要求在各个电商平台里略有不同。下面以酷摇小店为例，进行店铺常规设置。

（一）基本设置

基本设置里可以进行门店名称的设置与修改，选择门店名称第一个要求是积极向上，与自己目标销售类目有关，不要有晦涩难懂的文字，名称念起来要朗朗上口。在基本设置里还可以对门店进行简单描述：门店优势、商品优势、门店服务宗旨等。很多平台的电商店铺在基本设置里都要求输入店主的详细地址和电话，并设置门店头像，如图7-1所示。门店头像的图片尺寸以100像素×100像素为宜，图片大小小于2MB，在设计的时候，要兼顾销售商品类别和门店名称，有一定的辨别性和设计，让顾客容易看懂和识记。

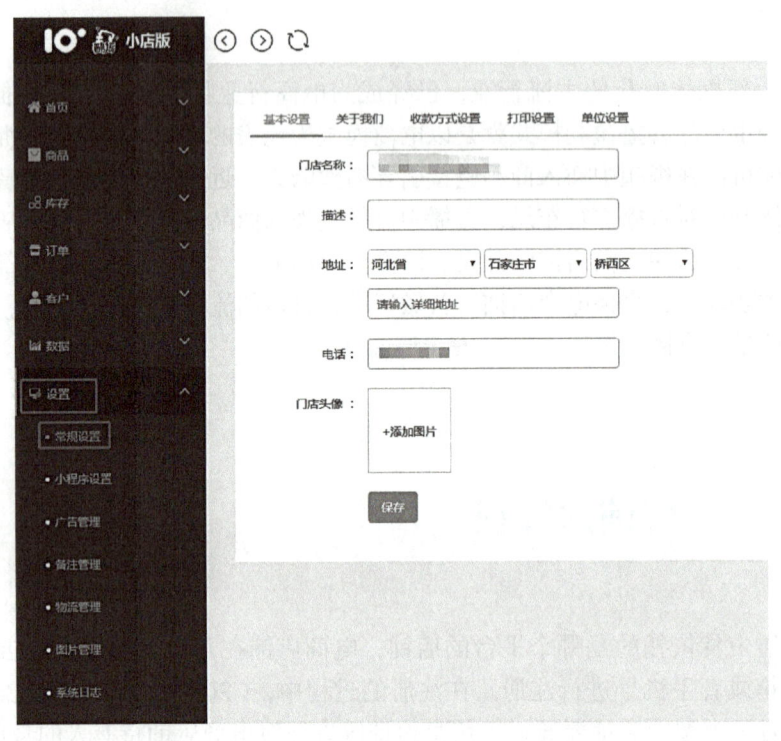

图7-1 酷摇小店基本设置

（二）关于我们

"关于我们"这个模块是向顾客介绍门店，内容可以是门店销售的商品特点及优势、门店资质、购物流程、联系方式、物流方式、售后服务、温馨提示、促销活动等，内容要简洁，并进行图文排版，如图7-2所示。

（三）单位设置

有些电商平台店铺需要卖家对单位进行设置，例如，酷摇小店已经设置好了常用单位供添加商品时选择。如果店主的商品单位没有在这个范围之内，可以在这里添加，输入要添加的单位名称，单击"添加"按钮，如图 7-3 所示。

图 7-2　酷摇小店"关于我们"设置

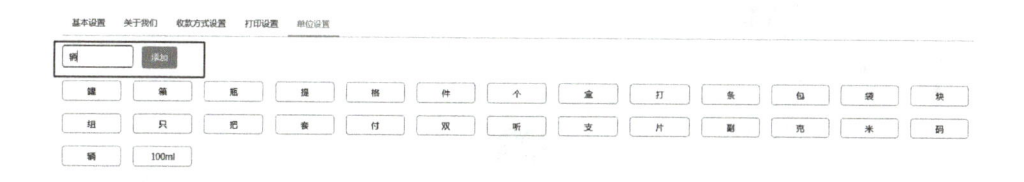

图 7-3　单位设置

二、商品管理

"商品管理"模块包括商品分类和商品上架管理。商品分类是对商品进行分类整理，让店铺井井有条，方便顾客按照需要查找。商品上架管理是针对在售商品、未上架商品、回收站里的商品进行上架、下架、恢复和删除的管理。

（一）商品分类

店主遵循店铺的营销方案、电商店铺分类习惯、顾客搜索习惯，对商品进行分析，添加商品分类。各个平台店铺的分类添加步骤比较相似，下面以酷摇小店为例进行介绍。酷摇小店系统默认特别推荐和热销精选两个分类，不能进行编辑和删除，但可以添加店主自定义分类，如图 7-4 所示。

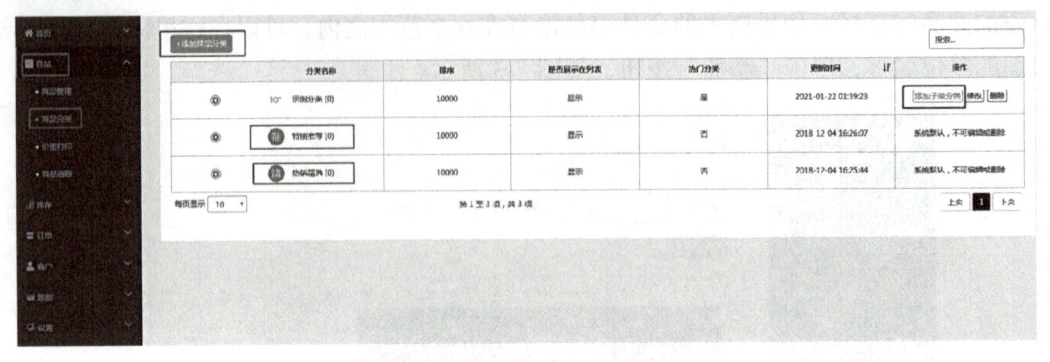

图 7-4　商品分类

单击"添加商品分类"按钮，进行自定义分类。分类名称填写一级分类，例如护肤；"售卖渠道"针对直播电商的可以选填"线上"；"热门分类"可以根据类目热度选择；上传代表类目的图片；"排序"根据分类的重要性填写序号，单击"确定"按钮，如图 7-5 所示。

图 7-5　添加商品分类

如图 7-4 所示，单击"添加子级分类"按钮，在打开的对话框中子级名称填写子级分类，例如面霜；"售卖渠道""热门分类"等选项可参考"添加商品分类"页面，填写后，单击"确定"按钮，如图 7-6 所示。

图 7-6　添加子级分类

（二）商品上架管理

在把店铺的商品分类做好以后，单击"添加商品"按钮，如图 7-7 所示。

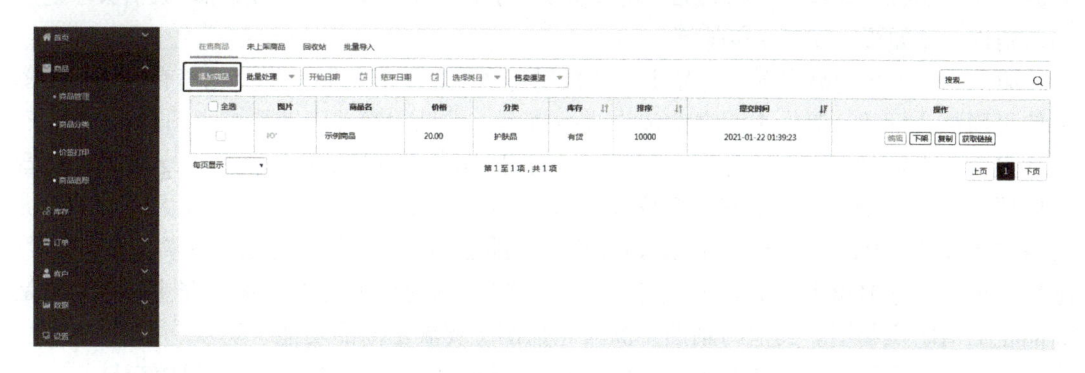

图 7-7　添加商品

添加商品时要提前准备好商品标题、图片、库存数量、规格尺寸等资料，按平台要求认真、正确填写，尽可能不空项。商品上架符合平台要求的，无形中会增加商品的权重，提高商品在电商平台的展现量。商品上传的内容和步骤各个平台大同小异，下面以酷摇小店为例来进行商品上传，如图 7-8 所示。

图 7-8　新增商品

第一步，填写商品名称。商品名称也叫商品标题，包括所售商品的类目关键词，能够精确描述商品大类，比如连衣裙、男裤；和其他商品区别开来的品牌词、属性卖点词，比如波司登、鹅绒、真丝等；和商品高度相关的热搜词，比如国潮、韩版等；吸引买家进店的营销词，比如买一发二、包邮等。

第二步，上传商品主图。商品主图的数量各个平台要求不同，尺寸也稍有区别，主图上传页面都会标注，制作主图之前请先进行查询。常见的淘宝店铺要求主图数量为 5 张，尺寸最大为 800 像素 ×800 像素，图片大小小于 3MB，支持 png、jpg、jpeg 格式；抖音小店要求主图数量 5 张，主图不含商品 LOGO 以外的任何文字水印，尺寸大小为 600 像素 ×600 像素以上，支持 png、jpg、jpeg 格式；酷摇小店建议尺寸为 600 像素 ×600 像素，图片大小不超过 100KB，支持 png、jpg、jpeg 格式。不管任何平台，第一张主图都要求是商品正面清晰实物图。其他的副图（商品轮播图）要展示商品功能、卖点、细节、颜色、搭配等，目标是展现属性和细节，直击买家需求和痛点，增加买家信任，促成交易。

第三步，是否开启库存管理。开启库存管理后，买家能看到商品数量；关闭库存管理后，买家只能看到有货无货。在淘宝平台，这个地方还可以添加付款减库存和拍下减库存。

第四步，添加商品属性。如果商品有多种属性，比如面霜有 100ml 和 50ml 两种容量的，如图 7-9 所示，开启商品属性，添加属性，选择容量，添加 100ml 和 50ml。商品上传时要标清商品属性，供买家拍商品时选择。

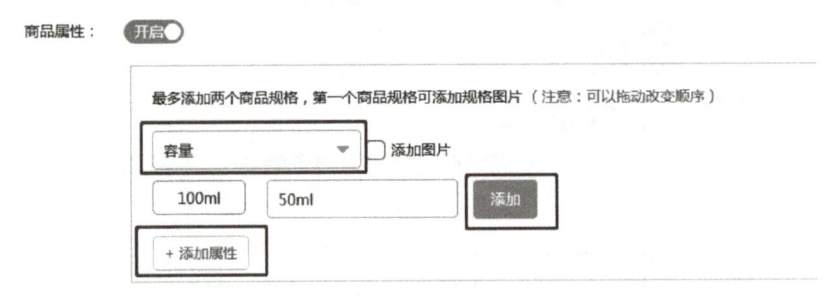

图 7-9 商品属性

第五步，价格设置。价格设置分为批量设置和每个属性单独设置两种方法。批量设置比较快捷，填好价格后单击"批量设置"，各个商品的价格会自动填好。如果不同属性的商品有价格差异，就要单独设置。价格设置里"一口价"要填写零售价格，"促销价"填写有促销活动时候的价格，"库存"要按实际库存填写，"进货价"是自己的成本价格。批发价和阶梯价针对 B2B 模式，都是买家购买商品数量达到一定数值以后所给的优惠价，现阶段在直播电商中应用较少，如图 7-10 所示。

"商品分类"要勾选正确的分类，方便买家分类查找。"销售渠道"选择"线上商品"。"已销数量"类似淘宝店铺的原始销量，这里自己填写数量，而在淘宝平台则要一笔一笔积累。"供应商"和"产地"根据实际情况填写。"商品权重"决定在商城显示的位置，数字越小越靠前。"购买限制"里填写的数量是限制单个买家最多只能购买多少件该商品，0 或留空则不限制。"加入推广"这里，要按照自己的利润情况，设置好给粉丝的优惠比例、团长比例、平台比例，如图 7-11 所示。

图 7-10　商品价格设置

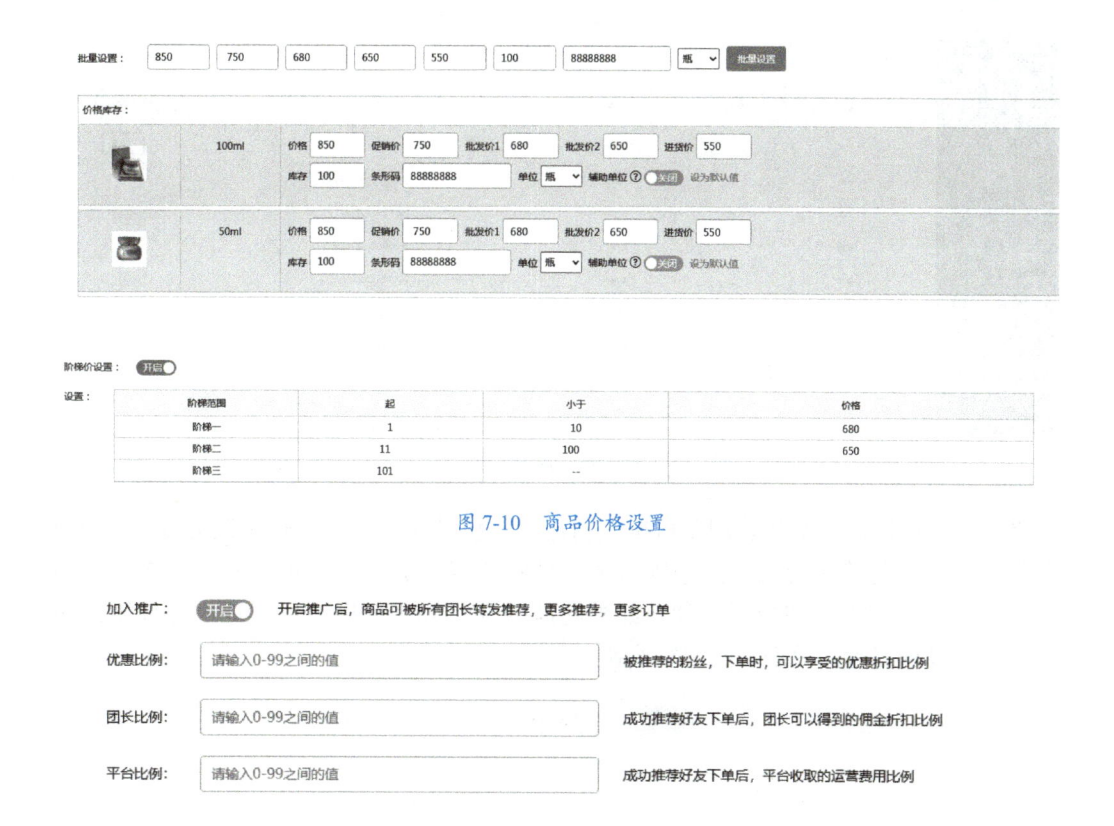

图 7-11　加入推广

商品描述即为大家熟知的详情页，要制作详尽，为买家展现店铺活动、商品卖点、物流、售后服务等内容，在后面的章节会详细介绍，如图 7-12 所示。做好以上步骤后可以直接发布商品，买家即刻看到，也可以存为不上架，在适当时间上架。

图 7-12　商品描述

三、物流管理

物流管理是按省份来设置物流费用的，这个费用要联系多个快递公司进行谈判，快递公司会根据店铺发货量、商品质量、体积等条件综合考虑进行报价，根据各个快递公司的报价和服务决定自己店铺的物流承运方，设计自己店铺的物流方案。根据物流报价进入"设置"中的"物流管理"对各个地区的配货费用进行编辑，如图 7-13 所示。

图 7-13　物流管理

修改配送费用时，配送费用既可按照物流商提供的价格填写，也可改为 0，因为现在各个电商平台大趋势是提供商品包邮服务，把物流成本放到商品价格里，算作商品的成本。配送状态分为启用和禁用两种，如果此地区发货即为启用，不发货改为禁用，如图 7-14 所示。设置好后，单击"确定"按钮。

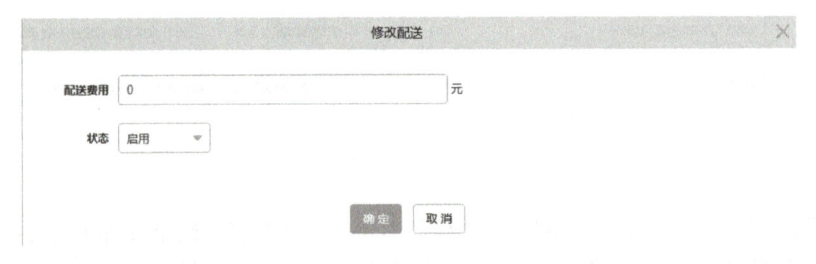

图 7-14　修改配送

四、图片管理

店铺需要的各种图片和视频在使用之前都要先上传到各平台的"图片管理"里，一个店铺越大，商品越多，图片越多，比如淘宝平台，大内存的图片存储空间需要付费购买。为了方便管理，先要在"图片管理"中设置图片分组，单击"新建分组"按钮，输入分组名称，如主图、详情页、轮播图等，单击"确认"按钮，如图 7-15 所示。选好分组后单击"点击上传图片或视频"按钮，大小不超过 3MB，上传图片大小不超过 2MB，在本地文件里选中需要上传的图片或视频，单击"打开"按钮，如图 7-16 所示。

五、订单管理

电商订单是电子商务活动的连接纽带，是买家与卖家针对商品服务产生的要约。订单管理是电商店铺日常管理工作中的重要一步，一头连接买家需求，一头连接库房发货、客服反馈信息的处理。订单的正确处理关系着商品发货速度、买家满意度、库房发货效率、资金周转率等指标，所以订单管理要求反应迅速、认真细致、从顾客需求出发、熟悉平台规则。

图 7-15　图片管理

图 7-16　上传图片或视频

六、库存管理

有效的库存管理既能快速响应买家的需求，又能使库存维持一个平衡状态，避免跌价和呆滞料损失。保持一定的商品库存是为了减少供应商供货不到位或不确定性带来的风险，也是为了满足一些非计划的意外需求或者临时需求，适应季节性或循环性的需求波动。库存管理是动态管理，一旦发生变化，就要及时通知客服、运营等部门。库存管理和订货周期、服务水平、库存周转率、缺货率、库存覆盖率等指标有关。

典型案例

疫情期间，浦江特产店铺的老板娘春晓的生意非常不景气，她接触到了直播，选择以腾讯看点直播为平台，在酷摇小店上传自己的商品，建立了自己的春晓优选直播间，如图 7-17 所示。疫情期间做了十几次直播，不仅直播间人气上万，销售额上万，还带动了自己线下店铺的销售。

直播销售

图 7-17　春晓优选直播间

知识拓展

淘宝直播变现依托的淘宝店铺入驻条件介绍如下。

（1）个人普通店铺：入驻个人普通店铺很简单，只需要通过卖家个人身份认证（身份证正反面、手持身份证）就可以入驻开办一家淘宝网店，但需要缴纳消费者保障金，类目不同，金额不同。

（2）企业店铺入驻：企业店铺入驻相比个人有一定的要求，且价格也比较高，所以没有一定资金的就不要入驻企业店铺。企业店铺是一种介于公司直营和个人卖家之间的店铺，入驻企业店铺需要卖家个人身份证（身份证正反面、手持身份证）、支付宝账号，且还需要认证企业营业执照，需要缴纳消费者保障金，类目不同，金额不同。

头条号、火山、抖音变现依托的抖音小店入驻条件：

（1）入驻主体应为在中国大陆地区注册的个体工商户或企业。

（2）入驻主体经营范围及经营时间在营业执照规定经营范围及经营期限内。

（3）售卖商品包含在招商类目范围内，且具备相关资质（见表7-1）。

（4）商品必须符合法律及行业标准的质量要求。

（5）所有资质需提供原件、扫描件并加盖入驻主体的红色公章。

表 7-1　资质说明

基础资质	资质说明
营业执照	1. 需提供三证合一的营业执照原件、扫描件或加盖公司公章的营业执照复印件 2. 确保未在企业经营异常名录中且所售商品在营业执照经营范围内 3. 距离有效期截止时间应大于 3 个月 4. 证件需保证清晰完整有效
法定代表人/经营人身份证	1. 需提供身份证照片正反面 2. 需提供本人手持身份证照片（手持证件、上半身拍照、手臂完整露出） 3. 身份证须使用二代身份证 4. 证件需保证清晰完整有效 5. 企业须提供法定代表人身份证，个体工商户请提供经营者身份证
银行账户信息	1. 需提供银行账户名称、开户行和账号 2. 企业须提供开户主体与营业执照主体一致的对公账户 3. 个体工商户可选择对公账户或者经营者的对私账户。选择对公账户的，开户主体应与营业执照主体一致；选择对私账户的，开户主体应与营业执照经营者一致
银行开户许可证	1. 需提供开户许可证扫描件并加盖公章 2. 开户许可证需和营业执照主体一致 3. 距离有效期截止时间应大于 3 个月 4. 证件需保证清晰完整有效
质检报告	1. 每个一级类目，需至少提供一份近一年有 CNAS、CMA 或 CMAF 认证的质量检测报告 2. 特殊情况下，平台有权要求商家补充提供商品单品的质检报告，特殊情况包括但不限于商品发生客诉、商品涉及名贵材质等 注：名贵材质包括但不限于牛皮、羊皮、羊绒羊毛、桑、柞蚕丝、红木家具、贵金属、珠宝等 3. "图书、教育培训、教育音像、数字内容、本地生活"不做强制要求 4. 具体名类目质检报告细则可参考《商品质量检测规范》

第二节　店铺的装修与设计

电商店铺数量越来越多，竞争越来越激烈，这就要求卖家要从各个细节去加强自己店铺的竞争力，其中店铺的装修与设计是视觉营销的一个重要内容，是增强店铺实力的基础。各个平台电商店铺的装修内容略有差别，但是都会包含店铺首页、主图、详情页这几个主要模块。在装修时，要把吸引买家、激发买家购物欲望的目的性；符合买家审美的美观性；给买家带来方便，符合购物流程的实用性贯穿到整个店铺的设计中。

一、店铺首页设置

店铺首页是买家搜索店铺，或者通过某个商品进入店铺看到的第一个页面，是给买家的第一印象。店铺首页良好的装修效果会让买家感受到店铺的专业性，在赏心悦目的环境中愉快地购物；店铺首页的装修风格会让买家加深对店铺商品风格的理解，加深其对店铺的印象。店铺首页设置现在有两种趋势，一种是支持站内自带模板和店铺自定义装修的；一种是站内模板装修。店铺装修的趋势是越来越简洁，以站内装修模板进行装修为主。

（一）店铺首页自定义装修

下面以淘宝为例进行操作。淘宝页面可登录千牛卖家中心—店铺装修—PC端—页面编辑—添加不同模块进行装修，具体操作步骤如下。

1. 登录卖家工作平台

打开淘宝页面后，在右上角点击"千牛卖家中心"，如图7-18所示，输入账号和密码，登录千牛卖家中心。

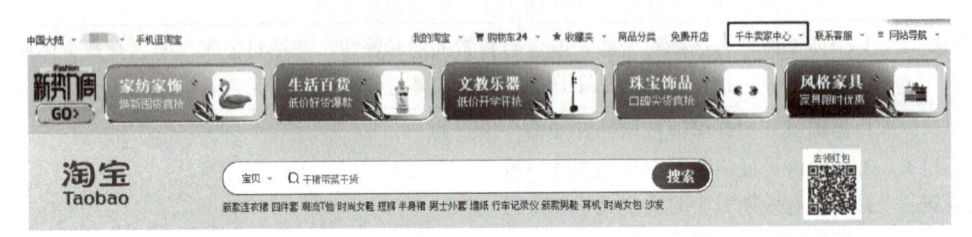

图7-18　登录千牛卖家中心

2. 点击"店铺装修"

在左侧找到店铺管理中的店铺装修。进入后台后，点击"店铺装修"，如图7-19所示。

图7-19　点击"店铺装修"

3. 点击 PC 端

PC 端装修比手机端更复杂一些，是装修的基础，这里以 PC 端为例，在左侧点击"PC 装修"，如图 7-20 所示。

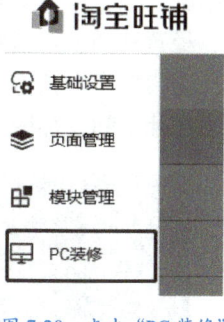

图 7-20 点击"PC 装修"

4. 点击"装修页面"

将光标放置首页，点击"装修页面"，进入编辑页面，如图 7-21 所示。

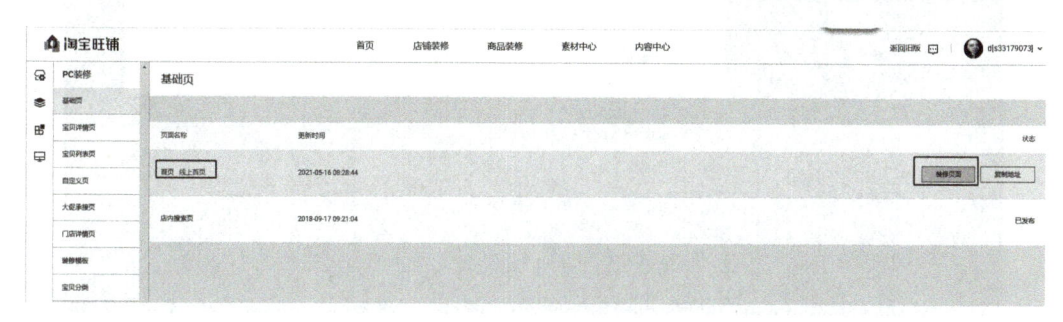

图 7-21 点击"装修页面"

5. 基础模块选择

左侧有很多可供选择的首页基础模块，拖动选中的模块到右侧合适的区域松开鼠标，如图 7-22 所示。

图 7-22 基础模块选择

6. 基础模块编辑

基础模块中我们选择几个重要的模块进行设置。首先是店招模块，这个模块类似线下实体店铺门楣上方的招牌，会放到店铺的最上方。淘宝店招可以用 PS 软件制作高度为 120～150 像素，宽度为 950 像素（基础版旺铺要求）和 1920 像素（专业和智能版本）的店招图。除了尺寸要求正确外，店招的文字配色也要醒目，字体要美观，文字内容包括店名、经营种类、经营特色等，做好店招后上传到图片空间。拖曳店招模块到页面编辑最上方，在模块右上角点击"编辑"，选择"自定义编辑"，点击编辑器里第二行最后那个按钮进入图片空间，如图7-23所示，找到店招图点击"确定"按钮。

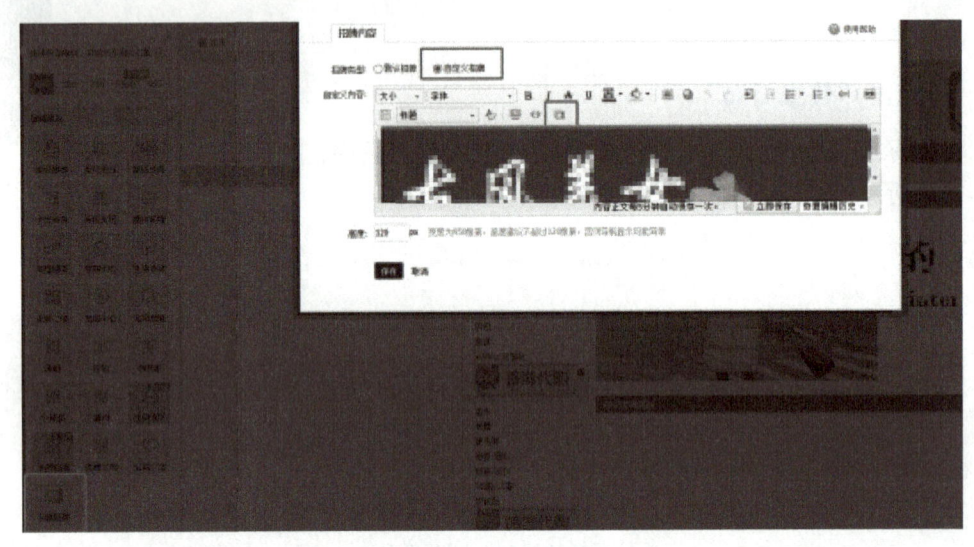

图7-23 店招模块设置

宝贝推荐是卖家在首页推荐自己的优势商品、利润商品、爆款商品等。此模块中，有自动推荐和手工推荐两种方式。自动推荐可以按人气指数、热门宝贝在前、热门收藏在前、最近发布在前、最低价格在前、最低价格在后的顺序推荐商品。可以限定宝贝分类、关键词、价格范围条件选择推荐宝贝，推荐宝贝数量可以自己定。手工推荐方式可以手动选择推荐宝贝。这个模块里的"电脑端显示设置"用于设置宝贝推荐的显示格式和显示内容，如图7-24所示。

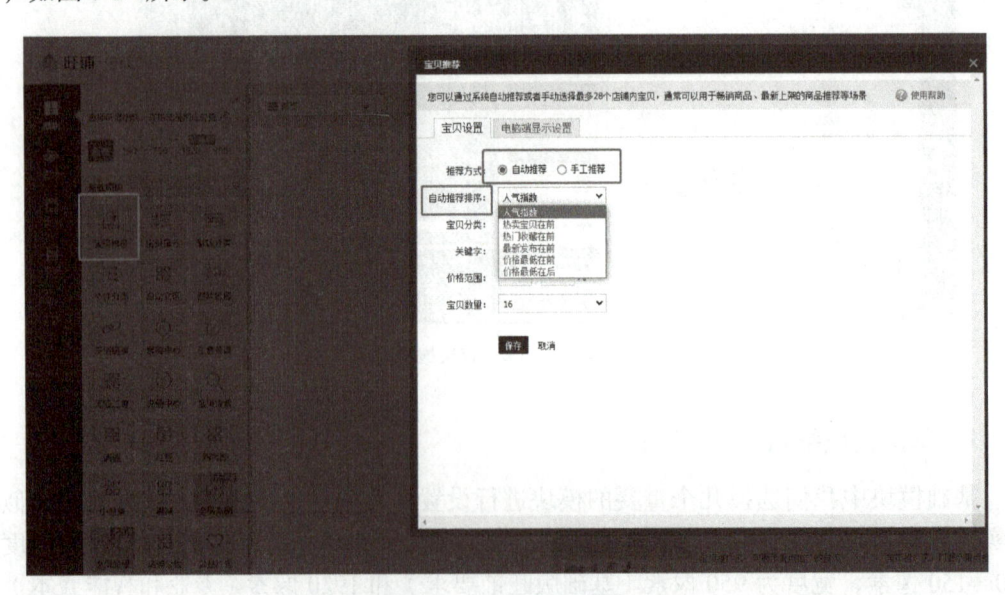

图7-24 宝贝推荐模块设置

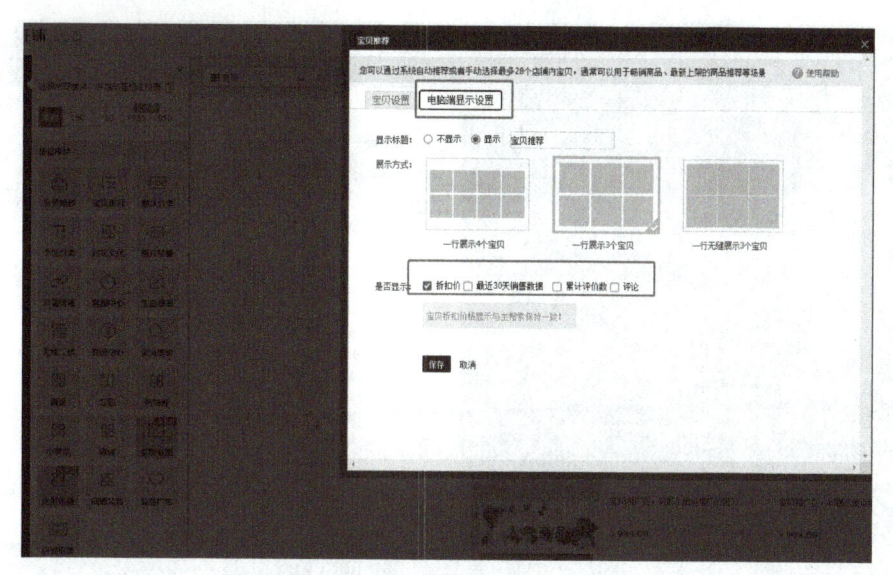

图 7-24（续图）

宝贝排行是店铺首页在某条件下推荐宝贝的排列顺序。此模式设置时，可以选择设置好的某个类别，设定关键词和价格范围条件，选择显示数量，按"本月热销排行"、"热门收藏排行"来显示商品，如果宝贝排行中的商品销量比较好，还可以显示最近 30 天的销量数据，如图 7-25 所示。

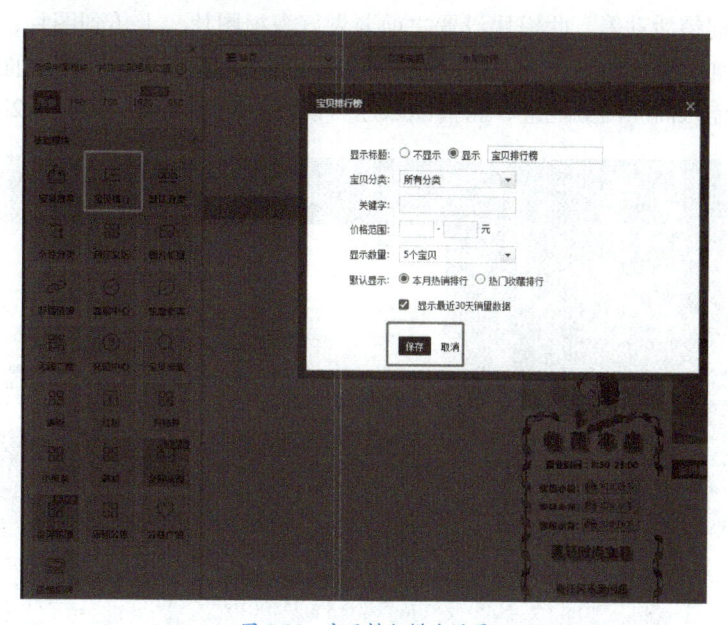

图 7-25　宝贝排行模块设置

默认分类和个性化宝贝分类模块一般选取一个并拖曳到页面编辑里，为买家快速在店里找到所需商品或服务。默认分类模块显示的是设置好的商品分类，如果修改的话要返回分类管理页面。个性化宝贝分类模块可以在设置好的商品分类里设置大分类和子分类是否显示、分类顺序和子分类是否展开，选择好以后点击"保存"按钮，如图 7-26 所示。

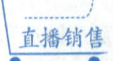

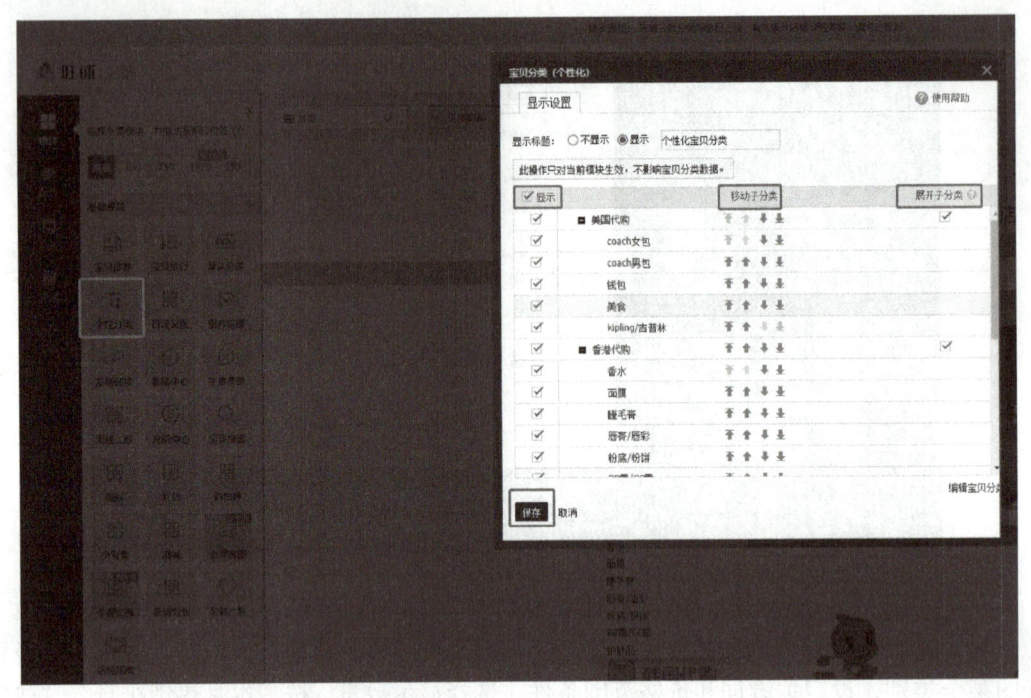

图 7-26 宝贝分类模块设置

"图片轮播"模块通常处于页面中显眼的位置,它适合用来宣传"爆款"或者重点推荐的商品以及促销活动等。此模块设置之前要做好海报图片,上传到图片;空间获取图片地址后可以添加到图片地址,如果想要引导买家点击图片进入某个商品页面,那么在"链接地址"框中输入商品网页地址,轮播图顺序可以根据需求调整,如图 7-27 所示。

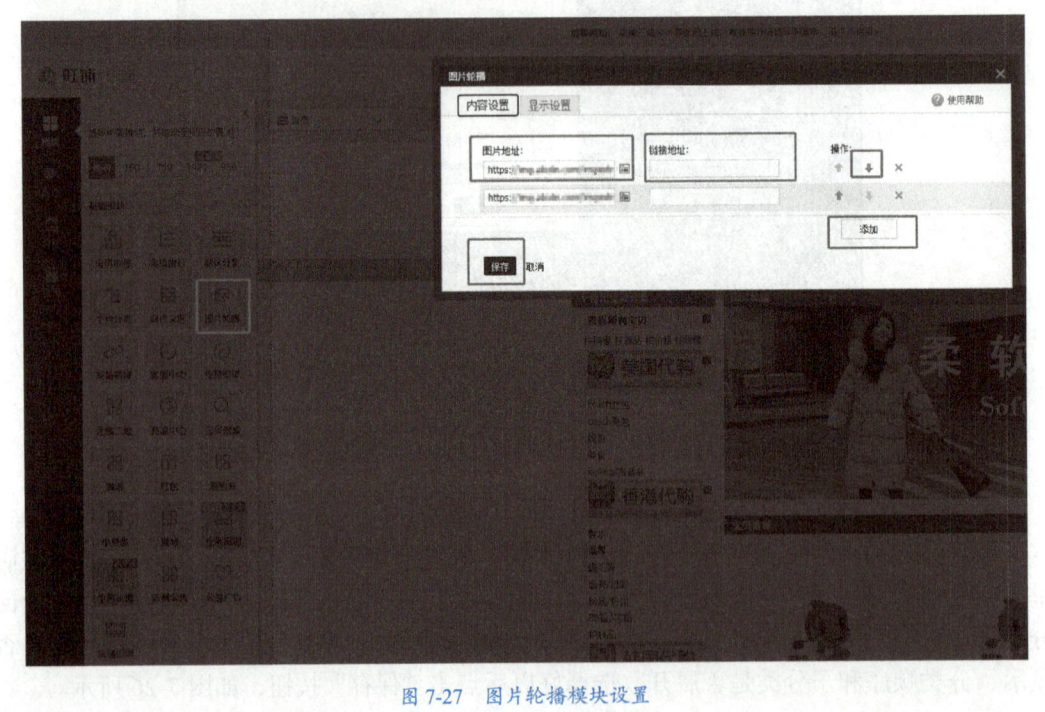

图 7-27 图片轮播模块设置

"客服中心"是买家联系客服的区域,此模块在设置时可以设置客服工作时间,设置在线咨询时点击"分流设置",可以添加客服,如图 7-28 所示。

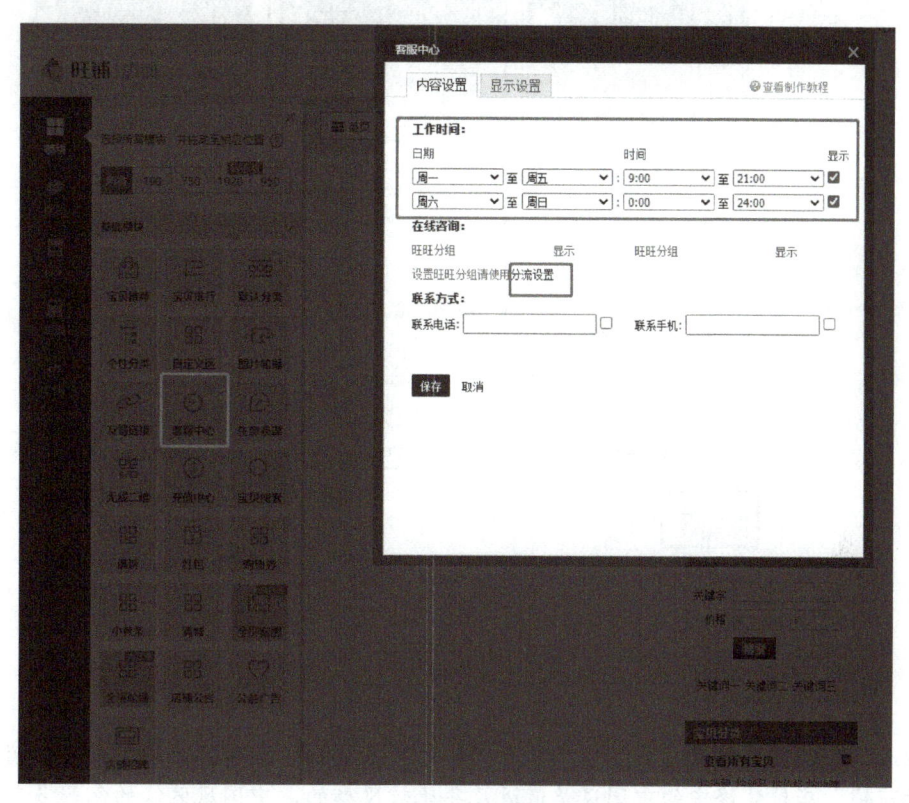

图 7-28 客服中心模块设置

7. 发布站点

各模块编辑完成后点击"发布站点"按钮,发布站点即可,如图 7-29 所示。

图 7-29 发布站点

(二)首页站内模板装修

首页站内模板装修以酷摇小店为例进行设置。其首页设置分为商城首页设置和小程序首页模板设置,其中商城首页设置由平台预设,店主不能修改;小程序首页有预设的三种模板,根据自己需要,选中后,点击"保存"按钮即可,如图 7-30 所示。

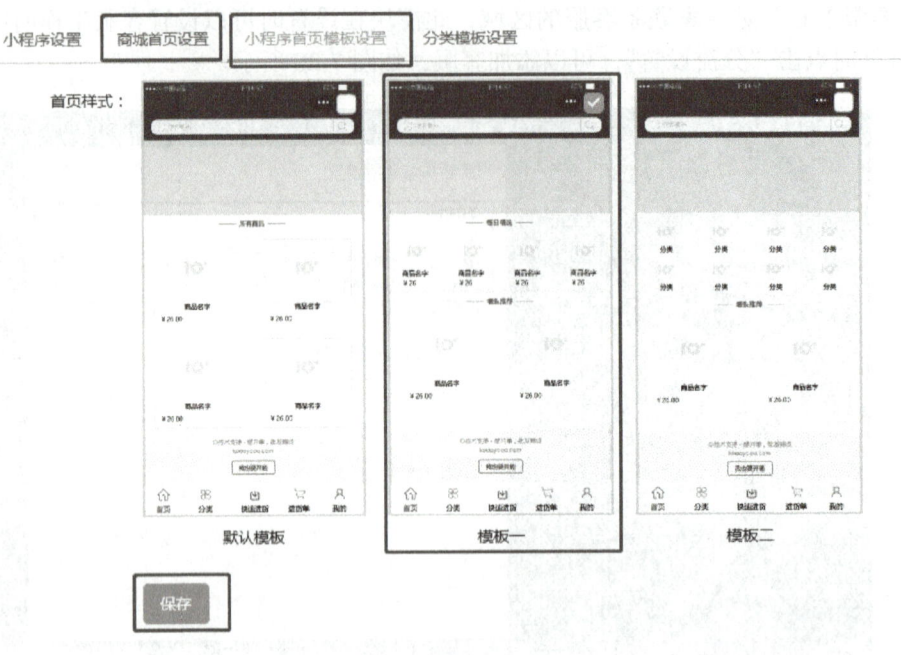

图 7-30 首页设置

课程思政园地

在进行店铺首页装修时,可以根据店铺所售商品类别,选择装修风格。其中销售国货精品的店铺,店铺装修中的中国风是最近几年比较风靡的。中国风装修的色彩多来自于中国传统文化中的建筑和用品,比如城墙红、琉璃金、汉玉白、景泰蓝;装修中使用的素材也很丰富,如云纹、扇面、海浪、梅花、荷花等;装修中的文字也可以适量使用毛笔字体。弘扬家国情怀,运用中国风元素,增强文化自信,锻造工匠精神。

二、主图

电商平台中的商品,买家触碰不到,只能通过图片、文字介绍、评价来决定是否购买。其中商品主图会直接影响买家的点击欲望、购物欲望,从而影响店铺销量。在电商店铺中,第一张主图是为了点击而生的,会出现在买家的搜索页面、广告位页面,因此用于吸引买家眼球进而点击进店。其他主图的存在价值是让进店的买家了解商品的主要促销活动、商品的卖点、细节、服务等。

(一) 图片要求

各个平台对主图要求大致相同,稍有差异,下面以酷摇小店为例进行介绍。

(1) 主图和主图轮播图的建议尺寸为 600 像素 × 600 像素,图片大小不超过 100KB,支持 jpg 和 png 格式图片,数量 6 张以内。

(2) 图片要求无 LOGO、无水印、无文字、无拼接、无牛皮癣、无阴影。

（3）图片构图明快简洁，商品主体突出，要居中放置，美观度高，品质感强，商品展现尽量平整。

（4）每张图片中只能出现一个主体，不可出现多个相同主体。

（二）图片的设计

1. 主图设计原则

主图设计前要熟知商品的精准对应人群，要了解他们的偏好、兴趣爱好、消费能力、消费水平；主图设计要突出主题，利用黄金3秒吸引住买家；创意文案+优美的字体排版，增加主图美观的同时让顾客记住商品。

2. 主图设计

第一张主图多是商品的清晰正面图，在上方放置门店头像和名称，令买家选择商品时也记住店铺的名称，设计文案时要突出商品卖点，用词简洁，标清价格，突出促销事件，文案要进行排版，字体进行大小和样式的组合设计，吸引买家眼球点击进入购买，如图7-31所示。

其他主图要展现卖点、促销点、商品细节、佩戴效果等，都是第一张主图的详细补充以加深买家记忆。所有主图从不同角度展示就构建了一个宝贝微详情，如图7-32所示。

图 7-31 主图范例

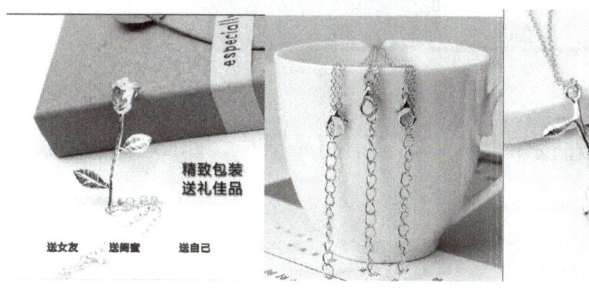

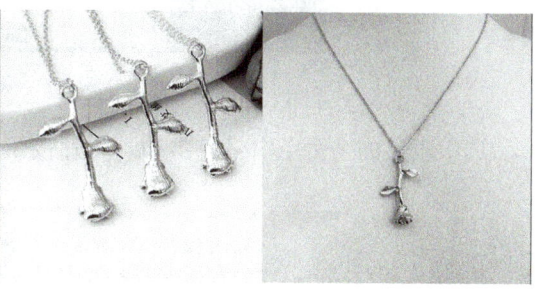

图 7-32 其他主图

三、详情页

（一）详情页的重要性

详细页面是由很多模块组成的，每个模块都有不同的作用。在大型活动中，可以设置海报图烘托节日气氛，突出促销主题；可以设置关联销售，提高客单价，增加商品选择量。商品描述区域主要用来介绍基本信息、展示宝贝，此区域照片引人注目，商品描述吸人眼球，卖点提炼精确；实力展示区域要有规模或实力证明等，让店铺看起来更加专业，商品有品牌溢出价值，让买家购买时更加放心，更加信任。商品详细页的颜色和风格要和买家的心理特征、店铺整体风格、商品特点等相符，如母婴类店铺常用粉红、嫩黄，数码店铺常用蓝色、灰色，茶叶类店铺多运用绿色。

（二）常见宝贝详情页的构成框架

商品详情页面的内容和效果将会影响产品的转化率，我们要把所有买家当作非专业人事，言之所尽，多寻找商品的价值点，一个高转化率的详情页应该包含以下内容。

1. 关联营销

关联营销对于店铺内流量的分配引导及二次转化可以起到重要的作用。关联营销的商品可以和本页主要商品是同类商品、互补商品，也可以是热销品、卖家想要推广的商品。

在详情页里根据所需行数和列数插入表格，如图 7-33 所示。

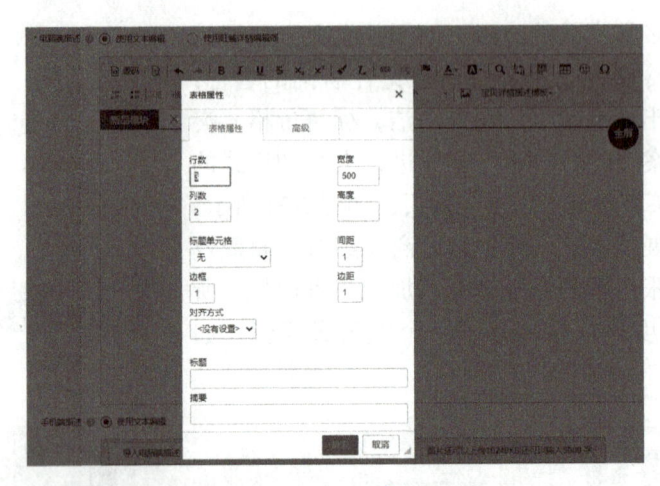

图 7-33　插入表格

选中表格的一个空白格点击插入图片按钮上传关联营销商品图片，如图 7-34 所示。

图 7-34　表格插入图片

关联营销商品图片插入以后点击图片，再点击超级链接按钮，在打开的"超链接"对话框的"URL"栏中输入此商品在平台上销售页面的地址，如图 7-35 所示。把所有关联营销商品的图片和超链接都添加好，关联营销模块制作完成。

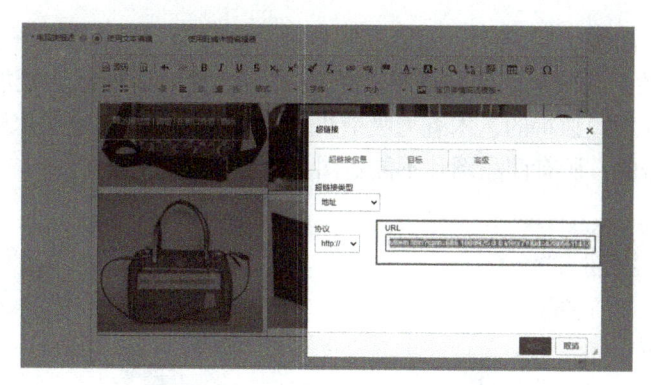

图 7-35　关联营销图片插入超链接

2. 商品规格详情

根据不同商品的属性，对其进行专业尺寸的测量，在详情页中制作商品属性模块；没有库存的商品，从供应商那里找到商品规格详情，制成图片后放到详情页中，商品规格详情如图 7-36 所示。

图 7-36　商品规格详情

3. 商品图片

商品图片如果供货商、厂商提供的很精美，就可以直接用；如果效果不理想，需要自己实际拍摄。商品图片要包括场景图，如图 7-37 所示，为买家打开此商品适合的场景画面，刺激买家购买欲望；细节图，如图 7-38 所示，对商品进行清晰拍摄，展现商品的各

图 7-37　场景图

个细节；功能图，如图7-39所示，对商品的各种功能进行展示；模特图，如图7-40所示，给买家展示商品的上身效果、使用效果；包装图，如图7-41所示，既能提高商品的市场竞争力，又能以其新颖独特的艺术魅力吸引买家、指导消费，促进买家购买。商品图片侵权是平台严厉打击的，所有商品图片不能盗图。

图7-38 细节图

图7-39 功能图

图7-40 模特图

图7-41 包装图

4. 公司资质

卖家可以拍摄一些展示自己实力的图片，如自己的工厂、仓库、各种展会的照片，如图7-42所示，让买家对此商品、店铺产生信任，刺激购买。这一项也是提高转化率的重要因素。

图7-42 公司实力

5. 售后模板展示

这个模板包括支付方式、物流时效、售后保证、五星好评等的介绍，卖家要结合自己店铺的特色做到图文结合，如图 7-43 所示。

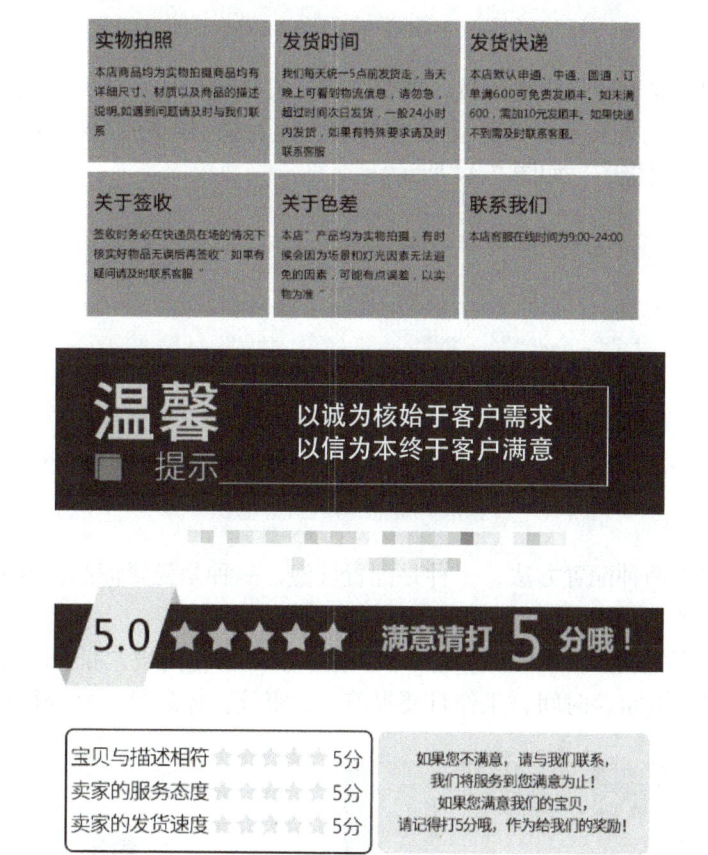

图 7-43 售后模板展示

知识拓展

淘宝店铺主图尺寸大小为 800 像素×800 像素，大小为 3MB 以内；淘宝店铺详情页宽度为 750 像素，天猫店铺详情页的宽度为 790 像素，高度不限。

banner 的尺寸是 750 像素×390 像素的称为电商横版海报，主要用途就是在横版海报的内容里面标明出最近店铺在做的活动或者是主推的某些商品，这种方式的 banner 可以展现出比较多的内容来，给人的观感也比较充实。

电商竖版广告 banner 尺寸是 750 像素×390 像素，可以容纳更多的内容，也更加适合于比较长的一类商品。而且这种 banner 上面可以承载更多的文案内容，便于阅读的同时也可以多放一些店铺里面的宝贝，让买家可以看到店铺里主推的所有商品。

电商全屏海报尺寸是 1920 像素×950 像素，在阅读体验上，买家可以从左到右把所有内容都观看到，非常适用于让买家记住店铺的关键性信息和最主推的爆款商品。

第三节　直播间气泡和购物袋配置

直播变现的主要途径是直播带货，需要主播把货品链接用合适的方式挂到直播间，实现边播边卖。主播先要在直播 App 上创建计划，然后找到建好的直播计划，点击"配置商品"就可以开始设置了，如图 7-44 所示。

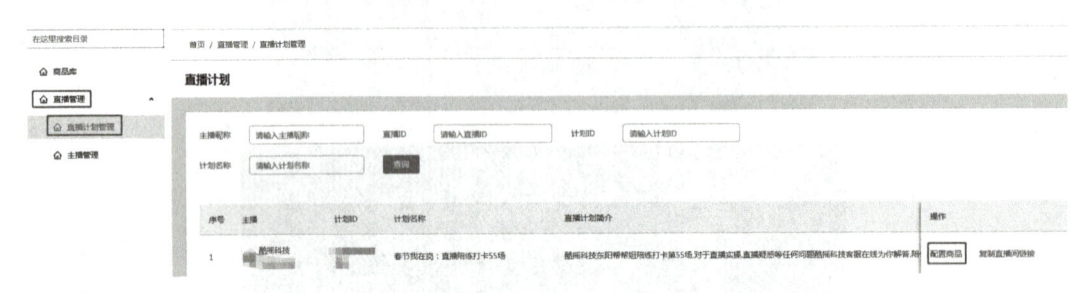

图 7-44　微信视频号计划管理

配置商品里有两种配置方法，一种是配置气泡，一种是配置商品，两者在直播过程中出现的位置，如图 7-45 所示。

两种配置商品的方法，如图 7-46 所示，建议主播都在配置之前先考虑好，不要频繁地修改，因为商品有审核时间，工作日要提前一天审核，休息日不算等待审核时间。

图 7-45　微信视频号商品位置 　　　　　　图 7-46　两种配置商品的方法

一、直播间气泡

直播间商品可以设置以气泡形式透出，浮现数秒后自动消失，对直播受众有一定防疲劳机制，一段时间内同一个商品仅浮现一次。下面以酷摇小店为例，讲解操作步骤。如图 7-46 所示，点击"添加新气泡"按钮，上传商品图片、填写商品名称和价格，以上内容要和店铺里的商品保持一致。商品链接有两种选择：一种是链接到商城，打开酷摇小店后台，在"设置"的"小程序设置"里，复制视频号跳转链接，将其粘贴到视频号的商品链接里；另一种是直接链接到单独商品，打开酷摇小店后台，在"商品管理"中的单个商品后方点击"获取链接"按钮，将其粘贴到视频号的商品链接里。配置气泡里的小程序 App ID，要复制酷摇小店后台"小程序设置"中视频号跳转 App ID；配置气泡里的原始 ID，要复制酷摇小店后台"小程序设置"中视频号跳转原始 ID，配置好后，提交后等待审核，审核完成后，配置完成，商品会自动进入商品库，如图 7-47 所示。

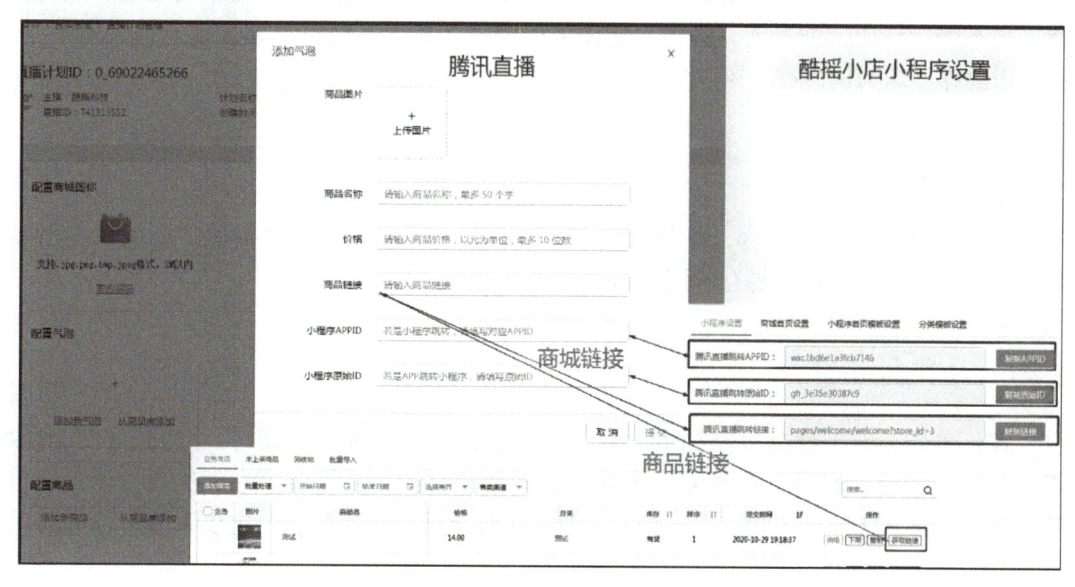

图 7-47　添加气泡

二、购物袋配置

直播购物袋功能开通后用户可以在直播间添加商品，而商品会以购物袋的形式在直播间底部进行展示，是直播间观看者进入商品页面购买商品的一个渠道。单击"添加新商品"按钮，上传商品图片、填写商品名称和价格，以上内容要和酷摇小店里的商品保持一致。

知识拓展

抖音直播时，有些直播间下方有一个小黄车，粉丝可以直接点击购买商品。开通抖音小黄车的具体条件是：

（1）至少需要绑定手机号，并完成实名认证。

（2）已发布10个以上公开原创视频。

（3）抖音账号拥有1000个粉丝。

以上三个条件同时满足之后，就可以开通商品橱窗来添加小黄车服务功能，获得小黄车的权限了。

第四节　订单处理与发货

经过精心选品，拍摄商品，打造商品标题，制作精美的主图，编写模块完备、内容详尽的详情页，进行积极的直播电商营销后，店铺会迎来第一笔订单。订单的处理和及时发货，关系着后续店铺的发展，店主一定要加以重视。各个平台订单处理和发货大同小异，下面以酷摇小店为例进行介绍。

一、订单处理

打开直播平台小店后台，查找直播订单，订单有四种状态：待付款、已确认、已发货、已取消，不同的状态要有不同的处理方法。

（一）待付款

在订单中，有一些是买家拍下没有付款，这就要求客服进行催付，询问不付款的原因，并进行记录，如图7-48所示，也可以适当地调整价格，给买家一点优惠，以提高付款的概率。新开店铺店主尤其要注意，不要看到订单就匆忙发货，一定要看清是否付款。

图7-48　待付款订单

（二）已确认

在订单中，买家付款后，卖家要及时和买家确认发货地址，确认后即成为已确认订单，这样的订单要尽可能快速发货，点击"发货"按钮，如图7-49所示，进入发货页面。酷摇小店提供的发货方式有物流托运、进店自取、快递配送三种，一般使用的是快递配送，如图7-50所示，快递配送发货要填写快递公司和快递单号，点击"发货"按钮。

第七章 直播电商店铺运营

图 7-49 已确认订单

图 7-50 快递配送发货

（三）已发货

对已发货的订单，要及时进行查看，对快递进行跟踪，及时处理货物在路途中遇到的问题，如图 7-51 所示，跟踪的方法是在各快递官网、微信小程序、微信公众号里输入快递单号进行查询。

图 7-51 订单跟踪

二、查找订单

打开店铺后台的订单模块里的线上订单，可以按需在某一时间段内对众多的订单进

173

行快速查找，也可以导出 Excel 表格进行查找。查找的条件可以是订单编号、客户姓名、客户电话等。找到订单后可以进行查看订单、根据买家要求备注、打印订单的工作，如图 7-52 所示。

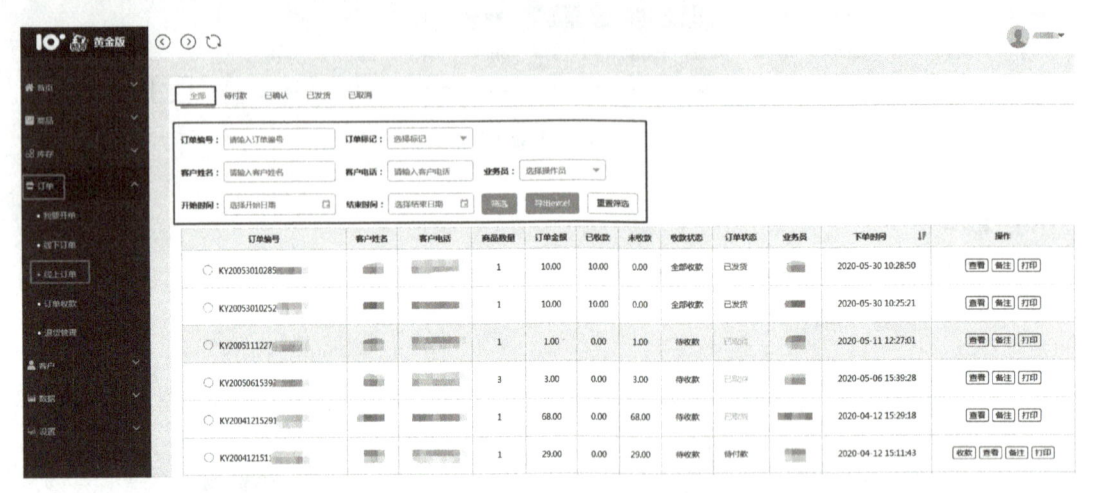

图 7-52 查找订单

三、备货

新店主因为经验不足、资金有限、销量不佳，不敢大量囤货，因此可以去 1688 平台找供应商进行一件代发。但是随着营销的深入、订单的增加，想要降低成本，必然要进货备货。备货既怕销量差货品积压，又怕备货数量不足，重复进货增加进货成本，所以必须对库存商品的数量和种类进行研究。

货品准备的关键指标有售罄率、件单价、销售目标金额。售罄率是指一段时间内销货与进货的对比。销售目标金额是指一段时间某种商品的销售目标总额。备货数量的计算公式为备货总件数＝（销售目标金额/售罄率）/每件单价，备货数量要在自己可控的范围内。

货品类别的挑选原则是拥有转化率高的好商品，主要有以下几项参考指标：好评率较高的商品；销量持续增长的商品；有利润空间打得起价格战的商品；能否带来大流量的商品；相对竞争对手具有差异化或者具有明显优势的商品；有强大库存供应支持的商品；具有价格吸引力的商品。

四、发货

在订单模块里导出 Excel 表格，进行分类筛选，提出付款订单，确定发货数量，如图 7-53 所示。同时查看自己库存是否充足，是否能够及时发货，若库存充足则要在平台发货承诺时间内发出；若库存不充足，则要迅速补货。不能按时发货的一定要和买家进行沟通，说明原因，请求谅解，超出发货时间，会影响店铺评分。

发货之前要选择适合的快递，进行谈判，选择快递的原则为：价格公道、运输速度快、安全可靠。商品打包首先要选择合适的包装材料。包装材料应该结实、安全、轻便，打包时需使用缓冲材料，如气泡膜等，起到防震、防磨损、保护商品的作用。打包时，尽量将外包装内部填满，填充完毕后，用宽胶带封装。发货信息导入快递系统，将打印出来的快递面单贴到包裹外包装上，交由物流公司人员扫描发货。回到订单模块对已发货订单进行发货处理，如图7-54所示。

图 7-53　订单查询

图 7-54　发货处理

课程思政园地

发货是电商营销的重要一环，可能因为发货的一个疏忽，导致前面的所有努力功亏一篑，换来的是买家差评或者退货。遇到寒潮，护肤品里的化妆水保温包装不到位，买家拿到后瓶子会被冻裂；销售巧克力时因为包装保护不当，途中巧克力的塑料包装盒摔碎；包装箱质量不好，中途破损，货品丢失。这些都是真实的教训，由此看出电商的每一个岗位、每一个角色都非常重要，都需要从业者各司其职，有职业精神，有大局意识，有专业技能。

> **知识拓展**
>
> 备货要考虑的因素有：销售目标是多少，要备与之数量相契合的货物；销量的同比和环比，同比可以预估今年的销售趋势，环比可以看到相同时间节奏下能做到的基准量；一年的促销节奏，大促备货以避免断货，年前备货避免工厂停工；预估售罄率，热门规格多备货；大盘趋势能看出今年整体的消费行情。

第五节　直播店铺客服

买家可以通过微信、QQ、直播间来与客服和主播沟通。客服最基本的工作分为售前、售中、售后三个阶段，诚信要贯穿始终。对于承诺的事情要尽力做到，不能轻易承诺，这是诚信的基本体现。

一、客服的基本素质及技能

（一）客服的基本素质

1. 心理素质

网店客服首先要具备良好的心理素质，在为客户服务的过程中，会遇到各种各样的人和事，必然承受着各种压力和挫折，要具有"处变不惊"的应变力、挫折打击的承受能力、情绪的自我掌控及调节能力、满负荷情感付出的支持能力，以及积极进取、永不言败的良好心态。

2. 品格素质

网店客服是整个网店运营的一部分，需要有团队协作精神和奉献精神；对待买家不轻易承诺，承诺了就要信守诺言；真诚对待每一位买家，忍耐与宽容是一种美德；对待工作要有热情和激情；要勇于承担责任。

（二）客服的基本技能

（1）掌握商品专业知识。研究店铺所售商品，掌握与商品相关的专业知识和行业知识，以此解决买家的问题，引导其购买。

（2）良好的沟通能力。具备专业的客户服务电话接听技巧，有良好的倾听能力和语言表达能力。

（3）熟悉计算机办公系统。熟练使用计算机，打字速度快，有良好的文字表达能力。

（4）具备基本营销技能。具有一定的消费者心理知识、敏锐的观察力和洞察力，知买家之想，有针对性地对其进行诱导。

（5）具有良好的人际关系协调能力。不管是交易前还是交易后，都要与买家保持良好的沟通，遇到买家疑问能够较好地解决。

课程思政园地

人民性是马克思主义最鲜明的品格。马克思说："历史活动是群众的活动"。让人民获得解放是马克思毕生的追求。我们要始终把人民立场作为根本立场，把为人民谋幸福作为根本使命，坚持全心全意为人民服务的根本宗旨，贯彻群众路线，尊重人民主体地位和首创精神，始终保持同人民群众的血肉联系，凝聚起众志成城的磅礴力量，团结带领人民共同创造历史伟业。这是尊重历史规律的必然选择，是共产党人不忘初心、牢记使命的自觉担当。这就要求客服要以马克思主义人民观重要思想为指导，以人为本，树立正确的服务思想、强烈的服务意识，以满足客户需求为出发点，提供优质化服务，爱岗敬业。

二、售前客服

（一）售前客服的重要性

售前客服是买家接触最紧密的人之一。通过售前服务可以了解买家和竞争对手的情况，在选品上可以更加精准对接买家需求，可以制订出适当的促销策略。通过开展售前服务，积极为买家服务，解决买家的各种问题，帮助挑选适合买家的商品，取得买家的信任，促进下单购买。

（二）售前客服技能

主要是回复买家关于商品信息（价格、颜色、尺码、材料、运费、库存等）的询问，在和买家沟通过程中要想尽办法向买家推荐商品。例如，有个买家想要的颜色的商品没有货了，客服可以把店铺里有这个颜色的商品推荐给买家，以及可以把最近有优惠活动的商品推荐给他，有时在折扣的诱惑下，买家会增加购买概率。如果遇到讨价还价的买家，要有沟通策略，强调一分价钱一分货，商品质量最重要。有些买家还会咨询物流情况，客服要根据买家对时间和费用的需要帮助其找到适合他的物流。

三、售中客服

（一）售中客服的重要性

当买家拍下宝贝后在确认收货之前的过程中的服务称为售中服务，主要包括买家付款、支付流程、要求备注、快递、发货的所有问题。体贴、周到的售中服务，可以提高买家对店铺的信任度，提高订单的付款率；准确的备注、迅速地发货可以增加买家的满意度，为交易顺利完成打下很好的基础。

（二）售中客服技能

一些买家拍下商品以后没有付款就离开了，客服要通过微信、QQ、短信、电话、站内留言等方式来进行催付，催付的语气不能着急，要有礼貌，以库存告急、爆款、马上发货等原因来对买家催付。此外，售中还要处理买家要求修改商品信息（颜色、尺码、地址等）、咨询发货时间、物流情况等问题，此时客服要以严谨的态度认真准确地回答买家，对修改的商品信息进行备注，协助发货人员发出正确货品。遇到商品断货、买家申请取消订单等很棘手的情况，这时也要多说一些感谢、抱歉、多多支持的话，针对买家取消订单原因进行咨询，给买家推荐其他款商品。沟通过程中要多用表情，表情可以拉近和买家之间的距离。发货之后要与买家及时沟通，比如发货通知、物流跟踪等。

四、售后客服

（一）售后客服的重要性

售后客服的服务和商品的质量、信誉同等重要，贴心周到的售后服务会给买家带来愉悦、被尊重感，从而成为店里的忠实客户。售后服务增加了与买家交流的机会，解决买家收到货物后的各种问题，提高买家满意度。从买家那里了解到商品的缺点可以将它反映给相关部门，在以后的经营中加以避免。

（二）售后服务管理

买家收到商品后，反映商品出现问题，客服要积极沟通。要知道买家反映的商品问题出在哪里，搞清原因就可以针对问题去及时解决。

1. 中差评处理

（1）中差评的原因

因卖方商品、服务质量没有满足买家的需求，或因双方信息不对称产生误会，或因买方性格贪小便宜、偏执极端、苛刻，或职业差评师、职业敲诈勒索业者，或恶意同行抹黑店铺。

（2）中差评处理原则

中差评会影响店铺DSR评分，影响店铺权重，使店铺商品的展现量和转化率降低，卖家必须对其进行管控处理。卖家要以不引起损失更大的纠纷为底线，在不构成骚扰投诉的前提下，积极和买家联系沟通。小代价避免大损失，提出补偿措施，从最低标准开始补偿，如果不能打动对方，再逐层加码，满足对方诉求，同意修改中差评。

（3）中差评处理的方法

和买家沟通后，要对中差评原因进行分类，提出解决办法。

误会型，必须要沟通加以解决；产品型，要诚恳道歉，给予补偿；服务型，如物流错误,则要适当补偿,使用监控软件预警;买家为贪小便宜型,可以将买家拉入黑名单,禁止交易;买家为职业差评师、咨询小二、同行,则要依法依规应对同行抹黑,坚定、有技巧地反击;买家为人格偏执型,则要充分解释,解除责任。

2. 买家退货、退款纠纷

(1) 买家退货退款原因

买家退货退款原因大部分有以下几种:因第三方物流时效、暴力快递导致商品破损;卖方商品质量问题;卖方发错货;买家审美取向的问题;不诚信买家恶意退货退款等。

(2) 买家退货退款原则

主动监控异常件,提前干预;承担卖家应有的责任,保障买家体验质量与美誉;掌握平台退换货规则,遵守流程,控制损失;对恶意买家,坚定维护自身权益。

(3) 买家退货退款处理的方法

和买家积极沟通,判断退货退款原因。问题可以通过补发商品或者部分商品解决的,可以引导买家不退货;若是存在商品个别质量问题或发错货,则要引导买家换货;若买家坚持退货,则可以引导买家选择退货原因为"7日无理由退货";若遇到恶意退货退款的买家,则要进行申诉,积极提供佐证。

典型案例

某淘宝店铺客服接待了一名想要购买护肤品的买家,这个买家的主要诉求是想买一个温和的洗面奶,客服在接待的过程中,询问买家购买此种洗面奶的原因,深入挖掘痛点,了解到买家皮肤敏感,换季经常过敏的情况,客服推荐了符合买家要求的洗面奶,同时也推荐了同品牌同系列的水、乳液、面霜、精华。客服在和买家沟通过程中,取得了买家的信任,购买了很多商品。这名客服依靠自己的专业知识和素养,既推荐了符合买家要求的护肤品,后续收到买家好评,又展开了组合销售,提高了客单价。

知识拓展

电商客服不能一味地"王婆卖瓜,自卖自夸"。许多主播在介绍商品时不会只对优点夸夸其谈,而是真诚地从使用者角度去评价这个商品,甚至会直接说出某种商品的缺点,但大家要注意,这个缺点是不会影响销售的大问题。从买家角度来说,会对这样的主播产生信任感,电商客服也一样,要真诚地对待每一位买家。如果商品真的不适合买家,可以勇敢地说不,但是一定要马上推荐适合他的商品。

项目实训:酷摇小店开设

[实训目的]

通过酷摇小店的申请、店铺装修、商品上架和在直播中配置商品等操作,掌握直播平台变现依托的电商平台店铺开设与运营的通用能力。

[实训条件]

实训机房、手机、学生身份证等。

[实训内容及步骤]

1. 进入酷开单网站首页，进行店铺的注册和基本设置，详细步骤见前文。
2. 设置商品分类，上传商品，设置主图和详情页，填写商品属性，详细步骤见前文。
3. 对店铺行装修，详细步骤见前文。
4. 以"添加新气泡"和"添加新商品"两种方法对直播间进行销售商品配置，详细步骤见前文。

[实训提示]

选择电商平台店铺商品类目时，要和直播账号的变现目标商品类别一致。

本章小结

本章介绍了直播电商流量变现的关键一步。直播变现依托的电商平台有很多，但是都必须从店铺的申请与开设出发，进行店铺常规设置，对商品进行上下架管理，管理图片空间，对订单进行处理，管理仓库，选择适合的物流公司，进行发货。电商店铺的基本装修、主图和详情页设计，也是电商店铺的重要内容。店铺装修给买家创造赏心悦目的视觉体验的同时，也是激发买家购物欲望的一个有效方法。电商店铺上传商品后，要对直播间进行商品设置，把直播间的流量引入店铺，促使买家下单购买。直播店铺客服也是必不可少的一个角色，客服的基本素质和基本技能，需要加以掌握。客服在店铺运营中售前、售中、售后三个阶段的各自作用，三个阶段客服技能各自要求，都是学生需要掌握的知识和技能。

同步测试

（一）单项选择题

1. 电商店铺中的（　　）在直播电商中很重要，可以让买家了解商品的属性、详细数据、商品细节等。

　　A. 详情页　　　　B. 主图　　　　　C. 首页

2. 以微信视频号为例，配置商品里有两种配置方法，一种是配置（　　），一种是配置商品。

　　A. 气泡　　　　　B. 商品　　　　　C. 店铺

3. 淘宝直播依托的店铺多是（　　），抖音直播可以依托的店铺是抖音小店。

　　A. 抖音小店　　　B. 淘宝平台店铺　C. 微店

4. 在订单中，买家（　　），这就要求客服进行催付，询问不付款的原因，并进行记录。

　　A. 拍下没有付款　B. 拍下已付款　　C. 付款后提出退款

5. （　　）会影响店铺 DSR 评分，影响店铺权重，使店铺商品的展现量和转化率降低，卖家必须对其进行管控处理。

　　A. 店铺装修　　　B. 直播　　　　　C. 中差评

（二）多项选择题

1. 酷摇小店的常规设置包括（　　　）。
   A. 基本设置　　　　B. 关于我们　　　　C. 单位设置　　　　D. 首页装修
2. 店主可以针对自己的商品遵循（　　　）添加商品分类。
   A. 店铺的营销方案　B. 分类习惯　　　　C. 客户搜索习惯　　D. 一时兴起
3. 第一张主图都要求（　　　）。
   A. 商品清晰　　　　B. 展示卖点　　　　C. 标清价格　　　　D. 促销内容
4. 商品轮播图的存在价值是（　　　）。
   A. 让进店买家了解现阶段主打商品　　B. 主要促销活动
   C. 吸引顾客进行深度访问　　　　　　D. 让店铺看起来复杂
5. 备货总件数 = ((　　　) / (　　　)) / (　　　)，备货数量要在自己可控的范围内。
   A. 销售目标金额　　B. 预估售罄率　　　C. 售罄率　　　　　D. 每件单价

（三）简答题

1. 常见宝贝详情页的构成框架内容有哪些？
2. 请简述直播间购物袋配置的方法。
3. 在直播店铺中，客服应该具备哪些基本技能？

思考练习

有些直播电商店铺的商品主图只有一张，详情页特别简单，甚至没有，请分析这样的商品页面是否合格？

第八章

主播人设打造和运维

学习目标

知识目标	技能目标	思政目标
※ 掌握人设的基本概念和作用 ※ 掌握人设的基本类型 ※ 掌握强化人设标签的方法 ※ 掌握粉丝互动的方法	※ 能够打造一个完整的人设 ※ 能够较好地进行人设的输出 ※ 能够运用社群维护好人设	※ 具备批判性思维，有较高的分辨能力 ※ 具备较强创新思维和创造能力 ※ 具备良好的语言表达能力和沟通能力

思维导图

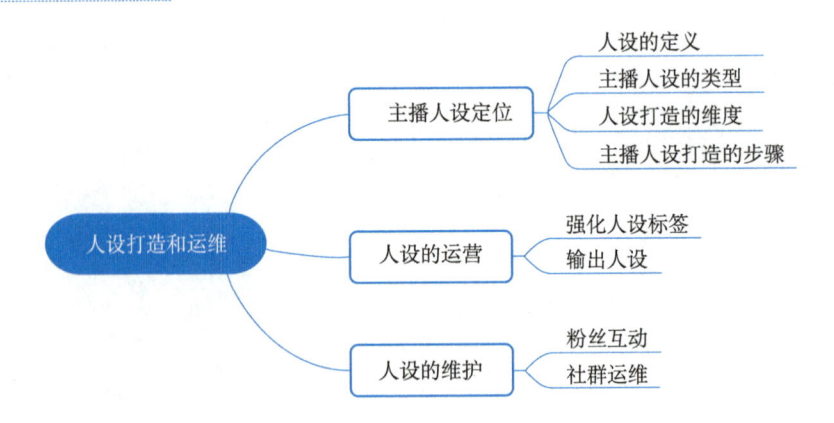

人设打造和运维
- 主播人设定位
  - 人设的定义
  - 主播人设的类型
  - 人设打造的维度
  - 主播人设打造的步骤
- 人设的运营
  - 强化人设标签
  - 输出人设
- 人设的维护
  - 粉丝互动
  - 社群运维

案例引入　酷摇二姐教直播

"欢迎大家每晚8:00准时相约酷播学堂直播间，这里是一个教直播、聊直播、陪伴主播成长的直播间，大家有关直播的问题都可以在这里提问。"这就是酷摇二姐在直播间每场直播的开场白。每晚8点，酷摇二姐都会风雨无阻地展开2小时直播，在直播间为她的粉丝们做直播问题答疑，目前已经连续直播700余场，陪伴10000余名主播成长，如图8-1所示。

图8-1　酷摇二姐的视频号界面

在过往直播培训过程中，酷摇二姐团队提出"90场直播打卡"概念，即必须经过基础90场直播练习，才能成为一名合格的主播。事实上，直播是一件较难坚持的事情，非常考验主播的韧性和耐心。因此，我们需要用21天让自己形成直播习惯，60天熟悉了解直播运营规则，90天形成自己的人设和控场技巧，以此成为一名合格主播。

然而，在酷摇二姐的线下培训过程中发现，90%以上的新手主播会因无法坚持而被淘汰。为此，酷摇二姐将自己的直播间定位为陪练打卡直播间，亲自带领大家直播打卡，为新手主播们答疑解惑。

案例分析

酷摇二姐将自己的人设定位为直播教学，她利用自身具备的30年实体经验和7年互联网从业经验的优势，将两者进行充分融合，在直播间将自己的直播创业经验传授给迫切需要转型升级的实体经营者，从而积累了大量精准粉丝，获得了粉丝信任，树立了一种接地气、真诚的教学类主播形象。

第一节　主播人设定位

一、人设的定义

近年来，"人设"一词在新媒体中盛极一时，不同的人有着不同的人设。在抖音、快手这样的短视频平台，随着流量获取难度加大、用户注意力阈值不断提高，主播要在激烈的"流量争夺"中取得优势地位，必须塑造和维护自我人设，利用语言、视频、文字、画面、音乐、音效等手段在互联网时代背景中建立起个性鲜明、具备较高辨识度、带有强烈"标签"的人设形象。

（一）什么是人设

人设，即人物设定的简称。有的专家认为，在营销学中"人设"通常视为可操作的形象化标签，包括体貌、性格、价值观等。也有学者提出，人设的本质是人的商品化，属于符号消费，建构人设的过程是人格符号化、故事化、标签化的结果。主播人设主要指的是主播的形象设定和角色定位。

关于"人设"一词的由来已较难考证，一般认为最早产生于日本漫画和小说中，用来形容二次元文学作品中的一些人物和角色的性格。第二阶段，伴随着影视行业的快速发展，"人设"一词继而被广泛应用。在每一部影视剧中，片中虚拟的人物角色都已被剧本设定好，具有鲜明的人物形象和特征，在观众脑海中形成深刻的印象。第三阶段，随着自媒体时代的来临，人设逐渐从明星的真实生活展开，挖掘打造出艺人独特的性格，实际就是在打造明星的人设。到了现阶段，短视频和直播平台兴起，为广大网民提供了展示自我的平台，激发了普通大众的创造力，一些具有独特人格魅力的主播涌现，主播人设打造逐渐受到主播和MCN机构的重视。

（二）人设的作用

在当前网络信息丰富多样的社会，人们的审美倾向趋于多元化，主播的人设塑造也呈现出多样化的趋势，这些富有鲜明的个性化人设在直播过程中，可以满足观众心理需求，吸引更精准的粉丝，在提升商业价值等方面产生不容忽视的影响。

1. 产生记忆点

在直播商品越来越同质化的今天，当路人观众首次进入直播间，如果主播具有鲜明特点的人设，可以让观众在短时间内快速产生记忆点，留下深刻的印象，促进主播从众多账号中脱颖而出，吸引更多的粉丝，并增加粉丝的黏性。

一个好的人设可以帮助主播快速锁定最可能喜欢自己的一类人，为自己做出优秀的用户区分，将这些观众慢慢聚集在自己的直播间，成为自己的忠实观众。每一种不同人设的主播都能对应吸引到喜欢他的粉丝，可见成功的人设能够使吸粉变得更加精准，更易获得流量。从观众到粉丝，再到下单购买，主播人设都是这些转化的基础和催化剂。

2. 满足观众期待

在网络虚拟环境中，观众身处娱乐至上的狂欢式文化氛围中，"人设"则给予大众心理愿望和情感趋向的宣泄式满足。在移情心理的影响下，粉丝会将自己的情感投射在主播身上，并期待获得某种个人情感满足。

因此，成功的人设能够赋予直播更高层次的观众心理需求，有助于建立主播与观众间的信任。例如，一些粉丝常常被划分为"妈妈粉""女友粉"等，划分依据就是粉丝所投射的情感。"妈妈粉"投射的是家长对孩子的情感，希望能见证主播的成长和进步；"女友粉"投射的则是对恋人的喜爱，将主播幻想成自己的另一半。由此可见，如今的粉丝对主播的喜爱在很大程度上取决于明星的人设与自身期待相符的程度。

3. 提升商业价值

优秀的人设自带流量，有利于更快传播有价值的内容，形成有认可度的用户聚集体，并形成裂变再次传播，最终获得流量变现。

具有鲜明特征的人设就相当于一个品牌，对带货而言可以起到一定的决定性作用。对于品牌方来说，挑选与本品牌商品特性相契合的代言人有增加受众信任度、提升销量的作用。比如具有"好爸爸"人设的主播，与售卖儿童用品、家居商品的品牌方合作，受众对其"好爸爸"人设的信任会迁移至品牌方，从而促进商品的销量提升。

二、主播人设的类型

随着直播带货的发展，带货主播达人也层出不穷，主播要想脱颖而出是较为困难的。在此环境下，如果有人设的加持，这类主播往往更招用户喜欢，更受用户信任，也更具有商业价值。主播常用的人设类型主要有以下几种。

（一）导购促销类

直播卖货归根到底是一种交易行为，所以导购促销类人设最重要的就是击中用户的真实需求，快速准确甚至超预期地匹配用户需求。比如有着多年化妆品线下柜台销售经验的主播，在用户提出购买化妆品的需求后，可以快速从价格、品牌、肤质等多个角度给到用户专业的消费推荐。这种人设最大的价值在于帮助用户缩短消费决策时间，信任形成后，让用户可以跟随主播推荐进行下单，形成强大的带货力。打造导购促销类人设，主播必须对商品的功能、参数、材质、效果、原理、使用场景、设计理念、使用方式等相关信息都非常了解，懂得商品的卖点和用户需求。

（二）兴趣技能类

随着商品种类的极大丰富，部分商品具有强意见领袖驱动的属性，需要美容师、穿搭师、健身主播等专家类角色帮助用户完成消费决策和商品消费。技能专家类人设最重要的就是商品背书和用户赋能，专家身份让商品更可信，专业技能让用户更受益。比如售卖蜂蜜等保健食品，营养师主播可以详细介绍商品的营养成分和保健成效；售卖面膜等护肤类商品，美容师主播可以传授用户护肤技巧。此外，主播的兴趣爱好使其对该领域具有更强的说服力，比如旅游、美食、探店等方面，通过将人设和兴趣爱好结合，在发挥自己擅长领域的同时还可以吸引精准粉丝。要想打造这类人设，主播本身必须具备硬干货、真实力，通过主播持续的专业知识分享来打造专家形象。

（三）知识输出类

目前直播平台上也有一定数量的粉丝是抱着学习的心态去观看直播的，从而也诞生了不少知识输出类主播，比如金融、法律、医生、教育等领域的专家，通过分享该领域专业性较强的知识，扩大粉丝的知识面，吸引粉丝的关注。因此，知识输出类主播主要传播知识、经验，最终塑造博学多识的专家学者形象，比如梁建章是这类主播的典型代表。

（四）明星网红类

对于部分用户来说，消费不仅仅是为了满足物质需求，还有精神需求，消费本身代表了用户对美好生活的期待和向往，买什么东西意味着自己是什么样的人。明星网红类人设最重要的就是通过娱乐型、才艺型、颜值型、幽默型等风格，吸引忠实的粉丝，自带光环，进而与商品相关联，形成流量转化。要打造明星网红类人设，主播必须既有内容又有趣，既能对商品如数家珍，又有自己独特的消费主张。

三、人设打造的维度

（一）形象与个性

样貌、着装等属于主播的外貌特征，是一个主播面对直播间观众的形象；性格、言行举止、价值主张等属于主播的内在个性，这些都有助于主播塑造鲜明立体的人设，给观众留下记忆点。例如，江燕主播是一名销售袜子的实体店老板，她在直播间穿着独特的民族服饰用英文销售袜子，通过民族服装给观众留下深刻的印象，产生了记忆点，如图 8-2 所示。

图 8-2　江燕主播的人设形象

（二）语言标签

主播的人设也可以从具有个人特色的语言标签着手，使之成为直播的亮点，给粉丝留下记忆点。比如主播的语言风格，是否有明显的口音；主播的声调、语气、音色等方面有没有辨识度等；主播在直播过程中是否出现一些独特的口头禅。此外，标签还可以是主播的肢体语言，如眼神、表情、手势、动作等方面，是否有频繁出现的动作。例如，某主播的口头禅有"我的妈呀！""oh，my god！""这个颜色也太好看了吧！""答应我，买它！"等，这些都是主播人设的关键标签。

（三）兴趣和专业

一些主播自身对特定的"事物""活动"等有较为强烈的兴趣爱好，如运动类、厨艺类、服装搭配类、娱乐类、游戏类等，并在该领域有一定的经验或者阅历。充分利用主播的兴趣爱好和专业能力，朝着自身感兴趣的方向塑造人设，是一种简单且高效的方法。例如，有的主播将自己的兴趣点定位为金融行业，通过输出专业领域的知识，打造金融专家的人设；有的主播通过才艺展示，打造娱乐型的人设；还有的主播有收集化妆品的爱好，可以通过测评化妆品功能、讲述使用心得、展示使用效果来打造美妆达人的人设。所以主播在塑造人设的时候，可以结合自身兴趣爱好并放大个人优势，展现出独特的个人魅力。

（四）直播环境

除了主播本身的鲜明特征外，还可以通过环境来打造人设标签，从直播间的灯光、背景、服饰、造型、道具、音乐等各种细节着手，明确直播场地是室内还是室外，服饰选择复古型还是商务型，灯光是冷色调还是暖色调等。例如，"洋洋洋 & 夹娃娃"主播的直播场景就是娃娃机，改变以往主播本人出镜的情况，能够让进入的观众第一时间了解主播的直播内容和特点，吸引感兴趣的观众停留观看。

四、主播人设打造的步骤

主播的有效识别度越高，越能够吸引和留住粉丝，而现在由于直播行业的火爆，直播定位严重同质化，压缩了主播的成长空间。如何在竞争激烈的主播中出圈，让用户注意到你，个人定位起到了至关重要的作用。下面就介绍一下主播人设打造的基本步骤。

（一）了解自身优势

主播可以根据自己的性格、兴趣爱好等方面来定位人设标签，无论什么样的风格，都要能和粉丝有一个良好的互动。新手主播可以把自己的性格、兴趣爱好一一列出来，然后从中寻找到自己的风格定位。

主播风格一定要在自己的性格特点基础上进行放大，不能背道而驰选择完全不符合自己的风格,这样很难坚持下去。主播的风格可以从这些类型角度去设定:幽默风趣型、活泼可爱型、成熟稳重型、知识专家等。

总之,在主播风格方面找准自己的定位,在直播过程中进行加强和放大,从而建立一个识别度很高的直播风格。这样无论你卖什么样的商品,总会有一批喜欢你风格的粉丝愿意进入你直播间听你说话,和你互动。

(二)发现观众需求

任何一个大众的普通价值需求如果进行放大,就能创造出巨大的价值。比如,教人制作PPT、写作、唱歌、理财等,还有更多大众需求潜力更大。任何人如果能够在某个领域做到极致,内容够好,那么在任何一个输出平台都能获得一定的机会。

许多头部主播都具有一个共同点,即在某个领域做到了极致,可以满足大众对这一方面的需求。也就是说,观众认为主播的内容对他(她)是有意义、有价值的,才会被主播吸引过来,并产生信任和购买行为。这就要求主播始终带着"带货"的思想去塑造人设,只有将商品售卖目标群体需求和主播的特征进行匹配,才能打造出具有粉丝黏性的主播人设。当然,这里的需求既可以指某些知识和技能,也可以是带来听觉或视觉上的刺激,也可以是情感上的共鸣等。

(三)定位个性化标签

在分析主播自身优势和了解用户需求的基础上,主播就可以根据性格(温柔、高压、泼辣等)、专业能力(运动、唱歌、养生等)、运营能力(销售、语言表达、动手能力等)、受众人群(性别、年龄、兴趣等)、资源匹配(团队、商家、场地等)、竞争环境(类目情况、市场容量、风险控制等)等多个方面的内容来确定主播的人设定位。在此基础上,打造一系列具有创新性的个性化标签也起到重要作用。主播必须要有自己的闪光点或特点,才能让观众记住你,比如浮夸的着装打扮或洗脑式的口头禅等。

(四)取一个出彩的名字

一个好的主播名字,不仅要念起来朗朗上口,能给人留下印象,还应该符合主播及直播间的风格特点,从而起到稳定和加强人设的作用。我们可以反向思考一下,比如进入直播间的粉丝昵称是"7364528""asdfghjkl"之类的,主播估计只会将其看作是一个"过客",因为这样的名字念起来比较困难,且在他下一次进入直播间时,主播一般也不会认识他,因为这样的昵称没有任何记忆点,很难被记住。

因此,主播取一个出彩的名字也是非常有必要的,名字应该包含以下几个特点。

1. 符合主播风格

主播的名字首先要符合自己和直播间的风格特点。不同风格类型、不同商品类型的主播,可以选择不同类型的名字。比如直播香水类商品的主播叫"小泽玛丽香",直播大牌彩妆的主播叫"某某品牌柜姐小芳",直播服装穿搭的主播叫"会潮搭的小兔"。用自己的特长、兴趣爱好或与某个相对出名的名字谐音等方式设计自己的主播昵称,展现出气质,让路人甲能在第一时间明白你的风格,进而被吸引进直播间。

2. 简单好记且新颖

主播的名字切忌过长或复杂,最好是简单易懂、好读好记的名字,这样粉丝才能快速记住,并留下印象。在简单好记的名字中,主播还要赋予名字一定的新意。部分主播名字举例及分析如表8-1所示。

表8-1 部分主播名字举例及分析

序号	主播名字	分析
1	酷摇二姐教直播	"酷摇二姐"是主播的称呼,再加上主播做的事是"教直播",构成了一个非常明确、清晰明了的主播名字。这样的名字也可以给人一种直接、可信赖的感觉
2	一身仙气|带货王	"一身仙气"这个名字很有吸引力,特别能够吸引喜欢仙女这种风格的粉丝。"带货王"也是主播未来努力的一个方向,同时可以表明主播现在正在从事的直播类型,让人在印象深刻的同时也能一目了然
3	甜小兔	可以看出,这是一个走甜美、可爱风格的主播名字,适合一些直播文艺商品、服装、日系风格商品的主播
4	小西装的格调	清晰地表明主播是售卖服装类商品的,名字也很好听,会让人产生想要了解的欲望
5	商标先生	这是一位专注于商业起名、商标注册的主播名字。名字直截了当,让人一眼就能明白主播是做什么的

(五)优化人设

主播定位不是一成不变的,在初期先将确立的定位进行试行,然后不断输出与固化人设。粉丝会根据主播传达的人设形象做出反馈,也可以从直播各项数据中验收效果。主播可以借助粉丝的反馈塑造更符合粉丝内心期望的人设,在后续直播过程中,不断优化和完善至最佳。例如,一个女装类目的主播,一开始的定位只是面向20~25岁的年轻女性,客单价50~100元,直播内容为商品推荐,这样的定位过于模糊,也不够出彩,根据资源整合和优化的结果,调整定位为年龄在27岁以上,有一定消费能力的职业女性,主要商品为汉服和养生商品,直播内容为传统文化、健康调理、养生等,丰富而又有相关性的直播内容可以产生极强的用户黏性和衍生能力。

> 课程思政园地

做一个传递正能量的主播

不管从事什么职业，从零开始总是非常困难的。在直播行列中，有这么一批人，拥有热爱直播的心和敬业的工作态度，用传递"正能量"的人格魅力，靠自身的实力一路披荆斩棘，让他们收获了一大批粉丝，获得了成功。以下这位主播，就是我们身边一个真实的主播案例。

藤编花姐，来自广西防城港，是一名自主创业女性，也是一名手工传承人，她能把一根根草藤变成一个水果篮、花瓶、杯垫、饰品盒、桌椅板凳等。利用这一独特手艺，她在直播间专注"藤编工艺品"编制，在直播间把一根根草藤变废为宝，观众对她的手艺赞不绝口。花姐通过一根根藤编，完美演绎了匠人匠心的传承精神。

第二节　人设的运营

一、强化人设标签

（一）深化观众记忆点

当主播挖掘到自身特点并通过不断优化打造自己的人设后，就不能随意改变，只有长久坚持才能给粉丝形成稳固的主播人设形象。此外，主播还需要对人设不断深化使观众形成记忆点，让观众将标签与人设紧紧联系在一起。

深化人设的方式是多种多样的，主播可以根据自身情况进行多元化的策划和实施。比如，在日后每一次直播活动的选题策划过程中，或短视频文案的策划中，不再随意地跟风和追热点，而是充分考虑内容是否与人设相符，是否有利于人设形象的输出等。通过持续产出人设高度一致的短视频和直播内容，可以不断强化粉丝对主播人设的印象，继而形成牢固的粉丝关系。

（二）提升主播专业度

当主播确认人设的塑造方向后，下一步就需要主播通过自身努力不断提升专业度，成为该领域的专业人士。粉丝的信任很大程度上来源于主播的专业度，主播学习的专业、从事的职业和积累的经验都是非常好的背书，可以让主播的人设更加立体饱满。比如"口红一哥"李佳琦，前期无人问津地直播了几年，坚持不懈地积累自己在美妆领域的经验，一直输出自己的人物设定，给自己的粉丝强化人设，形成品牌烙印，才能够在直播风口来临时收获大量粉丝。抖音平台主播"天元邓刚"，账号认证是"中国钓鱼运动协会技术推广总教练",他通过短视频和直播的方式边钓鱼边分享经验技术,强化主播专业钓鱼选手身份,增加粉丝的信任,目前吸粉超 2000 万,成为全网熟知的钓鱼大师,如图 8-3 所示。这样的例子还有很多,这些主播都通过不断提升自己的专业度来强化人设,增加粉丝的黏性。

(三)选择合适的商品

主播为自身打造人设最主要的目的就是带货,因此选对商品,让直播间销售的商品必须和人设保持一致,才能够实现销量的提升,从而获得商业变现。主播需要根据人设的定位方向选择适合的商品。比如主播"天元邓刚"在打造了钓鱼大师的人设后,在自己的抖音小店销售各种鱼竿、鱼饵、鱼线、防晒衣等相关商品,在讲解技术的同时介绍商品种类和特点,让观众看到在这些装备加持下的邓刚钓鱼收获满满,获得了很高的销量,从而让有购买需求的观众第一时间想到"天元邓刚",对其人设打造也起到了强化作用,如图 8-4 所示。

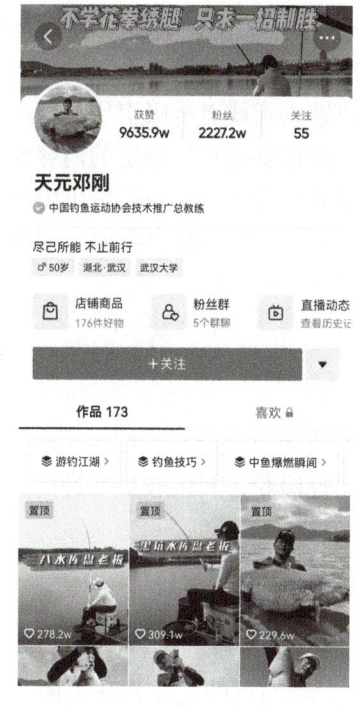

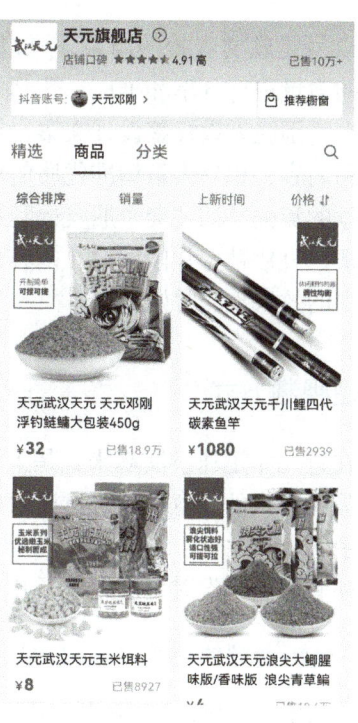

图 8-3 天元邓刚的抖音页面　　图 8-4 天元邓刚的抖音小店页面

二、输出人设

有了人物的基本设定之后,主播还需通过源源不断地输出内容,尽可能地把人物体现出来。在宣传过程中要高频率地曝光主播的人设,并用口号、文案、图片对用户进行强化洗脑。经过长时间的人设输出,使用户产生应激反应。输出人设的方式有图文、短视频、直播等。

(一)图文方式

随着互联网的高速发展,自媒体行业逐渐兴起,其中图片和文字是较为主要的一种形式。自媒体运营师利用公众号、微博等网络平台,通过图文的方式,对人设信息进行整理、编辑、修改形成内容,并向用户进行传播、收集反馈,使人设运营变得更为方便。以图文类型为主的自媒体平台有很多,如微博、微信公众号等。

1. 微博

微博为用户提供一个及时更新简短文本并可以公开发布的开放式分享平台。微博的曝光率高、受众广,引流效果较好,比如papi酱就是主要通过新浪微博来输出人设的。新浪微博主要可以围绕内容而展开,通过制作与人设有关的文案来吸引粉丝,并与粉丝产生互动,从而增加粉丝黏性。相对于博客、微信公众号来说,新浪微博的内容建设要容易些,因为微博的字数一般相对较少。

2. 微信公众号

微信公众号是软文吸粉的鼻祖,可以通过软文的形式为粉丝提供高质量的文章,可以借助粉丝的力量进行分享和推广,达到人设输出的目的。微信公众号的运营首先要有原创内容的输出,围绕人设标签设计文案,策划用户感兴趣或者能吸引用户眼球、引起用户共鸣的活动和内容,积累大量精准优质的用户。其次还要有长期稳定的内容输出,否则很容易造成粉丝的流失。如"交个朋友福利社"微信公众号不仅有直播资讯公布,还有围绕主播的小故事、直播精彩片段回放、内容分享等,还会不定时地送福利,引得粉丝相当活跃,人设输出的效果也非常好。

(二)短视频方式

短视频在近几年迅速发展起来,是人设输出的重要方式之一。短短15s的视频可以利用碎片时间吸引用户的注意力,也可以帮助主播迅速吸粉。目前较受欢迎的短视频平台包括抖音、快手等。

通过短视频输出人设时可使用以下几点技巧。

1. 故事是短视频的灵魂,人设是短视频的核心

围绕人物特征,用故事来输出人设。打造短视频的目的主要是从人的兴趣点出发创作内容来亲近用户,比如美妆人设发布的化妆视频会吸引爱美女孩的关注,养宠物人设拍摄萌宠视频会吸引宠物主人的关注等。我们可以通过故事内容,如环境、人物关系、行动等因素,尽可能准确地将人设的特征呈现出来。初期可以多关注热门视频,思考他们是如何起标题的、是如何与粉丝进行互动的、故事的亮点在哪里等,不断学习并创新。然而在实际制作短视频的过程中,一定要专注原创,切忌直接将别人的故事复制过来。那样即使前期能够积累一定粉丝,但难以拥有自身的核心竞争力,很难拥有较强的粉丝黏性。

2. 人设输出要进行多元化的展示

从细节入手，搭建起有血有肉的人物。在短视频内容中，人设需要呈现出完整的价值观，能够对事物表达出自己的态度，喜怒哀乐情绪丰富，有笑点、有泪点、有底线等。例如"papi酱"的人设是擅长精分搞笑，但她在每个短视频中又有核心主题来表达自己的立场，如讽刺了社会对女性的严苛要求等，用多元化的短视频内容给观众留下深刻印象，并对人设产生浓厚的兴趣。

3. 努力与粉丝产生共鸣

优质的短视频内容通常都要满足用户的某种精神需求，可以是情感的共鸣，也可以是某种幻想，精神层面的交流是获取粉丝忠诚度的关键，能激起用户情感的视频内容才是有价值的。如李子柒等农人文化的节目，就在一定程度上安放舒缓了都市白领的日常焦虑。

（三）直播方式

随着5G技术的发展，直播行业迎来新的发展机遇，"直播＋电商"新商业模式获得快速发展。主播可以利用直播间的流量较为迅速地输出自己的人设，将感兴趣的用户转化为忠实的粉丝。直播间的人设输出主要可以从以下几个方面着手。

1. 主播外在形象

直播间里，在传达人设信息过程中最核心的就是主播，而带给观众第一印象的则是主播的外形风格，因此可以先从主播的外形和亲和力开始设计，将外形与人设相匹配。如教育类的主播外形和气质一般属于知性类的，在直播时可以选择较为端庄的妆容和穿衣风格，忌露、忌透、忌紧，以休闲又不失正式为主，着装颜色不宜过于夸张，配饰不宜太炫丽夺目。例如，从事语文教学的葛皮皮老师，在直播中的穿着主要以简洁的西装为主，让粉丝感受到教师的庄重感；在生活视频或做公益的视频中则以休闲装为主，带给粉丝亲和力，如图8-5所示。

2. 直播间装修

直播间的装修可以直接反映直播的专业性，使用户体验更好，也可以对主播的人设起到烘托的作用，因此需要尽量根据主播风格打造对应调性的直播间风格。直播间背景和物品的摆放应以简单、大方为主，空间明亮

图8-5 葛皮皮的直播页面

整洁，色调和谐不突兀。如果是美妆、食品和居家用品等直播，在镜头前陈列的商品要有一定的层次感，方便粉丝观看。如果是居家教育类直播，场景应以生活化为主，可以选择厨房、客厅等比较有生活气息的地方作为直播间进行直播。

3. 直播内容有价值、有感染力

打造一个可以吸引某一类精准粉丝的人设，并通过直播间输出给粉丝，就需要主播真心实意地站在粉丝的角度替他们考虑，给粉丝传递有价值的直播内容。此外，在直播过程中，不能用过于平缓的语调，尤其在描述商品时需要热情主动，才能增强亲和力和信任度。介绍商品时应关注商品的卖点、功能、材质、价格等各方面细节，体现主播人设的专业度。同时，大部分商品还可以由主播亲自试用，并分享自己的试用感受，使主播人设更加贴近粉丝的生活。比如刘涛为自己打造了"刘一刀"人设，在直播间热情为粉丝砍价谋福利，输出了侠女这样非常酷的人设，如图8-6所示。

图8-6 刘涛淘宝直播首秀

第三节 人设的维护

一、粉丝互动

加强与粉丝的互动是主播进行人设维护的重要途径之一。直播间的粉丝比普通的观众具有更强的用户黏性与忠诚度，因此，与粉丝拉近距离并建立起充分的社交关系，不仅可以提高粉丝对主播人设的黏性，还可以通过互动转化推动直播效果的提升，是非常有必要的。

回看直播的发展历程，直播的起源不在传统电商平台，而在提供娱乐内容的社交平台。这就使得"娱乐+内容"成为目前乃至将来电商直播发展的重要趋势之一。因此，粉丝对直播的需求不仅在于满足购物的欲望，同时为了娱乐消遣，甚至不同个体尚存在不同的需求，这就需要通过多种渠道来收集粉丝需求信息，对直播内容进行优化与整理。

多互动是主播与粉丝建立信任关系的重要手段。在直播过程中，主播要多与粉丝进行互动，增强粉丝的参与感。互动越多，粉丝越容易信任主播。主播可以通过点名、回答问题、询问开放式问题、制造话题等方式与粉丝进行互动。

（一）点名式互动

主播可以通过点名式互动缩短与粉丝之间的距离，更多地让粉丝参与进来，使粉丝有被主播重视的感觉。同时，相较于自说自话，主播点名粉丝适当问一些互动的问题，也可以引发粉丝的好奇，吸引粉丝的注意力。比如当有新粉进入直播间时，主播可以说："欢迎XXX（粉丝ID名）进入直播间，咦，这名字真有意思啊。"如果是老粉进入直播间，主播也可以换种点名互动的方法："欢迎XXX（粉丝ID名）回来，主播发现我的每一场直播都能见到你，真的特别感动。"

（二）回答问题式互动

主播在直播的过程中要多看评论，有耐心、有重点地回答粉丝的问题。在直播中，粉丝会不时地询问一些没有听明白的问题，包括商品的细节、直播间的优惠活动等。由于粉丝进直播间的时间不一样，经常会出现主播刚回答完某个商品问题，又有粉丝提出相同的问题。当直播间人数过多，主播不能够及时看到每一位粉丝的提问，就要有重点地挑选并回答粉丝问的较多的问题。主播关注并回答粉丝的问题不仅为粉丝答疑解惑，也能让粉丝感受到主播的真诚与关注，从而加深对主播的好感。

（三）询问开放式问题互动

利用询问开放式问题引导粉丝参与直播，也是一种行之有效的互动方法。主播在直播时询问开放式问题，可以调动粉丝的积极性，让主播有机会和粉丝进行互动，让粉丝在与主播的互动中感到放松，更加自在地和主播进行交流。以零食为例，主播介绍完一款薯片后，提出了一个开放式问题："我个人比较喜欢原味的，你们更喜欢什么口味呢？"

巧妙地运用开放式问题和粉丝互动，提高粉丝的参与感，提升直播间粉丝的活跃度，加快沟通的频率，加深彼此的了解，有助于建立更加亲密、信任的关系。

（四）制造话题式互动

在几个小时的直播里，如果主播一直围绕商品展开长篇大论，难免让粉丝感到疲惫。因此，主播可以制造话题让粉丝展开讨论，调整直播节奏，带动粉丝的参与热情。在话题选择上，主播可以参考直播活动主题或者当下热搜话题，比较容易产生有争议的观点或者有价值的看法，推进讨论的持续进行。但是如果粉丝的情绪过于高昂，或讨论的时间过长，可能影响直播带货的效果，需要主播及时把控现场。

直播间的热度和粉丝与主播的互动是相辅相成的。主播把控好话题讨论的内容和时间，与粉丝积极互动，能够使直播间的氛围更加活跃，粉丝也会更愿意参与到直播互动中。

二、社群运维

主播凭借人设吸引了许多观众后，还要做好这些粉丝的运维工作。首先通过建立社群的方式，将直播过程中获得的流量成功转化为主播的粉丝，利用社群沉淀私域流量；其次当粉丝达到一定规模后，也要时刻重视对粉丝的维护，通过在社群中持续输出内容和定期开展活动与粉丝建立情感链接，将粉丝转化为忠实粉丝；最后当忠实粉丝达到一定规模后，通过社群进行裂变，打造社群矩阵。

那么何为社群（Community）？广义而言是指在某些边界线、地区或领域内发生作用的一切社会关系。互联网中的社群是指通过一个明确的主题内容或共同兴趣，以社交工具为承载（QQ群、微信群、贴吧、朋友圈、线下活动等），建立的满足用户之间沟通需求的团体和组织。

主播建立社群是非常有必要的，可以让主播快速接触和认识粉丝，对粉丝画像进行深入了解，便于对塑造的人设进行有针对性的丰富和延展，大大减少直播的宣传引流费用，提高直播带货的转化率。许多头部主播早已将直播和社群打通形成闭环链路，社群成为头部主播触达粉丝的高效平台。

（一）建立直播粉丝群

根据站内和站外建立粉丝群的不同功能，将直播粉丝群分为两大类。

1. 利用平台提供的功能站内建群

为了给主播提供与粉丝之间互动的渠道，帮助主播更好服务有价值的粉丝，许多直播平台提供了建立粉丝群的功能，这里主要以淘宝直播和腾讯直播为例进行说明。

（1）淘宝直播建群操作步骤

目前，淘宝直播创新群聊主要有两种方式：

①店铺主账号登录手机淘宝客户端，点击左上角扫描，扫描二维码（见图8-7）直接建群。

②店铺主账号登录手机淘宝客户端，点击"消息"，再点击"+"，选择"创建群"。

（2）腾讯直播建群操作步骤

腾讯视频号为主播提供了"粉丝团"功能模块。粉丝团是见证粉丝与主播亲密关系的重要功能，让主播经营粉丝有了一个强大的工

图8-7 淘宝平台建群二维码

具,加入主播的粉丝团,粉丝就会获得特殊的身份标签和等级,不同等级有不同的特权。

粉丝团功能通过给粉丝设置直播间的特权身份标识和等级,使粉丝评定有了量化工具,并且非常直观醒目。此外,主播还可以根据粉丝团的等级关系,对不同等级的粉丝进行分层精细化运营,根据不同粉丝团等级对不同粉丝提供不同的特权,例如,只有粉丝团粉丝才可以下单购买或领取某福利,促进关注转化成粉丝团粉丝;针对 12 级粉丝团粉丝,提供免费咨询服务,线下见面等特权;持有 12 级粉丝团令牌,可以提供特殊便利化和优惠服务等。主播还可以根据自己的业务逻辑去设计不同的粉丝团特权,让粉丝通过拥有特权增加荣耀感、参与感、归属感、信任度,增强粉丝的黏性和身份认同,这就是分层精细化粉丝运营。

粉丝团人数的多少,在某种程度上比多少人关注主播更为重要,因为粉丝团是主播建立私域流量池的最好管理工具之一,也是进入一个新粉丝经营时代的标志。

具体操作步骤为:主播打开微信,点击"发现"按钮,点击"视频号",选择右上角" "按钮,点击"发起直播",再点击右上角"…",即可以看到"粉丝团"功能,点击后即可开通粉丝团,如图 8-8 所示。

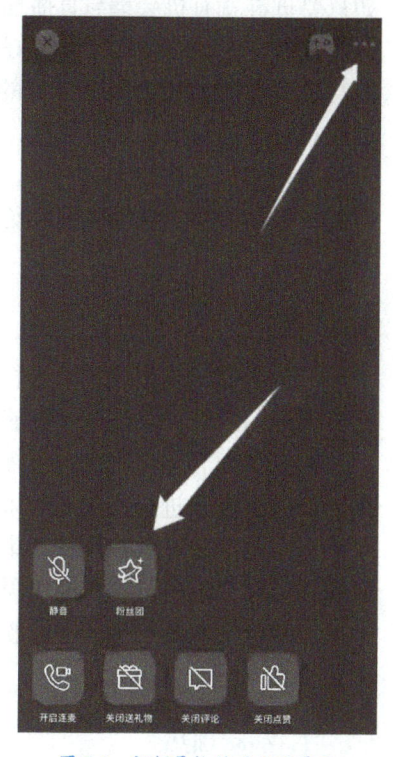

图 8-8 视频号粉丝团开通界面

2. 利用即时通信工具站外建群

当主播通过直播平台为自己吸引大量粉丝后,接下来还可以运用 QQ、微信群、企业微信群等三种即时通信工具的建群方法,通过建群的方式拉近和粉丝的距离,积蓄更多的流量,最大化挖掘粉丝价值。

根据腾讯财报显示,腾讯微信及 WeChat 月活跃用户达 12.1 亿,已成为中国互联网历史上第一款月活用户突破 10 亿的产品。从数据上可以看出,微信已沉淀了大量用户,是目前国内移动互联网最大流量入口和最大社交平台,主播一定要充分利用微信强大的社交互动功能来沉淀流量和维护粉丝。微信社群运营主要是通过建立微信群来实现的。具体操作步骤如下:

在微信界面点击右上角"+";点击"发起群聊",如图 8-9 所示,点击发起群聊的通信好友后,在右上角点击"完成"即可。建群成功后可以在群设置界面对微信群的名称、群公告等信息进行编辑。

微信群创建后,主播可以在直播间放置二维码或者社群号,引导粉丝进入社群。首先要在社群里积蓄

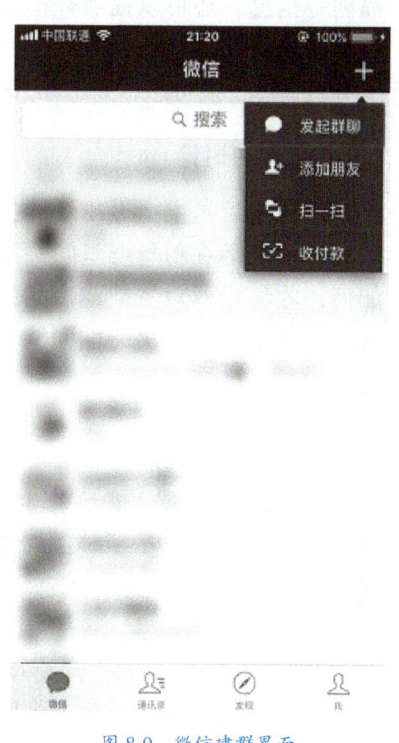

图 8-9 微信建群界面

更多的流量,通过引流诱饵吸引更多的用户进群,引流诱饵也要结合客户的需求去设置。如只要进群就有机会参与直播抽奖,进群可以参与商品秒杀,进群即有机会获得学习资格等。此外,主播也要提前设置好清晰化的群规和奖惩制度,让粉丝遵守规则可以便于后续的管理。比如新粉进入李佳琦的粉丝群后会被要求将昵称改为"地区+肤质+昵称",通过收集粉丝的地域、肤质信息,提供更精细化的商品和服务。

当粉丝积累比较多的时候,也可以对粉丝进行等级划分,如对老粉丝和新粉丝的互动群进行分类,将不同等级的粉丝导流到不同的社群中,运营起来也更具有目标性。

(二)持续输出内容

社群内容的输出是主播进行社群运营的重要步骤,主播要想经营好社群,就必要注重社群内容的规划和输出,才能够为后续社群的留存和转化打好基础。

在进行内容输出之前,主播首要做好规划工作。一个人设的产生和发展,需要不断推出新的内容来进行强化,如果社群长时间没有内容输出,就会降低粉丝的活跃性,从而取消对主播的关注。相反,如果社群太活跃,而粉丝只是闲聊,就很容易变成水群,使社群失去了存在的价值。由此可见,规划好社群输出内容非常有必要,主播可以通过分享有价值、粉丝感兴趣的内容,让粉丝更活跃,保持群里的热度,增加粉丝黏性。社群内容输出主要有以下几类。

1. 活动预热

提前告知粉丝直播清单,介绍直播时间、主题、福利等信息。还可以提前种草直播商品,让粉丝对商品有初步认知和信任,并通过一系列的预热活动让粉丝对直播产生期待感,如图8-10所示。

2. 互动讨论

下播之后是主播做粉丝维护的最好时间,主播可以在下播之后在粉丝群里问一下粉丝自己今天的表现如何,收集粉丝对主播或商品的反馈。同时,还可以通过群聊回复粉丝关心的问题,提升信任感,促进成交,如图8-11所示。

3. 日常关怀

有温度的服务,能培养主播和粉丝之间的感情,增加粉丝的信任感。一般日常关怀的形式有早晚安问候、节日问候、天气变化等真实关怀,增加情感值。

4. 专业分享

(1)科普知识:结合品牌定位和商品特点,分享

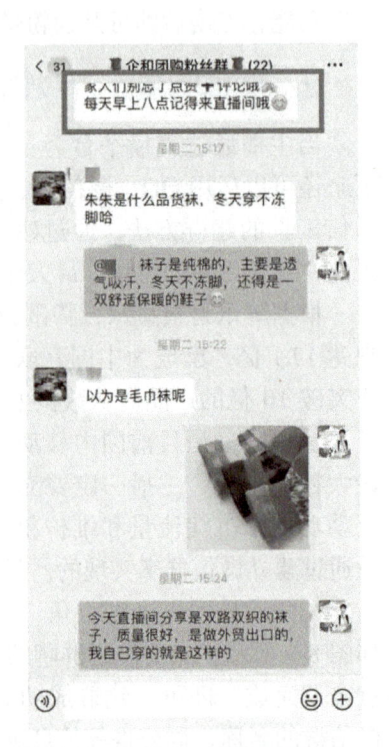

图8-10 企和粉丝群预热界面

相关知识。比如卖水果的，可以分享水果科普知识，母婴的可以分享育儿知识，美妆的可以分享化妆技巧等内容，同时结合自己的商品，更好地宣传商品，帮助转化。

（2）行业干货：分享行业知识，让粉丝可以直接下载获取资料，感受到社群的价值，提高留存率。

（3）商品介绍：在群内介绍商品，进行商品展示，让粉丝更好地了解商品，促进购买。同时，也可以带动粉丝自发性地种草，比如说分享使用感受，通过老客户的分享不仅把商品的功效卖点呈现了出来，还能让潜在客户对商品更加了解信任，为后端的带货做好铺垫。

5. 生活分享

（1）资讯新闻：筛选出最近的时事热点资讯，分享到群里，让粉丝打开手机，就能快速了解时事内容，并养成定时打开社群的习惯。

（2）其他分享：分享内容可以不局限于自身商品内容，比如美妆行业也可以分享服装搭配技巧，如果粉丝对这些内容是感兴趣的都可以适当分享，增加黏性。比如主播雪梨除了直播相关内容，其助理还会经常在群内发布雪梨的生活日常，包括雪梨儿子的穿搭等，增强主播人设可信度。

图 8-11 企和粉丝群回复粉丝提问界面

6. 发放福利

主播在社群发放福利，给粉丝一些物质刺激，是活跃社群的一种有效方式，如红包或礼品。例如，在群里组织定期签到的活动，签到的积分可以兑换奖品；群内开展抽奖、打榜、发红包等活动，以此增加粉丝黏性；也可以给群内粉丝秒杀等优惠特权，用折扣调动粉丝的积极性等，如图 8-12 所示。

7. 活动运营

可以在群里组建内容分享活动，邀请粉丝做分享会，增加粉丝的参与感，也可以做一些有趣的游戏等活动，比如李佳琦粉丝群会组织"手绘理想家"等小活动，粉丝可以通过参加各种小活动来获取奖品，群里的机器人还有寂寞陪伴的功能，只要在群内回复"星座名＋运势"，就能出现当天的运势情况，粉丝在群里玩得乐此不疲。

图 8-12 企和粉丝群发放福利界面

(三)进行社群裂变

主播在稳定维护好粉丝群后,如果想继续扩大社群规模,就可以通过一系列活动进行社群的裂变,即借助群体效应引导粉丝线上转发分享以红包或优惠福利等为噱头的活动,吸引其他用户加入社群,从而达到裂变效果。

1. 培养社群种子用户

主播要善于甄别和利用社群里的种子用户。通常来说,种子用户具备三个明显的特征:

(1)活跃度高、影响力大。
(2)质量大于数量,贵精不贵多。
(3)经常反馈商品使用问题或建议。

这些种子用户可以是问题的提出者,也可以是问题的解决者。他们不但在群内表现活跃,而且还会积极传播社群及拉新人进群,从而保证社群不断有新人加入。对于这些可贵的种子用户,主播要善于甄别和培养,如邀请他们出任群管理员,增强对社群的责任感;当他们在群里提出问题时要及时予以回应;组织线下活动时,当众介绍他们给其他群友认识,并感谢他们在群里的付出等。

2. 挖掘裂变内容

首先要分析裂变用户的精准画像,挖掘用户的兴趣点,确定通过哪些类型的福利可以打动目标用户,如实体商品、虚拟商品、服务等,只有满足用户痛点才能为下一步裂变做好充足准备。

在社群裂变的过程中,载体就是宣传海报,对传播效果起到一定的关键性作用。海报的美观度是非常重要的,尽量保持内容简洁、清晰。文案要直击痛点,制造一些紧迫感、稀缺性,以此更好地吸引用户。

3. 实施裂变方法

对于一般的社群成员来说,让他们主动产生拉新人进群的行为是较难的,因此,主播要实现社群的粉丝裂变,就要考虑如何激发群员的欲望,让他们乐意拉新。例如,主播可以结合商品促销政策,限时邀请新人购买商品或拉新人入群的,邀请人和被邀请人都可以获得一份额外的惊喜,通过以老带新的方式引导老用户主动邀请新用户参与。此外,优惠券、红包等福利也是一些比较好的诱饵,如果能够加入一些创意和有趣的元素,则更加可以有效增加裂变效果。

本章小结

本章主要介绍了主播人设的打造和运维,包括人设的基本概念和作用、人设打造的步骤、人设标签的强化、人设输出的方式、社群维护等。随着新媒体和直播电商的快速发展,大量主播涌入该领域想分得一杯羹。然而,想让观众产生记忆点并脱颖而出,还需要对自身进行修炼,打造一个具有鲜明特点的人设。希望同学们经过本章的学习,能够掌握人设打造的基本步骤和方法，为自己打造一个合适的人设，发挥自身独特的人格魅力。

同步测试

（一）单项选择题

1. 导购促销类主播的特点有（　　）。
   A. 擅长健身　　　　　　　　B. 对商品如数家珍
   C. 喜欢弹古筝　　　　　　　D. 颜值较高

2. 刘涛的"刘一刀"人设帮助她吸引了不少寻求商品优惠和福利的女性网友，这主要体现了人设的哪一个作用（　　）。
   A. 实现情感投射　　　　　　B. 吸引精准粉丝
   C. 提升商业价值　　　　　　D. 丰富人设种类

3. 不属于主播人设打造维度的是（　　）。
   A. 体貌　　　　B. 角色　　　　C. 性格　　　　D. 性别

4. 下列不属于社群输出内容的是（　　）。
   A. 发布直播预告　　　　　　B. 回答粉丝的提问
   C. 发放福利　　　　　　　　D. 粉丝闲聊

5. 下列哪项不是实现社群裂变的有效方法（　　）。
   A. 制作宣传海报　　　　　　B. 增加直播时长
   C. 培养社群种子用户　　　　D. 设置粉丝邀请新人福利

（二）多项选择题

1. 小李想打造属于自己的人设，下列信息中哪些可以作为他打造人设的维度？（　　）
   A. 喜欢养宠物　　　　　　　B. 经常去健身
   C. 非常擅长烹饪　　　　　　D. 每天朝九晚五的上班

2. 下列哪些属于一个优秀的主播人设所具备的特征？（　　）
   A. 鲜明特征　　B. 价值输出　　C. 商业变现　　D. 核心突出

3. 以下哪些情况可能导致主播人设崩塌？（　　）
   A. 直播间销售假冒商品
   B. 主播被扒出黑料
   C. 当粉丝收到商品不满意后主播主动在直播间道歉
   D. 主播在直播中爆粗口

4. 以下属于主播运营人设的方式有（　　）。
   A. 图片　　　　B. 文案　　　　C. 短视频　　　　D. 直播

5. 下列哪些主播账号名更有利于加强主播人设标签？（　　）
   A. 我是董小姐
   B. 商标先生
   C. 最懂海鲜的曹某
   D. 杭州陈先生

（三）简答题

1. 主播打造人设的基本步骤是什么？
2. 人设输出时，可选择哪些以图文类型为主的自媒体平台？
3. 建立直播粉丝群的方式有哪些？

项目实训：人设打造

[实训目的]

1. 初步认识主播的人设类型
2. 掌握主播人设的打造的步骤

[实训内容及步骤]

以小组为单位，为本组的主播同学打造一个合适的人设，并填写下列表格。

主播姓名	
挖掘主播的特点	
主播名称（账号名）	
主播人设类型	
主播的个性化标签	

第九章

直播电商法律法规

学习目标

知识目标	技能目标	思政目标
※ 掌握的电子商务法的特点 ※ 掌握《中华人民共和国电子商务法》的重要条文 ※ 掌握《网络直播营销管理办法》的重要条文 ※ 掌握《市场监管总局关于加强网络直播营销活动监管的指导意见》的重要条文内容和特点	※ 能够掌握各项法律和管理办法对主播的要求，在直播过程中遵守这些要求，不违规，不违法	※ 具备一定的道德素养，直播的内容符合社会主义核心价值观，合规合法

思维导图

直播电商法律法规
- 电子商务法概述
  - 电子商务法的概念
  - 电子商务法的特点
  - 电子商务法的基本原则
- 《中华人民共和国电子商务法》
  - 《中华人民共和国电子商务法》特点
  - 重点条文摘录
- 《网络直播营销管理办法》
  - 年龄规定
  - 避免主播逃税漏税
  - 直指主播诋毁、谩骂观众行为
- 《市场监管总局关于加强网络直播营销活动监管的指导意见》
  - 总体要求
  - 重要条文内容和特点

直播销售

案例引入

2020年10月，某平台主播在直播时向粉丝推荐了一款燕窝商品。11月有消费者质疑其在直播间售卖的即食燕窝"是糖水而非燕窝"，并要求主播对此做出解释。随后，主播在直播间开数罐新燕窝进行演示并拿出了商品检验报告自证清白。后又召回全部该燕窝商品，并且先行承担退一赔三责任，12月市场监管部门亦对此事进行调查，对主播进行罚款，对直播间账号封禁60天。"不以规矩，不能成方圆"。我国出台了电商法规和行业规范，以加强行业指导与法律监管，推动电商直播健康发展。

第一节 电子商务法概述

电子商务是指以信息网络技术为手段，以商品交换为中心的商务活动；也可理解为在互联网、企业内部网和增值网上以电子交易方式进行交易活动和相关服务的活动。

一、电子商务法的概念

电子商务法有广义和狭义两种解释。广义的电子商务法是指调整电子商务活动中所产生的社会关系的法律规范的总称。它至少包括了调整以电子商务为交易形式和调整以电子信息为交易内容的两大类法律规范。如联合国的《电子商务示范法》《电子资金传输法》，美国的《电子资金划拨法》《统一计算机信息交易法》等。狭义的电子商务法是指调整以数据电信为交易手段而形成的因交易形式所引起的商事关系的法律规范，包括以"电子商务法"或"电子交易法"命名的法律规范，也包括其他各种制定法中有关电子商务的法律规范。如《中华人民共和国刑法》《中华人民共和国电子商务法》《中华人民共和国合同法》等都对信息应用、互联网以及电子商务运营实施管理做出了一些直接的规定。

从全球电子商务及电子商务立法实践来看，广义的电子商务法概念通俗易懂，便于应用于将电子商务法作为一个法律群体，但在具体的立法和司法实践中难以运用。从立法和研究的角度来看，狭义的电子商务法概念比较适用于实际的电子商务活动。本书也采用狭义电子商务法的概念。

二、电子商务法的特点

电子商务法作为调整网络环境下商务活动的法律具有以下几个特点。

（一）技术性

电子商务是现代技术和传统商务结合的产物，然而传统法律法规所调整的社会关系不具有技术性的特点，因此不能解决如数据传送、电子签名等技术问题。在电子商务法中，许多法律规范都是将法律与现代高科技相结合，甚至是直接或间接地由技术规范演变而成的。电子商务法对电子商务的有关技术方面的问题和内容进行合理规定，保证电子商务在这个信息时代能有一个正规化和法制化的环境，保证健康成长。

（二）安全性

阻碍电子商务发展的最大威胁之一就是电子商务的安全问题，计算机网络的开放性、横向的"黑客"和计算机病毒的攻击，让网络极其脆弱。因此，有效地解决电子商务安全问题，预防和打击各种计算机犯罪活动，切实保证电子商务系统的安全运行，是电子商务法的又一特征。

（三）程序性

电子商务法中有很多程序性规范用来调整解决交易的形式性问题，一般不直接涉及交易的内容。在电子商务中以数据信息作为交易内容的法律问题复杂多样，需由不同的专门法律规范予以调整。所以说电子商务法所调整的是当事人之间因交易形式而引起的权利义务关系，即数据电子市场是否有效、是否归属于某人、电子签名是否有效、认证机构的资格如何等都属于程序法的范畴。电子商务法规所解决的都是程序方面的问题，并未直接涉及交易的实体权利和义务。

（四）开放性

电子商务法是关于以数据电信进行意思表示的法律制度，而数据电信在形式上具有多样化的特点，并且还在不断发展之中，因此，立法过程中必须以开放的态度对待任何技术手段与信息媒介，设立开放型的规范，包容不断发展变化的电子商务技术。

（五）复合性

电子商务交易关系的复合性来源于其技术手段上的复杂性和依赖性，它表现在通常当事人必须在第三方的协助下才能完成交易活动。例如，在合同订立中，需要有网络服务商提供接入服务，需要有认证机构提供数字证书等。在线合同的履行可能需要第三方加入协助履行，例如，在线支付往往需要银行的网络化服务。这就使得电子交易形式具有复杂化的特点。实际上，每一笔电子商务交易的进行都必须以多重法律关系的存在为前提，要求多方位的法律调整。

三、电子商务法的基本原则

（一）安全原则

保障电子商务网络交易的安全，是电子商务法承担的最重要的任务和基本原则。电子商务在今天快速发展，无处不在，其安全性是其存在与发展的基础。在确立了技术安全后，必须将安全措施等在法律上进行规范，明确电子商务活动参与方的职责、权利与法律责任。营造和维护网络交易的安全是电子商务法立法的初衷和理由。

（二）交易自由原则

在市场经济规律的作用下，电子商务赋予交易的参与者充分的自由，法律必须予以尊重这种自由，电子商务才能迅速发展。在电子商务交易过程中，当事人可以全面表达和实现自己的意愿，在预留的空间中丰富交易内容，活跃交易秩序。

（三）开放透明原则

随着当今电子商务的快速发展，科技和电子技术也不断进步和发展，很多新的技术产品和技术标准必将服务电子商务。电子商务要实现最大限度的互联，就必须及时开放和统一技术标准，因此，确立标准开放的原则是很有必要的。

（四）保护消费者原则

电子商务活动中的消费者享有传统商业模式下消费者的各项权利。此外，由于电子商务的特色性，网络消费者还应享有对交易合同的反思权和反悔权。发生纠纷时，应有保障消费者权益和信息安全的法律规范。

典型案例

唯品会超级VIP会员吴某，因84.54%的高退货率，被唯品会依据用户协议冻结账户，吴某不服起诉。法院经审理认为，消费者虽享有退货权，但若退货行为长期超过消费者普遍的退货率，则该行为有悖于诚实信用原则，构成权利滥用。本案中，法院的裁判规则对消费者滥用权利做出消极评价，肯定了电商平台自治对网络空间治理的重要作用，为日后类似案件的审理提供了有效参考和指导，同时，有利于引导消费者合理行使权利，发挥平台自治对营造良好网络秩序的重要作用，从而推动电子商务市场的进一步发展。

> **课程思政园地**

电子商务现在处在一个法律监管下，自由、平等的环境，公正和法治是大家要具备的价值理念。一个合格的直播电商从业者应该具备良好的法律意识及高尚的职业素养，在工作中诚实守信，遵纪守法。

第二节 《中华人民共和国电子商务法》

《中华人民共和国电子商务法》于2019年1月1日开始施行，为了保障电子商务各方主体的合法权益，规范电子商务行为，维护市场秩序，促进电子商务持续健康发展，制定本法。

一、《中华人民共和国电子商务法》特点

根据全国人大财政经济委员会副主任委员尹中卿就《中华人民共和国电子商务法》答记者问所述，《中华人民共和国电子商务法》（以下简称《电子商务法》）主要有如下特点。

（一）严格范围

因为电子商务具有跨时空、跨领域的特点，所以《电子商务法》把调整范围严格限定在中华人民共和国境内，限定在通过互联网等信息网络销售商品或者提供服务，因此金融类商品和服务，利用信息网络提供的新闻、信息等方面的内容服务都不在这个法律的调整范围内。

（二）促进发展

因为电子商务属于新兴产业，所以《电子商务法》就把支持和促进电子商务持续健康发展摆在首位，拓展电子商务的空间，推进电子商务与实体经济深度融合，在发展中规范，在规范中发展。所以法律对于促进发展、鼓励创新做了一系列的制度性的规定。

（三）包容审慎

目前我们国家电子商务正处于蓬勃发展的时期，渗透广、变化快，新情况、新问题层出不穷，在立法中既要解决电子商务领域的突出问题，也要为未来发展留出足够的空间。《电子商务法》不仅重视开放性，而且重视前瞻性，以鼓励创新和竞争为主，同时兼顾规范和管理的需要，这就为电子商务未来的发展奠定了体制框架。

（四）平等对待

电子商务技术中立、业态中立、模式中立。在立法过程中，各个方面逐渐对线上线下在无差别、无歧视原则下规范电子商务的市场秩序，达成了一定的共识。所以法律明确规定，国家平等地对待线上线下的商务活动，促进线上线下融合发展。

（五）均衡保障

这些年的实践证明，在电子商务有关三方主体中，最弱势的是消费者，其次是电商经营者，最强势的是平台经营者，所以《电子商务法》在均衡地保障电子商务这三方主体合法权益的同时，适当加重了电子商务经营者，特别是第三方平台的责任义务，适当地加强对电子商务消费者的保护力度。现在这种制度设计是基于我们国家的实践，反映了中国特色，体现了中国智慧。

（六）协同监管

根据电子商务发展的特点，《电子商务法》完善和创新了符合电子商务发展特点的协同监管体制和具体制度。法律规定国家建立符合电子商务特点的协同管理体系，各级政府要按照职责分工，没有确定哪个部门是电子商务的主管部门，根据已有分工，各自负责电子商务发展促进、监督、管理的工作。在这样的情况下，监管的要义就在于依法、合理、有效、适度，既非任意地强化监管，又非无原则地放松监管，而是宽严适度、合理有效。

（七）社会共治

电子商务立法运用互联网的思维，充分发挥市场在配置资源方面的决定性作用，鼓励支持电子商务各方共同参与电子商务市场治理，充分利用电子商务交易平台经营者、电子商务经营者所形成的一些内生机制，来推动形成企业自治、行业自律、社会监督、政府监管这样的社会共治模式。

（八）法律衔接

《电子商务法》是电子商务领域的一部基础性的法律，但因为制定得比较晚，所以其中的一些制度在其他法律中间都有规定，所以《电子商务法》不能包罗万象。电子商务立法中就针对电子领域特有的矛盾来解决其特殊性的问题，在整体上能够处理好《电子商务法》与已有的一些法律之间的关系，重点规定其他法律没有涉及的问题，弥补现有法律制度的不足。比如在市场准入上，与现行的商事法律制度相衔接；在数据文本上，与合同法和电子签名法相衔接；在纠纷解决上，与现有的消费者权益保障法相衔接；在电商税收上，与现行税收征管法和税法相衔接；在跨境电子商务上，与联合国国际贸易法委员会制定的电子商务示范法、电子合同公约等国际规范相衔接。

二、重点条文摘录

（一）适用对象

第二条规定中华人民共和国境内的电子商务活动，适用本法。本法所称电子商务，是指通过互联网等信息网络销售商品或者提供服务的经营活动。法律、行政法规对销售商品或者提供服务有规定的，适用其规定。金融类商品和服务，利用信息网络提供新闻信息、音视频节目、出版以及文化商品等内容方面的服务，不适用本法。

（二）电子商务经营者的市场主体登记

第九条规定本法所称电子商务经营者，是指通过互联网等信息网络从事销售商品或者提供服务的经营活动的自然人、法人和非法人组织，包括电子商务平台经营者、平台内经营者以及通过自建网站、其他网络服务销售商品或者提供服务的电子商务经营者。本法所称电子商务平台经营者，是指在电子商务中为交易双方或者多方提供网络经营场所、交易撮合、信息发布等服务，供交易双方或者多方独立开展交易活动的法人或者非法人组织。本法所称平台内经营者，是指通过电子商务平台销售商品或者提供服务的电子商务经营者。

第十条规定电子商务经营者应当依法办理市场主体登记。但是，个人销售自产农副产品、家庭手工业产品，个人利用自己的技能从事依法无须取得许可的便民劳务活动和零星小额交易活动，以及依照法律、行政法规不需要进行登记的除外。

（三）电子商务经营者的税务登记及纳税义务

第十一条规定电子商务经营者应当依法履行纳税义务，并依法享受税收优惠。依照前条规定不需要办理市场主体登记的电子商务经营者在首次纳税义务发生后，应当依照税收征收管理法律、行政法规的规定申请办理税务登记，并如实申报纳税。

第二十八条规定电子商务平台经营者应当按照规定向市场监督管理部门报送平台内经营者的身份信息，提示未办理市场主体登记的经营者依法办理登记，并配合市场监督管理部门，针对电子商务的特点，为应当办理市场主体登记的经营者办理登记提供便利。

电子商务平台经营者应当依照税收征收管理法律、行政法规的规定，向税务部门报送平台内经营者的身份信息和与纳税有关的信息，并应当提示依照本法第十条规定不需要办理市场主体登记的电子商务经营者依照本法第十一条第二款的规定办理税务登记。

（四）电子商务经营者依法取得行政许可的义务

第十二条规定电子商务经营者从事经营活动，依法需要取得相关行政许可的，应当依法取得行政许可。第十五条规定电子商务经营者应当在其首页显著位置，持续公示营业执照信息、与其经营业务有关的行政许可信息、属于依照本法第十条规定的不需要办理市场主体登记情形等信息，或者上述信息的链接标识。前款规定的信息发生变更的，电子商务经营者应当及时更新公示信息。

（五）电子商务经营者销售的商品或提供的服务应符合法定要求

第十三条规定电子商务经营者销售的商品或者提供的服务应当符合保障人身、财产安全的要求和环境保护要求，不得销售或者提供法律、行政法规禁止交易的商品或者服务。

第七十五条规定电子商务经营者违反本法第十二条、第十三条规定，未取得相关行政许可从事经营活动，或者销售、提供法律、行政法规禁止交易的商品、服务，或者不履行本法第二十五条规定的信息提供义务，电子商务平台经营者违反本法第四十六条规定，采取集中交易方式进行交易，或者进行标准化合约交易的，依照有关法律、行政法规的规定处罚。

（六）电子商务经营者向主管部门提供数据信息的义务

第二十五条规定有关主管部门依照法律、行政法规的规定要求电子商务经营者提供有关电子商务数据信息的，电子商务经营者应当提供。有关主管部门应当采取必要措施保护电子商务经营者提供的数据信息的安全，并对其中的个人信息、隐私和商业秘密严格保密，不得泄露、出售或者非法向他人提供。

（七）与消费者密切相关的亮点及监管要点

第十八条规定电子商务经营者根据消费者的兴趣爱好、消费习惯等特征向其提供商品或者服务的搜索结果的，应当同时向该消费者提供不针对其个人特征的选项，尊重和平等保护消费者合法权益。

电子商务经营者向消费者发送广告的，应当遵守《中华人民共和国广告法》的有关规定。

第十九条规定电子商务经营者搭售商品或者服务，应当以显著方式提请消费者注意，不得将搭售商品或者服务作为默认同意的选项。第七十七条规定电子商务经营者违反本法第十八条第一款规定提供搜索结果，或者违反本法第十九条规定搭售商品、服务的，由市场监督管理部门责令限期改正，没收违法所得，可以并处五万元以上二十万元以下的罚款；情节严重的，并处二十万元以上五十万元以下的罚款。

第四十九条规定电子商务经营者发布的商品或者服务信息符合要约条件的，用户选择该商品或者服务并提交订单成功，合同成立。当事人另有约定的，从其约定。

电子商务经营者不得以格式条款等方式约定消费者支付价款后合同不成立；格式条款等含有该内容的，其内容无效。

（八）真实、准确地披露交易信息及服务信息

第十七条规定电子商务经营者应当全面、真实、准确、及时地披露商品或者服务信

息，保障消费者的知情权和选择权。电子商务经营者不得以虚构交易、编造用户评价等方式进行虚假或者引人误解的商业宣传，欺骗、误导消费者。

（九）电子合同的法律效力

第四十八条规定电子商务当事人使用自动信息系统订立或者履行合同的行为对使用该系统的当事人具有法律效力。

在电子商务中推定当事人具有相应的民事行为能力。但是，有相反证据足以推翻的除外。

典型案例

某人通过聊天软件建立刷单平台，吸取淘宝商家，收取平台会员费和管理费。制定刷单规则和流程，组织淘宝商家进行刷单和炒作信用，进行虚假交易，提高会员店铺好评率和店铺销量，非法牟利90万余元。阿里巴巴掌握证据后，向公安局报案，一审判决有期徒刑五年零六个月，处以罚金90万元。

第三节 《网络直播营销管理办法》

国家互联网信息办公室、公安部、商务部、文化和旅游部、国家税务总局、国家市场监督管理总局、国家广播电视总局七部门联合发布《网络直播营销管理办法（试行）》（以下简称《办法》），自2021年5月25日起施行。国家互联网信息办公室有关负责人表示，《办法》旨在规范网络市场秩序，维护人民群众合法权益，促进新业态健康有序发展，营造清朗网络空间。重点条文解读如下。

一、年龄规定

第十七条规定直播营销人员或者直播间运营者为自然人的，应当年满十六周岁；十六周岁以上的未成年人申请成为直播营销人员或者直播间运营者的，应当经监护人同意。

一些不谙世事的未成年人尝鲜做了主播，因价值观尚未成熟，极其容易被互联网的"花花世界"吸引甚至误导：一是低俗内容会损害未成年人身心健康；二是未成年人缺乏隐私意识，容易泄露家庭住址甚至家人账户等重要信息；三是现在的直播平台有点儿像富豪们的斗兽场，容易激发未成年人对金钱的盲目崇拜与追求；四是使青少年逐渐产生"网络成瘾症"，而对自己的学习失去兴趣。本次《办法》禁止16周岁以下孩子直播，是出于保护未成年人身心健康的角度，有助于他们避免遭受性格和身体素质的损害，培养正确的价值观和道德观念。

二、避免主播逃税漏税

第八条规定直播营销平台应当对直播间运营者、直播营销人员进行基于身份证件信息、统一社会信用代码等真实身份信息认证，并依法依规向税务机关报送身份信息和其他涉税信息。直播营销平台应当采取必要措施保障处理的个人信息安全。

直播营销平台应当建立直播营销人员真实身份动态核验机制，在直播前核验所有直播营销人员身份信息，对与真实身份信息不符或按照国家有关规定不得从事网络直播发布的，不得为其提供直播发布服务。

产生逃税漏税的很大一部分原因，就是主播身份信息、收入不透明，难以全面掌握资金收入流动情况，同时一些主播纳税意识薄弱，或根本没有主动纳税意识。

三、直指主播诋毁、谩骂观众行为

针对主播素质良莠不齐，为加强对其行为规范和道德水平的约束，本《办法》有以下条文：

第十八条 直播间运营者、直播营销人员从事网络直播营销活动，应当遵守法律法规和国家有关规定，遵循社会公序良俗，真实、准确、全面地发布商品或服务信息，不得有下列行为：

（一）违反《网络信息内容生态治理规定》第六条、第七条规定的；
（二）发布虚假或者引人误解的信息，欺骗、误导用户；
（三）营销假冒伪劣、侵犯知识产权或不符合保障人身、财产安全要求的商品；
（四）虚构或者篡改交易、关注度、浏览量、点赞量等数据流量造假；
（五）知道或应当知道他人存在违法违规或高风险行为，仍为其推广、引流；
（六）骚扰、诋毁、谩骂及恐吓他人，侵害他人合法权益；
（七）传销、诈骗、赌博、贩卖违禁品及管制物品等；
（八）其他违反国家法律法规和有关规定的行为。

典型案例

在某直播平台上看到这样一幕：一名看上去只有十四五岁的女生，在学习时直播，或是用笔敲敲脑袋，或是对着镜头嘟嘴眨眼，时而自己化妆，时而展示自己的玩具，不久后被举报停止直播。

课程思政园地

我们在直播平台上要摒弃"看客"心理，提高自己的审美修养，分辨直播内容的优劣及合法性，自觉抵制不良主播和不规范直播行为。主播和用户同样受到法律法规和平台用户协议的约束，面对直播中出现的错误言论和出格行为，要行使自己的监督权利，及时举报。

第四节 《市场监管总局关于加强网络直播营销活动监管的指导意见》

为加强网络直播营销活动监管，保护消费者合法权益，促进直播营销新业态健康发展，依据《电子商务法》《消费者权益保护法》《反不正当竞争法》《广告法》《产品质量法》《食品安全法》《价格法》《商标法》《专利法》等有关法律法规，市场监管总局制定出台《市场监管总局关于加强网络直播营销活动监管的指导意见》（以下简称《意见》）。

一、总体要求

以习近平新时代中国特色社会主义思想为指导，全面贯彻党的十九大和十九届二中、三中、四中、五中全会精神，认真落实党中央、国务院决策部署，坚持依法行政，坚持包容审慎，创新监管理念，积极探索适应新业态特点、有利于各类市场主体公平竞争的监管方式，依法查处网络直播营销活动中侵犯消费者合法权益、侵犯知识产权、破坏市场秩序等违法行为，促进网络直播营销健康发展，营造公平有序的竞争环境、安全放心的消费环境。

二、重要条文内容和特点

（一）压实有关主体法律责任

主要对网络直播营销活动中的三大主体（网络平台、商品经营者、网络直播者）的责任进行梳理，分层次进行责任划分。在三个方面首次作了责任明确：一是针对直播平台跳转至传统电子商务平台的网络直播营销模式，明确直播平台履行电子商务平台经营者的责任和义务；二是针对网络平台提供付费导流服务，构成商业广告的，应履行广告发布者或广告经营者的责任和义务；三是明确网络直播者应按照《反不正当竞争法》履行经营者的责任和义务，构成商业广告的还应根据具体情形履行广告发布者、广告经营者或广告代言人的责任和义务。

（二）严格规范网络直播营销行为

主要对建立并执行商品进货检查验收制度、禁止销售的商品或服务、禁止发布的商业

广告、规范广告审查发布等方面做了规定。同时，针对保障消费者知情权和选择权，从公示有关资质、提供基本经营信息和网络平台提供技术支持等方面提出明确要求。

（三）依法查处网络直播营销违法行为

主要列举目前网络直播营销活动中的电子商务违法、侵犯消费者合法权益、不正当竞争、产品质量违法、侵犯知识产权、食品安全违法、广告违法、价格违法8大重点违法行为，并明确应依据相应的法律予以查处。

典型案例

买家在某直播间下单购买了无品牌祛痣组合，主播在直播间进行演示并说明使用一次就会去掉任何部位的痣。实际买家收到商品使用多次后无明显效果，使用过后的皮肤出现溃烂，买家找到主播要求退货退款，并进行赔偿，商家拒绝，表示是因为操作步骤不当，平台介入纠纷后支持消费者退货退款，因为面部毁容，消费者到法院起诉主播，进行维权。

在进行直播之前，直播运营者除了要研究国家和各部门出台的各项法律和办法以外，还要研究各直播平台独有的规则。

项目实训：违规违法主播行为

[实训目的]

通过查找违规违法主播事件，分析主播违规违法内容，加深对直播电商法律法规的理解与掌握。

[实训条件]

实训机房

[实训内容及步骤]

1. 学生分小组查找违规违法主播事件，组内讨论主播违规违法内容。
2. 小组之间展示自己选取的违规违法主播事件，全班讨论主播违规违法内容。
3. 总结直播电商中容易触犯的法律法规条款。

本章小结

本章介绍了电子商务法的基本概念；总结了技术性、安全性、程序性、开放性、复合性的电子商务法的特点；阐述了电子商务法的基本原则，即安全原则、交易自由原则、开放透明原则、保护消费者原则；分析了《中华人民共和国电子商务法》特点，对重点条文进行了摘录；对七部门联合发布《网络直播营销管理办法（试行）》进行了重点条文的摘录；介绍了《市场监管总局关于加强网络直播营销活动监管的指导意见》中的总体要求，摘录了其中的重要条文，并对这些条文分析了其特点。

同步测试

（一）单项选择题

1. 从全球电子商务及电子商务立法实践来看，广义的电子商务法概念通俗、易懂，便于应用于将电子商务法作为一个法律群体。本书采用了（　　）。
   A. 狭义电子商务法的概念　　　　B. 广义电子商务法的概念

2. 有效地解决（　　）问题，预防和打击各种计算机犯罪活动，切实保证电子商务系统的安全运行，是电子商务法的又一特征。
   A. 复合性　　　　B. 开放性　　　　C. 电子商务安全

3. （　　）不是《中华人民共和国电子商务法》的特点。
   A. 严格范围　　　　B. 促进发展　　　　C. 交易自由

4. 电子商务经营者搭售商品或者服务，应当以（　　）展示给消费者。
   A. 显著方式　　　　B. 默认同意　　　　C. 隐形消费

4. 直播营销人员或者直播间运营者为自然人的，应当年满（　　）。
   A. 十六周岁　　　　B. 十四周岁　　　　C. 十八周岁

5. 直播营销平台应当对直播间运营者、直播营销人员进行（　　），并依法依规向税务机关报送身份信息和其他涉税信息。
   A. 直播培训　　　　B. 直播计划审核　　　　C. 真实身份信息认证

（二）多项选择题

1. 电子商务法的基本原则包括（　　）。
   A. 安全原则　　　　　　　　B. 交易自由原则
   C. 开放透明原则　　　　　　D. 保护消费者的原则

2. 社会共治模式包括（　　）。
   A. 企业自治　　　B. 行业自律　　　C. 社会监督　　　D. 政府监管

3. 发布商品或服务信息，不得有下列哪些行为（　　）。
   A. 发布虚假或者引人误解的信息，欺骗、误导用户
   B. 营销假冒伪劣、侵犯知识产权或不符合保障人身、财产安全要求的商品
   C. 虚构或者篡改交易、关注度、浏览量、点赞量等数据流量造假
   D. 知道或应当知道他人存在违法违规或高风险行为，仍为其推广、引流

4. 《市场监管总局关于加强网络直播营销活动监管的指导意见》主要对网络直播营销活动中的三大主体（　　）的责任进行梳理，分层次进行责任划分。
   A. 直播观看者　　　B. 商品经营者　　　C. 网络直播者　　　D. 网络平台

5. 电子商务交易关系的复合性来源于其技术手段上的（　　）和（　　）。
   A. 国际性　　　B. 依赖性　　　C. 高级度　　　D. 复杂性

（三）简答题

1. 电子商务法狭义的概念是什么？

2. 《中华人民共和国电子商务法》中所称的电子商务经营者和电子商务平台经营者分别指谁？

3.《市场监管总局关于加强网络直播营销活动监管的指导意见》主要列举哪8大重点违法行为？

思考练习

直播电商已经走入了寻常百姓家，人们对直播电商的信赖度也越来越高，请大家思考因为哪些因素让人们可以放心地在电商平台上购买商品，其中哪些因素是和直播电商法律法规相关的。

参 考 文 献

[1] 艾媒报告 | 2019—2020 年中国在线直播行业研究报告
[2] 2020 年春季直播产业人才报告
[3] 电商直播为啥这么火？新华网[2019-12-28]
[4] 灼见 | 穆胜：直播电商的生态江湖
[5] 郭全中. 进入直播电商领域，机构媒体怎样才能少走弯路？
[6] 2020 直播电商白皮书
[7] 秋叶. 直播营销[M]. 第 2 版慕课版. 北京：人民邮电出版社，2021.
[8] 人民网
[9] 中国共产党新闻网. 不忘育人初心全面加强高校思想政治工作[EB/OL]. [2020-03-25].
[10] 冯浩煜. 电商网页界面视觉设计元素解析[J]. 科技视界，2018（1）：159-160.
[11] 郭文月. 网购评价对顾客购买决策的影响——感知可靠度的中介效应[J]. 经济研究导刊，2019（5）：112-116.
[12] 沈宝钢. 直播带货商业模式探析及其规范化发展[J]. 理论月刊，2020（10）：59-66.
[13] 钟涛. 直播电商的发展要素、动力及成长持续性分析[J]. 商业经济研究，2020（18）：85-88.
[14] 陈璟. "直播带货"的法治化监管路径探索[J]. 人民论坛·学术前沿，2020（17）：124-127.
[15] 孟雁北. 直播带货中主播商业宣传行为的规制研究[J]. 人民论坛，2020（25）：116-119.
[16] 宋亚辉. 网络直播带货的商业模式与法律规制[J]. 中国市场监管研究，2020（8）：9-15+27.
[17] 王智颖. 监管伴随直播电商良性前行——中国广告协会会长张国华解读《网络直播营销行为规范》[J]. 中国广告，2020（8）：18-19.